汽车类（图解版）职业教育精品教材

新能源汽车

（第2版）

主　编　来　君　雷杰宁
副主编　刘忠菊　莫　军　黄景伦　雷　冰
参　编　韦　善　赵超峰　陈永益

北京理工大学出版社
BEIJING INSTITUTE OF TECHNOLOGY PRESS

内容简介

本书根据汽车类专业教学标准及从事汽车职业的在岗人员对基础知识、基本技能和基本素质的需求，结合汽车专业人才培养的目的，重点介绍新能源汽车概述、汽车蓄电池、新能源汽车电动机、纯电动汽车、混合动力汽车和其他新能源汽车等内容。

全书讲解清晰、简练，配有大量的图片，明了直观。本书按照模块化教学的实际需求，理论联系实际，重视理论，突出实操。

本书适合作为职业院校汽车专业教材，也可作为汽车售后服务站专业技术人员的培训教材。

版权专有　侵权必究

图书在版编目（CIP）数据

新能源汽车 / 来君，雷杰宁主编 . -- 2 版 . -- 北京：北京理工大学出版社，2022.12 重印

ISBN 978-7-5763-0101-4

Ⅰ.①新… Ⅱ.①来… ②雷… Ⅲ.①新能源—汽车—高等职业教育—教材 Ⅳ.① U469.7

中国版本图书馆 CIP 数据核字（2021）第 150587 号

出版发行 /	北京理工大学出版社有限责任公司
社　　址 /	北京市海淀区中关村南大街 5 号
邮　　编 /	100081
电　　话 /	（010）68914775（总编室）
	（010）82562903（教材售后服务热线）
	（010）68944723（其他图书服务热线）
网　　址 /	http://www.bitpress.com.cn
经　　销 /	全国各地新华书店
印　　刷 /	定州市新华印刷有限公司
开　　本 /	880 毫米 × 1230 毫米　1/16
印　　张 /	13.5
字　　数 /	286 千字
版　　次 /	2022 年 12 月第 2 版第 2 次印刷
定　　价 /	49.00 元

责任编辑 / 陆世立
文案编辑 / 陆世立
责任校对 / 周瑞红
责任印制 / 边心超

图书出现印装质量问题，请拨打售后服务热线，本社负责调换

前言

一、本书编写背景

近些年来，中国在新能源技术应用上实现了极大的发展，从而对新能源汽车研发产生了非常大的便利。新能源汽车不但节约了资源，还保护了环境，减少了空气的污染。为更好地践行可持续发展之理念，国家积极支持新能源汽车的研发工作，专门出台了新能源汽车的财政补贴政策，还对新能源汽车上牌予以便利，从而较好地促进了消费者购置新能源汽车的需求。同时，国家的财政支持也促使新能源汽车生产商在新能源汽车研发上能够投入更大的人、财、物力，推动新能源汽车实现更好的推广与运用。新能源汽车被大量运用。在国家政策的大力支持之下，大量消费者会倾向于购置新能源汽车。这是因为其对环境友好，污染比较小，已经得到了越来越多消费者的青睐。如今，已有越来越多的消费者用新能源汽车替换了自己的传统燃油汽车，使得让空气污染状况实现较大的改善。截止2021年，全球新能源汽车销售约675万辆，同比增长1.08倍，市场渗透率大幅提升到8%左右。中国和欧盟是全球新能源汽车的主要市场，2021年中国和欧盟新能源汽车销量分别实现352万辆和230万辆，合计占全球销量超80%。2022年上半年，中国新能源汽车销量达260万辆，同比增长1.2倍，同时新能源汽车保有量突破1 000万辆。

全球新能源汽车市场将在未来5年至10年继续保持较高增速。预计到2025年，市场规模将突破1 200万辆，保持约35%的年均增长率。中国和欧盟依然为全球新能源汽车增长提供主要动力，而美国市场也将成为全球新能源汽车市场新增长点，在2022年销量突破100万辆，中、欧、美三足鼎立的新能源汽车市场发展格局将逐步形成。

党的二十大指出：建设现代化产业体系，坚持把发展经济的着力点放在实体经济上，推进新型工业化，加快建设制造强国、质量强国、航天强国、交通强国、网络强国、数字中国。实施产业基础再造工程和重大技术装备攻关工程，支持专精特新企业发展，推动制造业高端化、智能化、绿色化发展。巩固优势产业领先地位，在关系安全发展的领域加快补齐短板，提升战略性资源供应保障能力。推动战略性新兴产业融合集群发展，构建新一代信息技术、人工智能、生物技术、新能源、新材料、高端装备、绿色环保等一批新的增长引擎。

新能源汽车几十年的快速发展，对新能源汽车专业是一个巨大的挑战，每年的新能源汽车毕业生有限，因此按照汽车拥有量与维修人才需求量的比例关系，对新能源汽车人才的需求将变得越来越紧迫。新能源汽车技能人才已经成为国家的汽车发展的重要战略资源，培养新能源汽车技能人才是我国汽车产业实现高端发展、优化人才结构的必然选择。为增强职业教育的适应性，培养高素质新能源汽车技能人才，新能源汽车专业在培养学生的过程中，需要以学生为中心，任务驱动为手段，充分调动学生学习的积极性，培养新能源汽车学生综合能力。充分利用信息化教学手段，每个章节的内容采用任务驱动式，引导学生主动学习。教师由课堂的授课者变成课堂的设计师，策划整堂课的活动，组织学生完成该课程的任务，完成学习任务的监督和评价，让每个学生参与到课堂活动中，使课堂丰富多彩。

二、本书主要内容

本书根据新能源汽车岗位需求，设置新能源汽车概述、汽车蓄电池、新能源汽车电动机、纯电动汽车、混合动力汽车、其他新能源汽车六个课题，每个课题分有不同的任务。每个课题要求掌握本课题的学习任务和技能要求，学生需要根据教师的引导，主动完成每个课题的学习任务，在学习任务的过程中完成技能的掌握，从而深入了解本教材学习内容，了解传统能源汽车对环境发展的问题，掌握新能源汽车的定义和分类，熟悉新能源汽车的发展，了解新能源汽车的结构和原理。

三、本书编写特点

相比于其他类似教材，本书有以下特点：

一是学习任务的设置，让教师由授课者变成课堂的设计师，学生通过任务，不仅了解本堂课所需要学习的内容，也需要在完成任务的过程中掌握相应的技能，教师通过课堂活动的设计，掌控课堂，组织学生完成任务，并进行监督和评价，有效提高学生课堂活动的参与程度。

二是完善新能源汽车的理论知识和技能知识。本教材结合目前新能源汽车行业进行编写，让学生对新能源汽车有直观的了解，知道自己能做什么，会做什么，还需要做什么。有助于学生在进行新能源汽车后续的深入学习。

三是任务驱动的学习过程中，学生需要根据任务的设置，查阅相关资料，包括课本及互联网相关内容，巧妙使用多种信息化教学手段，课堂丰富、立体。

四、本书的使用建议

本书共分为六个课题，其中课题一主要讲新能源汽车基础知识和发展状况，让学生对新能源汽车有个入门的了解和认识；课题二和三主要讲新能源汽车的通用部件，包括蓄电池和电动机，让学生掌握不同新能源汽车共有的部件；课题四到六分别讲纯电动汽车、混合动力汽车和其他能源汽车，通过每一种不同能源类型的汽车，让学生掌握每一种新能源汽车的不同之处。整本书先学习概述，再学习共同点，最后分开学习不同点，循序渐进，通过不同任务的设置，让学生有效学习新能源汽车知识和技能。

本课程建议课时 72 学时，其中课题一建议 8 学时，课题二建议 16 学时，课题三建议 20 学时，课题四建议 16 学时，课题五建议 10 学时，课题六建议 2 学时。

五、本书的编写团队

本书由广西机电工程学校来君和横县职业教育中心雷杰宁任主编，负责全书的整体设计和内容编排；北川羌族自治县七一职业中学刘忠菊、广西物流职业技术学院莫军、广西机电工业学校黄景伦、广西机电工程学校雷冰任副主编，负责任务的设计；广西机电工程学校韦善、广西崇左幼儿师范高等专科学校赵超峰、广西玉柴机器股份有限公司陈永益参与编写。其中课题一由来君编写，课题二由雷杰宁编写，课题三由刘忠菊、莫军编写，课题四由黄景伦、雷冰编写，课题五由韦善、赵超峰编写，课题六由陈永益编写。广西机电工程学校、横县职业教育中心、广西物流职业技术学院、广西机电工业学校、广西崇左幼儿高等师范学院、广西玉柴机器股份有限公司等学校和企业为本书的编写提供了案例、素材和建设性建议。

本书在编写过程中，参考了大量资料，在此对其作者表示感谢。因网络引用出处不详或疏漏等原因无法列出的作者，在此表示深深歉意。

由于编者水平有限，书中难免有不足之处，敬请广大读者批评指正。

编　者

目录

课题一　新能源汽车概述 ················· 1

单元一　新能源汽车基础知识 ················ 2
单元二　新能源汽车简介 ················ 7
单元三　新能源汽车发展现状 ················ 20
思考与练习 ················ 45

课题二　汽车蓄电池 ················· 46

单元一　电池概述 ················ 47
单元二　镍基蓄电池 ················ 51
单元三　锂电池 ················ 57
单元四　铅酸电池 ················ 62
单元五　超级电容电池 ················ 68
单元六　金属空气电池 ················ 74
单元七　飞轮电池 ················ 78
单元八　氢燃料电池 ················ 81
思考与练习 ················ 88

课题三　新能源汽车电动机 ················· 89

单元一　电动机概述 ················ 90
单元二　直流电动机 ················ 92
单元三　交流异步电动机 ················ 96
单元四　永磁电动机 ················ 101
单元五　开关磁阻电动机 ················ 104
思考与练习 ················ 108

课题四 纯电动汽车 ········ 109

- 单元一 纯电动汽车概述 ········ 110
- 单元二 纯电动汽车的驱动系统 ········ 112
- 单元三 纯电动汽车动力电池管理系统 ········ 119
- 单元四 纯电动汽车的充电 ········ 126
- 单元五 纯电动汽车制动能量的回收 ········ 135
- 单元六 增程式电动汽车 ········ 144
- 思考与练习 ········ 150

课题五 混合动力汽车 ········ 151

- 单元一 混合动力汽车概述 ········ 152
- 单元二 混合动力汽车电池组管理系统 ········ 156
- 单元三 串联式混合动力汽车 ········ 162
- 单元四 并联式混合动力汽车 ········ 166
- 单元五 混联式混合动力汽车 ········ 174
- 单元六 插电式混合动力汽车 ········ 177
- 思考与练习 ········ 181

课题六 其他新能源汽车 ········ 182

- 单元一 天然气汽车 ········ 183
- 单元二 醇类燃料汽车 ········ 189
- 单元三 二甲醚燃料汽车 ········ 191
- 单元四 液化石油气汽车 ········ 194
- 单元五 压缩空气汽车 ········ 202
- 思考与练习 ········ 206

参考文献 ········ 207

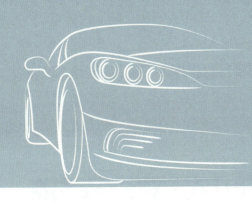

课题一
新能源汽车概述

学习目标

1. 了解燃油汽车面临的问题；
2. 掌握新能源汽车的定义；
3. 掌握新能源汽车的分类；
4. 了解新能源汽车的结构原理；
5. 熟悉新能源汽车的发展现状。

单元一 新能源汽车基础知识

一、燃油汽车面临的问题

新能源汽车是低碳发展的必然选择,是汽车产业的发展趋势。新能源汽车如图1-1所示。

1. 汽车与能源

据公安部统计,截至2022年9月底,全国机动车保有量达4.12亿辆,其中汽车3.15亿辆;2022年前三季度全国新注册登记汽车1740万辆,新注册登记机动车2621万辆。7月以来,汽车新注册登记数量已连续3个月超过200万辆,第三季度汽车新注册登记数量达629.5万辆,月均新注册登记数量达209.8万辆,明显高于上半年。全国新能源汽车保有量达1 149万辆,2022年前三季度新注册登记371.3万辆,截至9月底,全国新能源汽车占汽车保有量的3.65%。我国历年机动车数据如图1-2所示。

图1-1 新能源汽车

机动车数据(数据来源:公安部) 黄色数据为延伸计算数据							
指标	单位	2014	2015	2016	2017	2018	2019	2020
新注册登记机动车数量	万辆	2 777	3 115	3 252	3 352	3 172	3 214	3 328
新注册登记汽车数量	万辆	2 188	2 382	2 752	2 813	2 673	2 578	2 424.06
新注册登记汽车增速	%		9.0%	15.4%	2.2%	-5.0%	-3.5%	-6.0%
新注册登记摩托车数量			463	484	453	577	826
新注册登记摩托车增速				5%	-6%	27%	43%

数据来源:乘联会秘书长崔东树

图1-2 我国历年汽车产销量图

汽车消费的快速增长导致石油消耗快速增加。有资料显示,我国汽油消耗主要是汽车,约占87%,汽车的柴油消耗占38%,所以汽油、柴油的来源——石油资源显得越来越重要。我国化石能源资源在世界已探明储量中,石油仅占4.1%,天然气占2.1%,煤炭占10.1%,呈现"缺油、少气、多煤"的状况,但其产量占世界总产量的比例分别高达4.2%、1.5%和33.5%。高速发展的经济导致石油大幅进口,自1993年起我国成为石油净进口国,对外依存度高达40%,严重威胁着我国的能源安全。我国所面临的石油安全与汽车能源问题来势更猛,影响更大,挑战更加严峻。按传统汽车能源动力系统发展下去将不可持续,因此实现我国汽车能源动力系统转型是大势所趋。

2. 汽车与环境

通常，汽车排放的污染物以及与交通源相关的主要污染物有一氧化碳、氮氧化合物、碳氢化合物和微粒等。这些一次污染物还会通过大气化学反应生成光化学烟雾、酸雨等二次污染。随着机动车保有量的持续增长，我国机动车污染物排放总量持续攀升。事实上，汽车所产生的空气污染物比任何其他单一的人类活动产生的空气污染物都多。全球因燃烧矿物燃料而产生的一氧化碳、碳氢化合物和氮氧化物的排放量，几乎 50% 来自汽油机和柴油机。柴油机颗粒物排放水平远高于汽油机，为汽油机的 30～80 倍。柴油发动机颗粒物的排放会对大气环境产生巨大的负面影响。研究结果表明，柴油发动机排放颗粒物可能对人体的肺部和脑部造成重大伤害，还可能导致遗传性基因突变。因此，各国都制定了严格的法规限制颗粒物排放浓度。

随着城市环境保护的进展，能源结构将会发生重大改变，即使每一辆车的排放水平都合格，也不能保证城市的交通污染就一定能达到环境保护标准的要求。汽车排放污染将成为城市环境的主要污染源。

与此同时，能源消耗也是全球温室气体的主要来源之一，CO_2 是全球最主要的温室气体。大气中聚集的大量的温室气体会使气候变暖。据测定，近一百多年来，全球平均气温已经提高了 0.5 ℃。大多数气候学家认为，今后 50 年，全球平均温度将升高 3 ℃。自 2006 年起，我国 CO_2 排放量已居世界首位，排放总量比美国高一倍；从人均来看，目前我国人均 CO_2 排放量低于世界平均水平，到 2025 年可能达到世界平均水平，虽然仍低于发达国家的人均 CO_2 排放量水平，但已丧失人均 CO_2 排放水平低的优势。从排放强度来看，由于技术和设备相对陈旧、落后，能源消费强度大，我国单位国内生产总值的温室气体排放量也比较高。这些都要求必须对汽车产业采取对应的技术革新。而治理汽车排放最主要、最根本和最终的途径，就是改变汽车的动力，即开发新能源汽车。

能源短缺和环境污染是当今世界的两个重大问题。汽车是能源消耗的大户，也是环境的主要污染源之一。随着世界范围内汽车保有量的增加，未来石油的需求量会越来越大，环境污染也会越来越严重。为此，全球已达成共识：能源短缺和环境污染最终的解决之道不是限制汽车工业发展，而是寻找石油的替代品，开发新能源汽车。

二、新能源汽车的定义

新能源汽车的定义在不同国家也有所不同，在日本通常称为"低公害汽车"。2001 年，日本国土交通省、环境省和经济产业省制订了"低公害车开发普及行动计划"。该计划所指的低公害车包括 5 类：以天然气为燃料的汽车、混合动力汽车、电动汽车（Electric Vehicle，EV）、以甲醇为燃料的汽车、排污和效率限制标准严格的清洁汽油汽车。在美国，新能源汽车通常只指"代用燃料汽车"。

我国已将研发和推广新能源汽车列入国家发展战略，近年来在整车和电池、电机等关键零部件的研究上取得了很大进展，制定了一些与生产、检测、试验相关的国家和行业标准。有关新能源汽车的定义和种类划分的政府文件主要有以下两个。

2009年6月，中华人民共和国工业和信息化部发布的《新能源汽车生产企业及产品准入管理规则》中第三条对新能源汽车的表述是，本规则所称新能源汽车，是指采用非常规的车用燃料作为动力来源（或使用常规的车用燃料、采用新型车载动力装置），综合车辆的动力控制和驱动方面的先进技术，形成的技术原理先进、具有新技术、新结构的汽车。新能源汽车包括混合动力汽车、纯电动汽车（Battery Electric Vehicle，BEV，包括太阳能汽车）、燃料电池电动汽车（Fuel Cell Electric Vehicle，FCEV）、氢发动机汽车、其他新能源（如高效储能器、二甲醚）汽车等各类别产品。

2012年7月，国务院发布的《节能与新能源汽车产业发展规划（2012—2020年）》对新能源和节能汽车的表述是，新能源汽车是指采用新型动力系统，完全或主要依靠新型能源驱动的汽车，本规划所指新能源汽车主要包括纯电动汽车、插电式混合动力汽车及燃料电池汽车。节能汽车是指以内燃机为主要动力系统、综合工况燃料消耗量优于下一阶段目标值的汽车。

三、新能源汽车的分类

1. 电动汽车

电动汽车包括纯电动汽车、混合动力电动汽车和燃料电池电动汽车。纯电动汽车是指以电池为储能单元，以电动机为驱动系统的汽车（图1-3）；混合动力电动汽车是指同时装备两种动力源——热动力源（由传统的汽油机或者柴油机产生）与电动力源（电池与电动机）的汽车，混合动力汽车（Hybrid Electric Vehicle，HEV）的主要组成包括发动机、电动机和电池（图1-4）；燃料电池电动汽车是指采用燃料电池作为电源的电动汽车（图1-5）。

图1-3 北汽EX200纯电动汽车

图1-4 荣威e950混合动力汽车

图1-5 丰田Mirai燃料电池汽车

2. 气体燃料汽车

气体燃料汽车是指利用可燃气体作为能源驱动的汽车。汽车的气体代用燃料种类很多，常见的有天然气和液化石油气。根据汽车使用可燃气体的形态不同，燃料可分为3种，即压缩天然气（主要成分为甲烷）、液化天然气（主要成分为经深度冷冻液化的甲烷）、液化石油气（主要成分是丙烷和丁烷的混合物）。

气体燃料汽车一般有3种，即专用气体燃料汽车、两用燃料汽车和双燃料汽车。专用气体燃料汽车是以液化石油气、天然气或煤气等气体为发动机燃料的汽车，这种汽车可以充分发挥天然气锂化性能特点，价格低、污染少，是最清洁的汽车；两用燃料汽车是指具有两套相对独立的供给系统，一套供给天然气或液化石油气，另一套供给天然气或液化石油气之外的燃料，两套燃料供给系统可分别但不可共同向气缸供给燃料的汽车，如汽油/压缩天然气两用燃料汽车、汽油/液化石油气两用燃料汽车等（图1-6）；双燃料汽车是指具有两套燃料供给系统，一套供给天然气或液化石油气，另一套供给天然气或液化石油气之外的燃料，两套燃料供给系统按预定的配比向气缸供给燃料，并在气缸混合燃烧的汽车，如柴油/压缩天然气双燃料汽车、柴油/液化石油气双燃料汽车等（图1-7）。

图1-6 大众汽油/CNG两用燃料汽车

图1-7 雪铁龙爱丽舍双燃料汽车

3. 生物燃料汽车

燃用生物燃料或燃用接有生物燃料的汽车称为生物燃料汽车。与传统汽车相比，生物燃料汽车在结构上无重大改动，但排放水平总体上较低，如乙醇燃料汽车和生物柴油汽车等，如图1-8所示。

图 1-8 添加 E85 生物燃料的科尼塞格 AGERA RS

4. 氢燃料汽车

氢燃料汽车是以氢作为能源的汽车，将氢反应所产生的化学能转换为机械能以推动车辆。（图 1-9）。一般汽车使用汽油或柴油作为内燃机的燃料，而氢燃料汽车则使用气体氢作为内燃机的燃料。氢内燃机在汽车上的应用方式有 3 种。

1）纯氢内燃机只产生 NO_x，但中、高负荷时存在爆燃，且 NO_x 生成量远大于汽油机，发动机功率受限且氢气消耗量大，续驶里程短，这些问题需要进一步研究解决。

2）氢/汽油两用燃料内燃机，可根据燃料的存储状况灵活选择汽油或氢进入纯汽油或纯氢气内燃机模式。

3）氢/汽油双燃料内燃机，可将少量氢气作为汽油添加剂与空气混合，氢气扩散速率大，能够促进汽油的蒸发、雾化和与空气的混合；氢燃烧过程中产生活性自由基，能使汽油火焰传播速度明显加快，得到较大的热效率，并产生较低的排放。

除以上提到的 4 种新能源汽车外，新能源汽车还包括利用太阳能、原子能等其他能量形式驱动的汽车。

图 1-9 宝马氢燃料汽车 7 系 Hydrogen

单元二　新能源汽车简介

一、纯电动汽车

1. 纯电动汽车的类型

纯电动汽车是完全由可充电电池（如铅酸电池、镍镉电池、镍氢电池或锂离子电池）提供动力源，以电动机为驱动系统的汽车。

（1）用纯电池作为动力源的纯电动汽车

用单一蓄电池作为动力源的纯电动汽车，只装置了蓄电池组，它的电力和动力传输系统如图1-10所示。

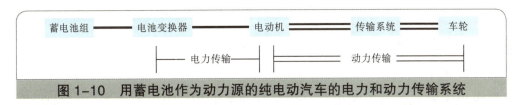

图1-10　用蓄电池作为动力源的纯电动汽车的电力和动力传输系统

（2）装有辅助动力源的纯电动汽车

用单一蓄电池作为动力源的纯电动汽车，蓄电池的比能量和比功率较低，蓄电池组的质量和体积较大。因此，在某些纯电动汽车上增加辅助动力源，如超级电容器、发电机组、太阳能等，以此改善纯电动汽车的起动性能和增加续驶里程。装有辅助动力源的纯电动汽车的电力和动力传输系统如图1-11所示。

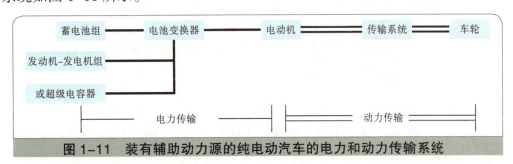

图1-11　装有辅助动力源的纯电动汽车的电力和动力传输系统

2. 纯电动汽车的结构和原理

（1）纯电动汽车的结构

燃油汽车主要由发动机、底盘、车身和电气部分组成，纯电动汽车的结构与燃油汽车相比，主要增加了电力驱动控制系统，而取消了发动机，电力驱动控制系统的组成与工作原理如图1-12所示，它由车载电源模块、辅助模块和电力驱动主模块3大部分组成。

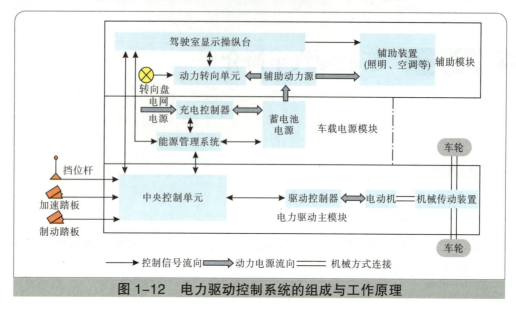

图 1-12　电力驱动控制系统的组成与工作原理

（2）纯电动汽车的原理

电动汽车的工作原理是：蓄电池—电流—电力调节器—电动机—动力传动系统—驱动汽车行驶。

3. 纯电动汽车的模块

（1）车载电源模块

车载电源模块主要包括蓄电池电源、能量管理系统和充电控制器等。它的功用是向电动机提供驱动电能、监测电源使用情况以及控制充电机向蓄电池充电。

纯电动汽车的常用蓄电池电源有铅酸电池、镍镉电池、镍氢电池、锂离子电池等。

纯电动汽车的能量管理系统主要是指电池管理系统，它的主要功用是对电动汽车用电池单体及整组进行实时监控、充放电、巡检、温度监测等。

充电控制器是把交流电转化为相应电压的直流电，并按要求控制其电流的装置。

（2）辅助模块

辅助模块主要包括辅助动力源、动力转向单元、驾驶室显示操纵台和辅助装置等。辅助模块除辅助动力源外，依据不同车型而不同。

辅助动力源主要由辅助电源和 DC/DC 功率转换器组成，一般为 12 V 或 24 V 的直流低压电源，它主要给动力转向单元、制动力调节控制、照明、空调、电动门窗等各种辅助装置提供所需的动力能源。

动力转向单元是为实现汽车的转弯而设置的，由转向盘、转向器、转向机构和转向轮等组成。作用在转向盘上的控制力，通过转向器和转向机构使转向轮偏转一定的角度，实现汽车的转向。

驾驶室显示操纵台类同于传统汽车驾驶室的仪表盘，不过其功能根据电动汽车驱动的控制特点有所增减，更多地选用数字或液晶屏幕显示提示信息。

辅助装置主要有照明、各种声光信号装置、车载音箱设备、空调、刮水器、风窗除霜清洗器、电动门窗、电控玻璃升降器、电控后视镜调节器、电动座椅调节器、车身安全防护装置控制器等。它们主要是为提高汽车的操控性、舒适性、安全性而设置的，可根据需要进行选用。

（3）电力驱动主模块

电力驱动主模块主要包括中央控制单元、驱动控制器、电动机、机械传动装置和车轮等。它的功用是将存储在蓄电池中的电能高效地转化为车轮的动能，并能够在汽车减速制动时，将车轮的动能转化为电能充入蓄电池。

中央控制单元根据加速踏板和制动踏板的输入信号，向驱动控制器发出相应的控制指令，对电动机进行起动、加速、减速、制动控制。

驱动控制器按中央控制单元的指令、电动机的速度和电流反馈信号，对电动机的速度、驱动转矩和旋转方向进行控制。驱动控制器必须和电动机配套使用。

电动机在纯电动汽车中承担电动和发电的双重功能：在正常行驶时发挥其主要的电动机功能，将电能转化为机械能；在减速和下坡滑行时又被要求进行发电，将车轮的惯性动能转化为电能。

机械传动装置将电动机的驱动转矩传输给汽车的驱动轴，从而带动汽车车轮行驶。

4. 纯电动汽车驱动系统的布置形式

纯电动汽车的驱动系统是纯电动汽车的核心部分，其性能决定着纯电动汽车运行性能的好坏。纯电动汽车的驱动系统布置形式取决于电动机驱动系统的方式。常见驱动系统的布置形式如图1-13所示。

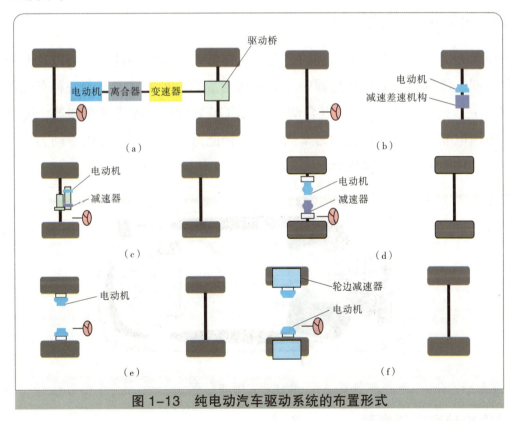

图1-13 纯电动汽车驱动系统的布置形式

（a）电动机轴与驱动轴相互垂直；（b）整体驱动桥式；（c）电动机轴与驱动轴相互平行；（d）双电动机整体驱动桥式；（e）直流驱动式电动轮；（f）带轮边减速器电动轮

(1) 传统的驱动模式

图 1-13（a）所示布置形式与传统汽车驱动系统的布置形式一致，带有变速器和离合器，只是将发动机换成电动机，属于改造型电动汽车。这种布置形式可以提高纯电动汽车的起动转矩，增加低速时电动汽车的后备功率。

(2) 电动机-驱动桥组合式驱动模式

图 1-13（b）和图 1-13（c）所示布置形式取消了离合器和变速器，但具有减速差速机构，由一台电动机驱动两车轮旋转。其优点是可以继续沿用当前发动机汽车中的动力传动装置，只需要一组电动机和逆变器。这种方式对电动机的要求较高，不仅要求电动机具有较高的起动转矩，而且要求具有较大的后备功率，以保证电动汽车的起动、爬坡、加速超车等动力性。

(3) 电动机-驱动桥整体式驱动模式

图 1-13（d）所示布置形式是将电动机装到驱动轴上，直接由电动机实现变速和差速转换。这种传动方式同样对电动机有较高的要求，要求有大的起动转矩和后备功率，同时不仅要求控制系统有较高的控制精度，而且要具备良好的可靠性，从而保证电动汽车行驶的安全、平稳。

(4) 轮毂电动机驱动模式

图 1-13（e）和图 1-13（f）所示布置形式同图 1-13（d）所示布置形式比较接近，将电动机直接装到驱动轮上，由电动机直接驱动车轮行驶。

二、混合动力电动汽车

国际电子技术委员会对混合动力车辆的定义为，在特定的工作条件下，可以从两种或两种以上的能量存储器、能源或能量转化器中获取驱动能量的汽车，其中至少一种存储器或转化器要安装在汽车上，如图 1-14 所示。混合动力电动汽车至少有一种能量存储器、能源或能量转化器可以传递电能。串联式混合动力车辆只有一种能量转化器可以提供驱动力，并联式混合车辆则不止由一种能量转化器提供驱动力。

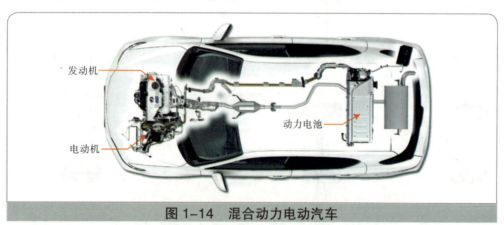

图 1-14 混合动力电动汽车

1. 混合动力电动汽车的类型

(1) 按照动力系统的结构形式划分

根据混合动力电动汽车零部件的种类、数量和连接关系，可以将其分为串联式混合动力电动汽车（Series Hybrid Electric Vehicle，SHEV）、并联式混合动力电动汽车（Parallel Hybrid

Electric Vehicle，PHEV）和混联式混合动力电动汽车（Parallel-Series Hybrid Electric Vehicle，PSHEV）。

1）串联式混合动力电动汽车是指车辆行驶系统的驱动力只来源于电动机的混合动力电动汽车。它的结构特点是，发动机带动发电机发电，电能通过电动机控制器输送给电动机，由电动机驱动汽车行驶。另外，动力电池也可以单独向电动机提供电能驱动汽车行驶。

2）并联式混合动力电动汽车是指车辆行驶系统的驱动力由电动机及发动机同时或单独供给的混合动力电动汽车。它的结构特点是，驱动系统可以单独使用发动机或电动机作为动力源，也可以同时使用电动机和发动机作为动力源驱动汽车行驶。

3）混联式混合动力电动汽车是指具备串联式和并联式两种混合动力系统结构的混合动力电动汽车。它的结构特点是，可以在串联混合模式下工作，也可以在并联混合模式下工作，同时兼顾了串联式混合动力电动汽车和并联式混合动力电动汽车的特点。

（2）按照混合度划分

按照电动机相对于燃油发动机的功率比大小，可以将其分为微混合型混合动力电动汽车、轻度混合（弱混合）型混合动力电动汽车、中度混合型混合动力电动汽车和重度混合（强混合）型混合动力电动汽车。

1）微混合型混合动力电动汽车是以发动机为主要动力源，不具备纯电动行驶模式的混合动力电动汽车。只具备停车怠速停机功能的混合动力电动汽车是一种典型的微混合模式。一般情况下，电动机的峰值功率和发动机的额定功率比不大于5%。

2）轻度混合（弱混合）型混合动力电动汽车是以发动机为主要动力源，电动机作为辅助动力，在车辆加速和爬坡时，电动机可向车辆行驶系统提供辅助驱动力矩，但不能单独驱动车辆行驶的混合动力电动汽车。一般情况下，电动机的峰值功率和发动机的额定功率比为5%～15%。

3）中度混合型混合动力电动汽车是以发动机和（或）电动机为动力源的混合动力电动汽车。一般情况下，电动机的峰值功率和发动机的额定功率比为15%～40%。

4）重度混合（强混合）型混合动力电动汽车是以发动机和（或）电动机为动力源，且电动机可以独立驱动车辆行驶的混合动力电动汽车。一般情况下，电动机的峰值功率和发动机的额定功率比大于40%。

（3）按照外接充电能力划分

按照是否能够外接充电，可以将其分为可外接充电型混合动力电动汽车和不可外接充电型混合动力电动汽车。

1）可外接充电型混合动力电动汽车是一种被设计成可以在正常使用情况下从非车载装置中获取能量的混合动力电动汽车。

2）不可外接充电型混合动力电动汽车是一种被设计成在正常使用情况下从车载燃料中获取全部能量的混合动力电动汽车。

（4）按照行驶模式的选择方式划分

按照行驶模式的选择方式，可以将其分为有手动选择功能的混合动力电动汽车和无手动选择功能的混合动力电动汽车。

1）有手动选择功能的混合动力电动汽车是指具备行驶模式手动选择功能的混合动力电动汽车，车辆可选择的行驶模式包括热机模式、纯电动模式和混合动力模式3种。

2）无手动选择功能的混合动力电动汽车是指不具备行驶模式手动选择功能的混合动力电动汽车，车辆的行驶模式根据不同工况自动切换。

（5）按照车辆用途划分

按照车辆用途，可以将其分为混合动力电动乘用车、混合动力电动客车和混合动力电动货车。

（6）按照与发动机混合的可再充电能量储存系统划分

按照与发动机混合的可再充电能量储存系统不同，可以将其划分为动力蓄电池式混合动力电动汽车、超级电容器式混合动力电动汽车、机电飞轮式混合动力电动汽车和动力蓄电池与超级电容器组合式混合动力电动汽车。

2. 混合动力电动汽车的结构和原理

（1）串联式混合动力电动汽车

串联式混合动力电动汽车的系统结构如图1-15所示。发动机仅用于驱动发电机发电，发电机发出的电能通过电动机控制器直接输送到电动机，由电动机产生的电磁力矩驱动汽车行驶。发电机发出的部分电能向蓄电池充电，以延长混合动力电动汽车的行驶里程。另外，蓄电池还可以单独向电动机提供电能来驱动电动汽车，使混合动力电动汽车在零污染状态下行驶。

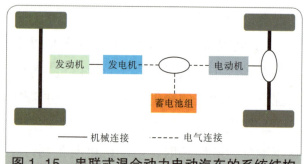

图1-15　串联式混合动力电动汽车的系统结构

在串联式混合动力电动汽车上，由发动机带动发电机所产生的电能和蓄电池输出的电能，共同输出到电动机来驱动汽车行驶，电力驱动是唯一的驱动模式。其动力流程如图1-16所示。电动机直接与驱动桥相连，发动机与发电机直接连接产生电能，以驱动电动机或者给蓄电池充电，汽车行驶时的驱动力由电动机输出，将存储在蓄电池中的电能转化为车轮上的机械能。当蓄电池的荷电状态（State Of Charge，SOC）降到一个预定值时，发动机即开始对蓄电池进行充电。发动机与驱动系统并没有机械地连接在一起，这种方式可

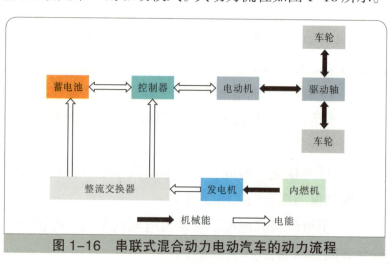

图1-16　串联式混合动力电动汽车的动力流程

以很大程度地减少发动机所受到的车辆瞬态响应。瞬态响应的减少可以使发动机进行最优的喷油和点火控制，使其在最佳工况点附近工作。

（2）并联式混合动力电动汽车

并联式混合动力电动汽车的系统结构如图1-17所示，它主要由发动机、电动机／发电机和蓄电池组等部件组成，有多种组合形式，可以根据使用要求选用。并联式混合动力系统采用发动机和电动机两套独立的驱动系统驱动车轮。发动机和电动机通常通过不同的离合器来驱动车轮，可以采用发动机单独驱动、电动机单独驱动或者发动机和电动机混合驱动3种工作模式。当发动机提供的功率大于车辆所需驱动功率或者当车辆制动时，电动机工作于发电机状态，给蓄电池充电。发动机和电动机的功率可以互相叠加，发动机功率和电动机／发电机功率为电动汽车所需最大驱动功率的0.5～1倍，因此，可以采用小功率的发动机与电动机／发电机，使得整个动力系统的装配尺寸、质量都较小，造价也更低，行程也可以比串联式混合动力电动汽车的长一些，其特点更加趋近于内燃机汽车。并联式混合动力驱动系统通常被应用在小型混合动力电动汽车上。

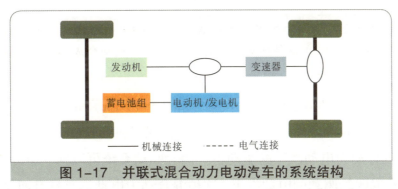

图1-17 并联式混合动力电动汽车的系统结构

并联式混合动力电动汽车的动力流程如图1-18所示。发动机和电动机通过某种变速装置同时与驱动桥直接相连接。电动机可以用来平衡发动机所受的载荷，使其能在高效率区域工作，因为通常发动机工作在满负荷（中等转速）状态下时燃油经济性最好。当车辆在较小的路面载荷下工作时，内燃机车辆的发动机燃油经济性比较差，而并联式混合动力电动汽车的发动机可以被关闭掉而只用电动机来驱动汽车，或者增加发动机的负荷使电动机作为发电机，给蓄电池充电以备后用（即一边驱动汽车，一边充电）。由于并联式混合动力电动汽车在稳定的高速下其发动机具有比较高的效率和相对较小的质量，所以它在高速公路上行驶具有比较好的燃油经济性。

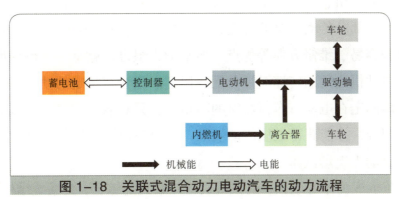

图1-18 关联式混合动力电动汽车的动力流程

并联式驱动系统有两条能量传输路线，可以同时使用电动机和发动机作为动力源来驱动汽车，这种设计方式可以使其以纯电动汽车或低排放汽车的状态运行，但是此时不能提供全部的动力能源。

并联式驱动系统的主要元件为动力合成装置，由于动力合成的实现方法具有多样性，相应的动力传动系统结构也多种多样，通常可归类为驱动力合成式、转矩合成式和转速合成式，如图1-19所示。

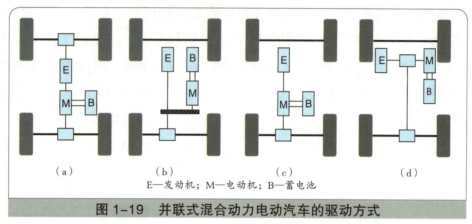

E—发动机；M—电动机；B—蓄电池

图1-19 并联式混合动力电动汽车的驱动方式

（a）驱动力合成式；（b）双轴转矩合成式；（c）单轴转矩合成式；（d）转速合成式

① 驱动力合成式

驱动力合成式并联混合动力电动汽车示意图如图1-19（a）所示。其采用一个小功率的发动机，单独驱动汽车的前轮。另外一套电动机驱动系统单独驱动汽车的后轮，可以在汽车起动、爬坡或加速时增加混合动力电动汽车的驱动力。两套驱动系统可以独立驱动汽车，也可以联合驱动汽车，使汽车变成四轮驱动的电动汽车。这种混合动力电动汽车具有四轮驱动汽车的特性。

② 转矩合成式（双轴式和单轴式）

转矩合成式并联混合动力电动汽车示意图如图1-19（b）和图1-19（c）所示。发动机通过传动系统直接驱动混合动力电动汽车，并直接（单轴式）或间接（双轴式）带动电动机/发电机转动向蓄电池充电。蓄电池也可以向电动机/发电机提供电能，此时电动机/发电机转换成电动机，可以用来起动发动机或驱动汽车。

③ 转速合成式

转速合成式并联混合动力汽车示意图如图1-19（d）所示。发动机通过离合器和一个动力组合器来驱动汽车，电动机也是通过动力组合器来驱动汽车的。这种混合动力电动汽车可以利用普通内燃机汽车的大部分传动系统的总成，电动机只需通过动力组合器与传动系统连接即可，具有结构简单、改制容易、维修方便等优点。通常动力组合器就是一个行星齿轮机构，这种装置可以使发动机或电动机之间的转速灵活分配，但它们组合在特定的动力组合器中，因为动力组合器使它们的转矩固定在电动汽车行驶时的转矩上，只有通过调节发动机节气门的开度来与电动机的转速相互配合，才能获得最佳传动效果，从而使得控制装备变得十分复杂。

（3）混联式混合动力电动汽车

混联式驱动系统也成为串并联式，是串联式与并联式的综合，其系统结构如图1-20所示，主要由发动机、发电机、电动机、行星齿轮机构和蓄电池组等部件组成。发动机发出的功率一部分通过机械传动输送给驱动桥，另一部分则驱动发电机发电。发电机发出的电能输送给电动机或蓄电池，电动机产生的驱动力矩通过动力复合装置传送给驱动桥。混联式驱动系统的控制策略是，在汽车低速行驶时，驱动系统主要以串联方式工作；当汽车高速稳定行驶时，则以并联工作方式为主。

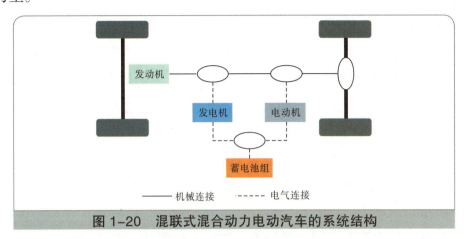

图1-20　混联式混合动力电动汽车的系统结构

混联式装置包含了串联式和并联式的特点。动力系统包括发动机、发电机和电动机，根据助力装置不同，它又分为发动机为主和电机为主两种。以发动机为主的形式中，发动机作为主动力源，电机为辅助动力源；以电机为主的形式中，发动机作为辅助动力源，电机为主动力源。该结构的优点是控制方便，缺点是结构比较复杂。丰田的Prius属于以电机为主的形式。此时车辆并不是串联式或并联式，而是两种驱动形式同时存在，具有两种驱动形式的优点，其动力流程如图1-21所示。

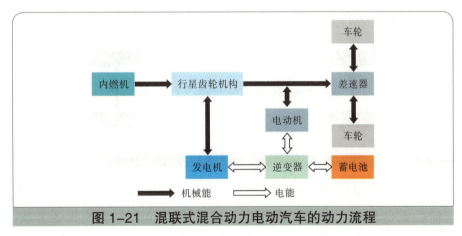

图1-21　混联式混合动力电动汽车的动力流程

混联式驱动系统充分发挥了串联式和并联式的优点，能够使发动机、发电机、电动机等部件进行更多的优化匹配，从而在结构上保证了在更复杂的工况下使系统处于最优状态下工作，所以更容易实现排放和油耗的控制目标，因此混联式混合动力电动汽车是最具影响力的混合动力电动汽车。与并联式相比，混联式混合动力电动汽车的动力复合形式更复杂，因此对动力复合装置的要求更高。目前的混联式结构一般以行星齿轮作为动力复合装置的基本构架。

三、燃料电池电动汽车

采用燃料电池作为电源的电动汽车称为燃料电池电动汽车（Fuel Cell Electric Vehicle，FCEV）。FCEV一般以质子交换膜燃料电池（Proton Exchange Membrane Fuel Cell，PEMFC）

作为车载能量源。

1. 燃料电池电动汽车的类型

（1）按燃料特点划分

FCEV 按燃料特点可分为直接燃料电池电动汽车和重整燃料电池电动汽车。直接燃料电池电动汽车的燃料主要是氢气，重整燃料电池电动汽车的燃料主要有汽油、天然气、甲醇、甲烷、液化石油气等。直接燃料电池电动汽车排放无污染，被认为是最理想的汽车，但存在氢的制取和存储困难等缺点；重整燃料电池电动汽车的结构比氢燃料电池电动汽车复杂得多。

（2）按燃料氢的存储方式划分

FCEV 按燃料氢的存储方式可分为压缩氢燃料电池电动汽车、液氢燃料电池电动汽车和合金（碳纳米管）吸附氢燃料电池电动汽车。

（3）按"多电源"的配置划分

FCEV 按"多电源"的配置不同，可分为纯燃料电池驱动（PFC）的 FCEV、燃料电池与辅助蓄电池联合驱动（FC＋B）的 FCEV、燃料电池与超级电容联合驱动（FC＋C）的 FCEV，以及燃料电池、辅助蓄电池和超级电容联合驱动（FC＋B＋C）的 FCEV。

2. 燃料电池电动汽车的结构和原理

（1）纯燃料电池驱动（PFC）的 FCEV

纯燃料电池驱动的电动汽车只有一个动力源——燃料电池，汽车的所有功率负荷都由燃料电池承担。纯燃料电池驱动的电动汽车的动力系统如图 1-22 所示。

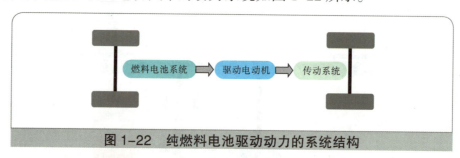

图 1-22 纯燃料电池驱动动力的系统结构

（2）燃料电池与辅助蓄电池联合驱动（FC＋B）的 FCEV

燃料电池与辅助蓄电池联合驱动的燃料电池电动汽车的动力系统如图 1-23 所示。该结构是一个典型的串联式混合动力结构。在该动力系统结构中，燃料电池和蓄电池一起为驱动电动机提供能量，驱动电动机将电能转化成机械能传给传动系统，从而驱动汽车行驶，在汽车制动时，驱动电动机变成发电机，蓄电池将储存回馈的能量。在燃料电池和蓄电池联合供能时，燃料电池的能量输出变化较为平缓，随时间变化波动较小，而能量需求变化的高频部分由蓄电池分担。

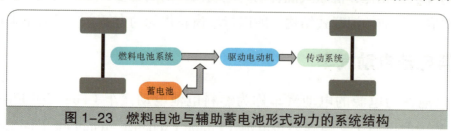

图 1-23 燃料电池与辅助蓄电池形式动力的系统结构

（3）燃料电池与超级电容联合驱动（FC＋C）的FCEV

燃料电池与超级电容联合驱动的FCEV的结构跟燃料电池与辅助蓄电池联合驱动的FCEV的结构相似，只是把蓄电池换成超级电容。相对于蓄电池，超级电容充放电效率高，能量损失小，功率密度大，在回收制动能量方面比蓄电池有优势，循环寿命长，但是超级电容的能量密度较小。随着超级电容技术的不断进步，这种结构将成为一种新的重要的研究方向。

（4）燃料电池、辅助蓄电池和超级电容联合驱动（FC＋B＋C）的FCEV

燃料电池、辅助蓄电池和超级电容联合驱动的电动汽车的动力系统如图1-24所示，该结构也为串联式混合动力结构。在该动力系统结构中，燃料电池、蓄电池和超级电容一起为驱动电动机提供能量，驱动电动机将电能转化成机械能传给传动系统，从而驱动汽车行驶，在汽车制动时，驱动电动机变成发电机，蓄电池和超级电容将储存回馈的能量。在燃料电池、蓄电池和超级电容联合供能时，燃料电池的能量输出较为平缓，随时间变化波动较小，而能量需求变化的低频部分由蓄电池承担，能量需求变化的高频部分由超级电容承担。

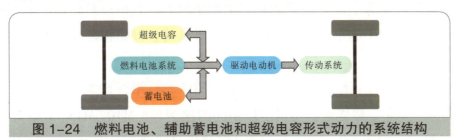

图1-24 燃料电池、辅助蓄电池和超级电容形式动力的系统结构

在3种混合驱动中，FC＋B＋C组合被认为能够最大限度满足整车的起动、加速、制动的动力和效率需求，但成本最高，结构和控制也最为复杂。目前燃料电池电动汽车动力系统的一般结构采用FC＋B组合。

四、气体燃料汽车

气体燃料汽车主要包括天然气汽车、液化石油气汽车、生物燃料汽车和氢燃料汽车。

1. 天然气汽车

天然气汽车是指以天然气作为燃料的汽车。按照所使用天然气燃料状态的不同，天然气汽车可以分为压缩天然气（Compressed Natural Gas，CNG）汽车和液化天然气（Liquefied Natural Gas，LNG）汽车。

压缩天然气是指压缩到20.7～24.8 MPa的天然气，储存在车载高压气瓶中。它是一种无色透明、无味、高热量、比空气轻的气体，主要成分是甲烷，由于组分简单，易于完全燃烧，加上燃料含碳少、抗爆性好、不稀释润滑油，能够延长发动机使用寿命。

液化天然气是指常压下、温度为 -162 ℃的液体天然气，储存于车载绝热气瓶中。液化天然气燃点高、安全性能强，适于长途运输和储存〔主要成分是甲烷，先将气田生产的天然气净化处理，再经超低温（-162 ℃）加压液化就形成液化天然气〕。

1 m³天然气相当于1.1～1.3 L汽油，天然气作为车用燃料，比汽油、柴油便宜，可节省约30%的燃料费用。同样储存量（同样的续驶里程），使用液化天然气的重量是压缩天然气的重量的 1/3，液化天然气瓶装载的天然气是压缩天然气储气瓶的 2.8 倍以上。天然气的燃点约为 537 ℃，不会轻易被点燃，同时天然气爆炸极限范围窄，而且天然气密度低，相对密度为 0.55 左右，即使有少量泄漏也会很快升空挥发，在自然环境中难以形成遇火爆燃的条件。

2. 液化石油气汽车

以液化石油气（Liquefied Petroleum Gas，LPG）为燃料的汽车称为液化石油气汽车。液化石油气汽车的结构和天然气汽车类似，也是增加了一套燃气供给系统。

液化石油气是丁烷和丙烷的混合物。它无色无味，在常温下密度比汽油低一些，沸点也比汽油低，其着火温度与汽油相当，并且辛烷值高于汽油，抗爆性好于汽油。

液化石油气的另一特征是，它们在室温和相对较低的压力下（400～1 200 kPa）会转化为液体。

3. 生物燃料汽车

生物燃料是指生物资源生产的醇类燃料和生物柴油等，它可以替代由石油制取的汽油和柴油，是可再生能源开发利用的重要方向。生物燃料汽车就是以生物燃料为能源的汽车。

（1）甲醇燃料汽车

甲醇燃料汽车是指利用甲醇燃料作为能源驱动的汽车。甲醇作为燃料在汽车上的应用主要有掺烧和纯甲醇替代两种。掺烧是指将甲醇以不同的比例（如 M10、M15、M30 等）掺入汽油中，作为发动机的燃料，一般称为甲醇汽油；纯甲醇替代是指将高比例甲醇（如 M85、M100）直接用作汽车燃料。

甲醇燃料汽车是我国新能源汽车战略中的重要组成部分，属于醇醚类汽车的代表，甲醇燃料已经被确定为今后 20～30 年过渡性车用替代燃料。

（2）乙醇燃料汽车

乙醇燃料汽车是使用车用乙醇汽油作为主要动力燃料的汽车。一直以来，生物乙醇燃料备受争议，因为有人批评大规模使用乙醇作为燃料，会导致食品价格上涨，此外，传统制造乙醇过程中会消耗很多能源，因此，从"油井到车轮"的全过程来看，乙醇燃料并不环保。

（3）二甲醚燃料汽车

二甲醚作为环保、清洁、安全的新型替代能源，已经得到国际社会的公认，二甲醚是汽车发动机，特别是柴油发动机燃料的理想替代品。

由于二甲醚具有低沸点、高饱和蒸气压、低黏性、优良的压缩性、高十六烷值、含氧 34.8%、较低热值等特点，二甲醚燃料发动机技术已引起西方发达国家政府和专家的高度重视。近年来，欧美和日韩等国家十分看好二甲醚燃料汽车的市场前景和环保效益，纷纷开展二甲醚燃料发动机与汽车的研发。

4. 氢燃料汽车

氢燃料汽车是在传统内燃机的基础上加以修改后可以直接用氢作为燃料燃烧而产生动力的汽车（图 1-25），是一种真正实现零排放的交通工具，排放出的是纯净水，具有无污染、零排放、能源储量丰富等优势，因此，氢燃料汽车是传统汽车最理想的替代方案。福特汽车公司为世界首个正式生产氢燃料发动机的汽车制造商。

2021年2月21日，在广州黄埔区、广州开发区举办"奋进'十四五'启航新征程——第一季度重大项目集中签约动工活动"上，全球首批、规模最大的氢燃料电池泥头车正式运营发布。据悉，此次广州黄埔区和开发区将累计发布氢燃料电池泥头车数量达500辆，将是全球首批、规模最大氢燃料泥头车应用案例。本次运营发布的氢燃料电池泥头车从整车到关键部件均在该区研发生产，此次现场展示的氢燃料电池泥头车是由雄川氢能科技公司提供；25吨、31吨各占一半，总计45辆，车辆一次充氢时间仅需8~15分钟，一次充氢可行驶400公里以上。

图1-25 氢燃料汽车

五、太阳能汽车

太阳能汽车是利用太阳能电池将太阳能转换为电能，并利用该电能作为能源驱动行驶的汽车，如图1-26所示，它是电动汽车的一种。太阳能汽车主要由太阳能电池组、向日自动跟踪器、驱动系统、控制器、机械系统等组成。

1. 太阳能电池组

它是太阳能汽车的核心，由一定数

图1-26 太阳能汽车

量的单体电池串联或并联组成电池方阵；太阳能单体电池由半导体材料制成，当太阳光照射在该半导体材料上时，半导体的电子-空穴对被激发，形成"势垒"，也就是PN结；由于势垒的存在，在P型层产生的电子向N型层移动而带正电，在N型层产生的空穴向P型层移动而带负电，于是在半导体元件的两端产生P型层为正的电压，即形成了太阳能电池。太阳能电池的电流大小与太阳光照射强度的大小和太阳能电池面积的大小成正比。车用太阳能电池将很多太阳能电池排列组合成太阳能电池板，以产生所需要的大电流和高电压。

2. 向日自动跟踪器

太阳能电池能量的多少取决于太阳能电池板接收太阳辐射能量的数量，由于相对位置的不断变化，太阳能电池板接收的太阳辐射能量也在不断变化。向日自动跟踪器的作用是保持太阳能电池板正对着太阳，最大限度地提高太阳能电池板接收太阳辐射能的能力。太阳能汽车由太阳能电池板在向日自动跟踪器的控制下始终正对太阳，接收太阳光，并转换成电能，向电动机供电，再由电动机驱动汽车行驶，它实际上是一种电动汽车，其工作原理与 SHEV 基本相同。

3. 驱动系统

太阳能汽车采用的驱动电动机主要有交流异步电动机、永磁电动机、直流电动机等，其驱动系统与 EV 基本相同。

4. 控制器

控制器主要对太阳能电池组进行管理，对电动机进行控制，其作用与电动汽车控制系统相同。

5. 机械系统

机械系统主要包括车身系统、底盘系统和操纵系统等。太阳能汽车最具魅力的可以说是车身了。除满足汽车的安全和外形尺寸要求外，汽车的外形是没有其他限制的。一般来说，太阳能汽车的外形设计要使行驶过程中的风阻尽量小，同时又要使太阳能电池板的面积尽量大。太阳能汽车要求底盘的强度和安全度达到最大，而且重量尽量轻。

 单元三　新能源汽车发展现状

一、国内新能源汽车发展现状

1. 我国发展节能与新能源汽车的基础

我国发展新能源汽车，是应对节能减排重大挑战的需要，同时也是汽车产业跨越式发展和提升国际竞争力的需要。欧美及日本这些国家，都把新能源汽车作为战略制高点来考虑，国家投入力量加强产业的发展。我国传统汽车领域和国外相比还比较落后，但在新能源汽车方面，我们和发达国家是站在同一个起跑线上，说法较多的是"弯道超车"，我们有机会在新能源汽车领域与西方发达国家在一个平衡的层面上创新。我国汽车工业以纯电驱动作为技术转型的主要战略方向，重点突破电池、电动机和电控技术，推进纯电动汽车、插电式混合动力汽车产业化，实现汽车工业跨越式发展。近期以混合动力汽车为重点，大力推广普及节能汽车，逐步提

高我国汽车燃油经济性水平。

从2001年开始，我国"863"项目共投入20亿元研发经费，形成了以纯电动、油电混合动力、燃料电池3条技术路线为"三纵"，以动力蓄电池、驱动电机、动力总成控制系统3种共性技术为"三横"的电动汽车研发格局。共计有200多家整车及零部件企业、高校和科研院所，以及3 000多名科技人员直接参加了电动汽车专项研发。

近几年，我国陆续出台了节能与新能源汽车示范推广以及私人消费补贴的相关政策，并在不断扩大试点的范围。在政策的支持下，我国新能源汽车消费市场开始起动，电动汽车基础设施建设也得到了初步发展，部分城市已经形成了网络雏形。随着2009年"十城千辆"工程的实施，电动汽车能源供给基础设施的潜在机会开始受到重视，国家电网公司、南方电网公司、普天海油公司等能源企业，围绕国家新能源汽车发展战略，强势介入充电基础设施建设，各示范城市和社会各界也积极响应。我国累计建成了398万个充电桩、1 625座换电站，形成了全球最大规模的充换电网络，开放智能网联汽车测试道路里程超过6 000公里，智能化道路改造超过3 500公里，已经可以初步支撑起新能源汽车的普及。

截至2022年9月底，全国新能源汽车保有量达1 149万辆，占汽车保有量的3.65%。其中，纯电动汽车保有量926万辆，占新能源汽车总量的80.56%。2022年前三季度，全国新注册登记新能源汽车371.3万辆，同比增加184.2万辆，增长98.48%，占汽车新注册登记量的21.34%。

2. 我国新能源汽车发展计划

为了维护能源安全，改善大气环境，提高汽车工业的竞争力，我国政府对新能源汽车的研发和推广高度重视，已将增强新能源汽车领域的技术创新力、实现汽车工业跨越式发展列入国家发展战略。在21世纪初，中华人民共和国科学技术部（简称科技部）就将新能源汽车研发和产业化作为国家高新技术研究发展计划（863计划）的重点项目。

（1）电动汽车重大科技专项

该专项选择新一代电动汽车技术作为我国汽车科技创新的主攻方向，计划在"十五"期间，以电动汽车的产业化技术平台为工作重点，力争在电动汽车关键单元技术、系统集成技术及整车技术上取得重大突破，促进符合现代企业制度和市场经济发展要求的研发体系和机制的形成。

该专项的任务是建立燃料电池汽车产品技术平台；实现混合动力电动汽车的批量生产，开发的产品通过国家汽车产品型式认证；推动纯电动汽车在特定区域的商业化运作；同时，完善国家电动汽车示范区和相关电动汽车检测基地的建设；研究、制定促进电动汽车产业化的政策、法规和相关标准，完善相关基础设施的建设；支持北京绿色奥运车辆的研发和应用示范；为我国在5～10年内实现电动汽车的产业化奠定技术基础。

该专项强调建立符合整车开发规律的严密的整车开发程序，提出以整车开发为主导，关键零部件和相关材料紧密结合、基础设施协调发展，政策法规、技术标准与评估技术同步展开的基本方针，保证电动汽车重大专项产品化和产业化目标的实现。

（2）节能与新能源汽车

该项目的任务是推进燃料电池汽车研发和示范运行，实现混合动力汽车规模产业化，拓展纯电动汽车的应用范围，进一步扩大代用燃料汽车的推广应用；促进节能与新能源汽车产业政策、法规和相关标准的研究与制定，完善相关检测评价能力，形成知识产权保护和投融资服务体系，构建节能与新能源汽车公共服务平台，建立我国节能与新能源汽车产业联盟；把握交通能源动力系统转型的重大机遇，建立以企业为主体的产学研结合的自主研发创新体系，实现产业化技术的跨越发展，为我国汽车工业可持续发展奠定坚实的基础。

该项目的总体布局是建立以燃料电池汽车、混合动力汽车和纯电动汽车动力系统技术平台为"三纵"，以燃料电池和动力蓄电池技术、电驱动系统技术及共性基础技术为"三横"的电动汽车"三纵三横"的研发布局，如图1-27所示。

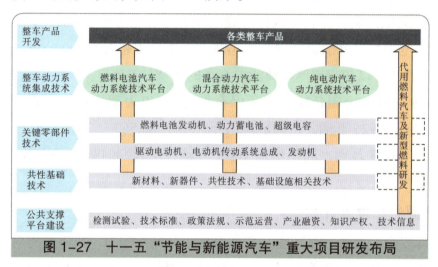

图1-27 十一五"节能与新能源汽车"重大项目研发布局

（3）电动汽车关键技术与系统集成

该项目总体目标是加强电动汽车产业化关键技术突破，强化示范考核和产业化研发，建立以企业为主体的产学研相结合的技术创新体系，支撑和引领我国汽车工业技术进步和跨越式发展。

该项目的主要研究内容是开展系列化混合动力汽车产品的产业化技术研发，重点突破产品性价比的瓶颈，形成市场竞争力；开发系列化纯电驱动汽车及其能源供给系统，并探索电动汽车技术与商业运营模式的集成创新；发展以燃料电池汽车为代表的高端前沿技术，建立下一代纯电驱动动力系统技术平台，研制下一代纯电动汽车并进行考核示范。

3. 我国新能源汽车产业相关政策

（1）政策背景

国务院办公厅关于印发《新能源汽车产业发展规划（2021—2035年）》的通知中指出，到2025年，我国新能源汽车市场竞争力明显增强，动力电池、驱动电机、车用操作系统等关键技术取得重大突破，安全水平全面提升。纯电动乘用车新车平均电耗降至12.0千瓦时/百公里，新能源汽车新车销售量达到汽车新车销售总量的20%左右，高度自动驾驶汽车实现限定区域和特定场景商业化应用，充换电服务便利性显著提高。

力争经过15年的持续努力，我国新能源汽车核心技术达到国际先进水平，质量品牌具备较强国际竞争力。纯电动汽车成为新销售车辆的主流，公共领域用车全面电动化，燃料电池汽车实现商业化应用，高度自动驾驶汽车实现规模化应用，充换电服务网络便捷高效，氢燃料供给体系建设稳步推进，有效促进节能减排水平和社会运行效率的提升。

（2）政策条件

政策条件是我国新能源汽车产业发展的核心条件。政府可以通过制定一系列的政策扶持新能源汽车产业。如对新能源汽车产业进行立法，则可以保护生产厂商和消费者，保障产业的健康有序发展；如对厂商进行补贴，则可以提高产业的技术水平，降低生产厂商的成本；如对消费者进行补贴，则可以降低消费者的购车成本，加快产业发展；如进行示范工程、宣传推广、政府采购，则可以扩张产业规模；如对基础配套设施进行标准制定和资金支持，则可以促进产业成熟，改善发展环境。

4. 我国新能源汽车产业发展近况

（1）国内主要新能源汽车企业

① 福田汽车公司

福田汽车公司是国内开发新能源汽车种类较多的汽车公司，其车型涉及插电式混合动力MPV、纯电动MPV、混合动力大客车、燃料电池大客车、CNG／LPG大客车、纯电动大客车、纯电动轻型环卫车以及混合动力轻型卡车。福田汽车2015年实现新能源客车销量4008辆，较2014年同期增大161.45%，新能源轻卡物流车销量198辆，较2014年同期增长13.14%。福田汽车公司未来将致力于将电动汽车技术运用于商用车、乘用车系列产品。福田汽车公司开发的新能源汽车预计将达到五大类十多种车型。

2008年12月，以福田汽车公司为中心的北京新能源汽车设计制造产业基地正式成立，科技部和北京市政府联合授予福田汽车公司北京新能源汽车设计制造产业基地。北京新能源汽车产业联盟的办公机构也位于福田汽车公司，该联盟整合了北京乃至全国新能源汽车领域的优势资源，包括整车企业、零部件企业、科研院所以及终端用户等。该联盟由北京汽车工业控股有限责任公司、北京公共交通集团、北京理工大学等单位共同发起，目前已有精进电动科技有限公司、中信国安盟固利动力科技有限公司、ZF传动集团等几十家企业以及清华大学、中国科学院、运载火箭技术研究院等多家高校、科研院所加入了联盟。

为了实现高科技、现代型、世界级汽车品牌的目标，福田汽车公司正加快推动"五个转型"建设：一是商用车从低端向高端转型，二是从商用类向乘用类转型，三是业务从国内向海外转型，四是从制造业向服务业转型，五是黄金价值链延伸。

在福田汽车公司的全面转型中，科技创新为其重要的一环。通过技术规划与开发能力建设、平台模块化战略的导入、工程与质量能力提升、全球研发布局等方面能力的提升，全力打造"高科技、创新型、世界级"的产品创造中心。

2016年9月4日至5日，二十国集团（G20）峰会期间，福田欧辉公司80台智蓝BJ6127混合动力客车（图1-28）作为会议唯一官方指定的摆渡用车，为与会的各国政要和全球的官方媒体提供"绿色出行"的品质服务保障。

图1-28　智蓝BJ6127

智蓝BJ6127一次充电即可续驶90 km，且每公里耗电低至1 kw·h，运营成本较传统柴油车省70%；其次针对部分中央、地方1：1补贴政策区域实现零购置，另外，该车纯电动、混合动力商务班车品质齐全，可适应各类需求。

② 长安汽车公司

长安汽车公司是国内较早开展新能源汽车研发的企业，从2001年就开始布局新能源汽车，2002年加入"863计划"。长安杰勋混合动力汽车在服务于2008年北京奥运会后，又加入"十城千辆"示范运行工程。此后由于销量不乐观，2009年底开始，杰勋HEV已经全面停产。长安汽车公司目前已开发、投放奔奔Love纯电动、奔奔Mini纯电动、志翔油电混合、杰勋油电中混、志翔燃料电池等多款新能源汽车车型。

2011年，国内微车领域唯一的一款混合动力产品——长安金牛星混合动力汽车下线。2015年，长安汽车公司1～9月累计销量203.1万辆，同比增长6.8%。旗下的利润车型诸如CS75、CS35、逸动家族的销量均有不同程度的提升。1～9月份，长安汽车公司的新能源汽车累计销量为2 762辆，9月份销量达1 054辆，环比增速相当惊人，长安汽车公司在新能源领域也已崭露头角。其实，长安汽车公司已经在2014年2推出了逸动EV系列电动车（图1-29），在2015年4月的上海车展上发布了逸动PHEV混动车，而研发的电动商用车和物流车已经形成了量产。

2016年10月上市的长安汽车奔奔EV（图1-30），为每日行驶不足50 km、单人驾驶、上班通勤代步汽车，而这一款小型、低耗、低价的电动车将会成为面向这一被忽略市场的产品线。

图1-29　长安逸动

图1-30　奔奔EV

③ 一汽集团

"十一五"期间,一汽集团开发出解放牌全混合动力城市公交客车,比传统客车节油38%,排放达到欧Ⅳ标准。同时,一汽集团还将混合动力技术运用到卡车上。商用车的油耗和排放远大于轿车,混合动力商用车的开发对节能减排意义重大。

一汽集团还开发了奔腾B70和B50全混合动力汽车(图1-31),它们采用双电机全混合结构,具备混合动力所有功能(发动机怠速停机、纯电动、发动机单独驱动、联合驱动、串联驱动、制动能量回收),节油达到42%,排放优于国Ⅲ标准。奔腾B50混合动力汽车还具备插拔式可外接充电功能,40 km/h等速工况下纯电动续驶里程达到60 km。

图1-31 奔腾混合动力汽车

(a)奔腾B70混合动力汽车;(b)奔腾B50插电式混合动力轿车

一汽集团生产的我国首批50辆气电混合动力公交车已经投入运营,按每天每台车运行200 km计算,平均每台车每年能减少二氧化碳排放54 t。

一汽集团还研发了E-wing与E-coo两款纯电动仿生概念车,如图1-32所示。E-wing具有家用充电和快速充电两种充电模式,采用了单体自适应电量平衡技术。E-coo以狮子为仿生原型,具备整车动力与安全控制、能量分配与管理、故障诊断等控制功能。

图1-32 E-wing与E-coo两款纯电动仿生概念车

④ 东风汽车公司

东风汽车公司2005年开始开发实用型纯电动车型,目前总计开发纯电动车辆10余款,涉及纯电动大客车、卡车、MPV、SUV、轻型载货汽车、微型客车和代步车等车型。

经过多年的研发实践,东风纯电动汽车开始逐渐走出试验阶段,走向市场。2009年年底,东风天翼纯电动大客车开始商业化运作。

2016年北京车展，东风风神A60EV纯电动车亮相（图1-33），新车享有补贴和相应的优惠政策，新款东风风神A60EV的长宽高分别为4 680、1 720、1 515 mm，轴距2 700 mm，整备质量1 430 kg。新款东风风神A60EV搭载的电动机最大功率为70 kW（95PS），峰值转矩226 N·m，使用容量为28 kW·h的锂离子电池组供能。新车最高车速为130 km/h，0～100 km/h加速时间小于12 s，续航里程200 km。

2016年7月20日，东风公司新能源车战略布局的又一款新车型——东风俊风ER30纯电动轿车在襄阳下线（图1-34）。它的诞生标志着继纯电动客车、混合动力客车、纯电动厢式物流车之后，东风公司新能源产品谱系实现了从商用车到乘用车的全覆盖。东风俊风ER30纯电动轿车是在东风日产自主品牌车型启辰R30基础上自主改进的一款纯电动轿车。续航里程超过255 km，百公里电耗达到同类车国内领先水平，采用电动汽车用永磁同步电动机，具有高效大转矩的特点。同时，车辆采用国内技术成熟的高性能的三元锂电池，其电池布置在底盘下部，使得车内有效空间得以提升，重心降低，稳定性好。整车设计过程中，东风俊风ER30还根据城市工况进行了软硬件仿真优化，使电机的高效区尽可能覆盖绝大部分运行工况，提升了系统的整体效率。

图1-33　A60EV纯电动车

图1-34　东风俊风ER30纯电动轿车

⑤上汽集团

上汽集团在国内较早实现新能源汽车的产业化，研发的荣威750中度混合动力轿车和荣威550插电式强混动力轿车已批量投放市场，它们综合节油分别达到20%和50%以上。另外，上汽集团的自主品牌纯电动轿车也已推向市场。

2010年上海世界博览会期间，上汽集团提供了1 125辆新能源汽车，其中混合动力汽车比例最大，混合动力客车150辆，混合动力出租车350辆。

2014年，上汽集团成功举行"创新征程——2014新能源汽车万里行"全国巡游活动；在第十二届必比登全球新能源汽车挑战赛上，荣威550plug-in混合动力轿车、荣威750燃料电池车和荣威E50纯电动车（图1-35）在操控、动力、加速、制动、经济性各方面均表现优异，最终在纯电动组、混合动力组、燃料电池组中分获小组第一的好成绩，力压宝马、戴姆勒、PSA等国际品牌，最终成为必比登挑战赛开赛以来首个包揽"大满贯"的汽车企业。

图 1-35　荣威新能源汽车

2011 年，荣威 750 HYBRID 混合动力轿车上市；2012 年，荣威 E50 电动轿车上市；2013 年，荣威插电强混轿车上市（2015 年广州车展上汽荣威官方宣布旗下荣威 550 Plug — in 正式更名为"荣威 E550"，以下都称作荣威 E550，如图 1-36 所示），销量节节攀升，供不应求。

图 1-36　荣威 E550

荣威混合动力汽车的精髓在于它所提出的"双芯、三核、八模"，"双芯"即汽油电动两套动力系统，"三核"指的是其搭载 1.5L VTI-tech 汽油发动机、ISG（Integrated Starter Generator）起动和发电一体机、TM（Traction Motor）牵引电机三核动力，"八模"是指发动机和电动机所组成的混动系统工况共有 8 种模式。

荣威 E550 的长、宽、高分别为 4 648、1 827、1 479 mm，轴距 2 705 mm。轴距尺寸高于比亚迪秦，与传祺 GA5 插电版相差无几。荣威 E550 采用了一台 1.5L VTI-tech 汽油发动机，与两台电机作为动力源，其中一台功率 23 kW、转矩 147 N·m 的 ISG 电机，和另一台功率 44 kW、转矩 317 N·m 负责牵引 TM 电机，如图 1-37 所示。

从电池零电量到完全充满大约需要 8 h，这是在试验条件下得来的，而日常驾驶中电池电量不可能用到零，一般剩余 10% ~ 20% 的电量，也就是说，正常使用时充满电的时间更短，一般 6 h 左右便可充满。电池包防水等级达到了 IP67 级标准，浸泡 5 天之后无浸水潮湿现象，电池模组使用不受影响，如图 1-38 所示。不需充电桩，家用 220 V 电源就可以，10 A 以上的插座就能符合要求，也就是普通的空调插座就行。当然，

图 1-37　E550 的发动机舱

如果有条件的话,也可在国家电网充电桩进行充电,厂商也会协助用户安装充电桩。不过该车不支持快充,因为它不用像特斯拉等纯电动车一样担心没电,理想状态是晚上睡眠的时候充一宿或者上班的时候放单位进行充电。当然,如果一直不充电也没关系,当作普通混合动力车型驾驶也会比内燃机版车型更加省油。

⑥ 比亚迪汽车公司

图 1-38 E550 的电池系统

比亚迪公司是新能源汽车的龙头,是全球唯一具有原材料、电机电控、动力电池、整车、充电桩全产业链的跨国企业。比亚迪汽车占据中国新能源汽车 30% 的市场份额。IT、汽车、新能源是比亚迪的三大核心产业,并且在行业内均处在领先地位。比亚迪汽车在中国有 9 个生产基地,分布在广东、北京、上海、陕西等地,并且计划在美国、欧洲、日本、韩国等设立分公司。

与丰田普锐斯、凯美瑞等新能源汽车产品相比,比亚迪等电动汽车以及混动汽车具有高配低价的优势,易获得追求经济效益的购车者喜爱。但与传统汽油车相比,无论是国产还是外资,比亚迪等新能源汽车发展实力都较为弱小。

比亚迪代表车型是 F3DM 双模电动汽车和纯电动汽车 E6(图 1-39)。F3DM 双模电动汽车于 2008 年 12 月在深圳上市,是全球第一款不依赖专业充电站的双模电动汽车。比亚迪汽车公司在动力电池方面有较强的研发实力,生产的电池以磷酸铁锂电池为主,除了自用外,产品还被国家电网和南方电网采用。

图 1-39 比亚迪 E6 和 F3DM

比亚迪的"王朝系列"发展得轰轰烈烈,如图 1-40 所示。比亚迪对"王朝"系列的定义是—以朝代命名的车型。中华民族上下五千年,底蕴深厚,秦、汉、唐、宋、元、明等都是中国历史上的鼎盛朝代。作为新能源汽车的引领者,比亚迪公司始终致力于新能源汽车的推广和发展,促使资源与环境问题得到有效改善和解决,为用户提供看得见、摸得着、用得起的领先科技,让大家享受到健康、安全、便捷的绿色生活。"秦""唐""宋""元"这些车型再也不再是大家眼中的小众车型,王朝系列车型已经形成了强大产品矩阵。2015 年,比亚迪新能源车实现了 61 722 辆的销量,超越特斯拉、宝马、日产等品牌,新能源车年度销量全球第一,全球市场占有率超过 11%,创造了中国汽车品牌的历史。

图1-40 比亚迪王朝系列

⑦ 吉利汽车公司

至今，吉利公司的新能源车产品已经丰富起来，2016年8月发布的吉利帝豪EV（图1-41）已经具备最高续航330 km的能力。10月，吉利公司推出了全新的商用车品牌远程汽车，如图1-42所示。新能源是吉利汽车未来发展的方向，更是企业"20200战略"的重要版图。吉利汽车前期将基于帝豪推出EV/HEV/PHEV版本车型（图1-43），这3种动力系统后期会被广泛应用到其他产品之上。

图1-41 吉利帝豪EV

图1-42 远程纯电动客车E12

图1-43 帝豪EV/HEV/PHEV

此外，吉利欧洲研发中心开发的基于CMA中级车基础架构的1.5TD+7DCTH插电式混合动力系统将搭载吉利全系车型，2017年实现百公里综合油耗低于2 L，2019年油耗下降到1.8 L，到2020年实现行业领先的百公里综合油耗小于1.5 L的目标。为实现这一目标，吉利汽车将从研发、技术、供应链及运营4个层面加大投入。

吉利帝豪EV配备了可供家庭、公共充电的5种交、直流充电模式，快慢充均为国标插口，兼容公共设施的快慢充电桩；其中慢充模式 14 h 达满电状态，专用快充 30 min 即可完成 80% 的充电量。

油电混合动力系统 CHS 是吉利汽车历经 10 年潜心研究的，具有完全自主知识产权的动力分流系统，这套混动系统将搭载吉利 A 级到 A+ 级车型，并在 2016 年开始实现量产，第一阶段 2016 年实现节油 40%，第二阶段 2018 年实现节油 45%，第三阶段 2020 年实现节油 50%。

吉利汽车此前在节能减排的技术路线上多有布局，除了混合动力、插电式混合动力和纯电动，吉利汽车还是首家进行甲醇车自主研发并取得国家甲醇车生产资质的企业。

⑧ 奇瑞汽车公司

从 2010 年起，在实现了第一阶段"通过自主创新打造自主品牌"的战略目标的基础上，奇瑞公司开始全面实施从追求速度和销量规模的发展模式到向追求"品质、品牌、效益"转变的深层次战略转型，并确立了企业从 2012 年到 2020 年的三阶段的发展战略目标。奇瑞公司从企业经营理念到管理体系进行了全方位大刀阔斧的变革，目的就是要建立与国际接轨的产品开发、生产、营销及质量管理、人力资源管理和财务管理体系等，为实现企业的战略目标及可持续发展奠定基础。

2014 年年底，奇瑞公司发布了纯电动车——奇瑞 eQ（图 1-44），新车基于汽油版奇瑞 QQ 打造，其最大续航里程将超过 200 km。奇瑞 eQ 搭载了一台永磁电动机，这台电动机的最大功率为 57 马力（1 马力 ≈ 735 W），最大转矩为 150 N·m。传动系统与电动机匹配的是单一速比直驱无级变速系统。电池部分，奇瑞 eQ 配备的是锂离子电池（图 1-45），普通充电模式下充满电需要 8 ~ 10 h，其最大续航里程将超过 200 km。

图 1-44　奇瑞 eQ

图 1-45　奇瑞 eQ 电池

2015 年上海车展上奇瑞艾瑞泽 7 PHEV（图 1-46）正式发布，其是奇瑞公司首款插电式混合动力车型，单凭电动机驱动，续航里程为 50km，综合百公里油耗仅为 2.0L。新车外观造型延续艾瑞泽 7 的设计理念；内饰设计也与现款艾瑞泽 7 保持一致；动力方面搭载奇瑞新能源自主研发的 P2（单电机 + 双离合器）结构插电式混合动力系统（图 1-47），保证了纯电驱动模式和混合驱动模式之间的自由切换。

图 1-46 奇瑞艾瑞泽 7 PHEV 轿车

图 1-47 艾瑞泽 7 PHE 动力系统

⑨ 北汽汽车公司

在近两年的新能源发展浪潮中，发展最快的是北汽公司。北汽公司拥有全球最完整的新能源产品矩阵，覆盖家用轿车、SUV、商用车 A00 级小轿车等方方面面。在续航能力上，其产品也不断提高：从 EV160 到 EV200，再到 EX200、EH400，北汽新能源汽车将实现 200 km—300 km—400 km 的飞跃，完成"234"战略规划。

连续 4 年北汽公司蝉联国内新能源汽车销售冠军，北汽新能源汽车 2015 年销售 20 129 辆，达到 366% 的同比增长。截至 2016 年 9 月末，其销量也已累计销售 30 162 辆。其中，EU260（图 1-48 和图 1-49）上市以来更持续热销，成为 2016 年 9 月中国新能源乘用车市场的销量冠军。在动力方面，该车搭载的电动机最大功率为 100 kW，峰值转矩为 260 N·m，最高车速为 140 km/h。新车采用三元锂离子电池组，电池容量为 41.4 kW·h，续航里程超过 260 km，等速行驶可达 350 km。EU260puls 最长续航达 350 km，充电 30 min 可最高续航 200 km，百公里用电仅 16kW·h。该车具有 PM2.5 净化功能，不管是雾霾天还是风沙天，乘客都可呼吸到纯净的空气。

图 1-48 北汽 EU260 汽车

图 1-49 EU260 的动力系统

⑩ 上汽通用五菱公司

2002 年 11 月 18 日正式挂牌成立的上汽通用五菱汽车股份有限公司（英文缩写 SGMW），是由上海汽车集团股份有限公司、美国通用汽车公司、广西汽车集团有限公司（原柳州五菱汽车有限责任公司）三方共同组建的大型中外合资汽车公司，其前身可以追溯到 1958 年成立的柳州动力机械厂。2010 年 7 月 18 日，上汽通用五菱发布乘用车品牌"宝骏"，正式进军乘用车市场。宝骏汽车充分集成了上汽、通用、五菱三方的优势资源，品牌定位为"可靠的伙伴"。2017 年，公司全年产销量突破 215 万辆，连续 12 年位列全国产销量前茅，进入全国乘用车前四强。乘用车销量占比继续攀升，达到72%，其中宝骏品牌年产销量突破100万辆大关。2017年7月21日上市。2018年6月12日，宝骏E100续航能力升级的新车型正式上市，续航提升至200公里。2019年6月28日，宝骏E100正式全国上市。2019款宝骏E100分别增加了两款续航为250 km的车型，分别为智行版和智享版。2019年4月，宝骏E200推出综合工况（NEDC）续航里程为250 km的新车型，分别为智行版和智享版，进一步满足家庭出行实际需求。2019年9月2日，宝骏E200正式全国上市。2020年8月3日，2020款宝骏E200正式上市，官方指导价为5.48~6.48万元，新车综合工况（NEDC）续航里程提升到了305 km。2020年6月24日，新宝骏E300/E300Plus正式上市。新宝骏E300提供3座的座椅布局，新宝骏E300Plus提供4座的座椅布局。新宝骏E300/E300Plus主要面向城市通勤代步人群，工信部纯电续航里程均为305 km。2020年8月3日，2020款宝骏E100正式上市，官方指导价为4.98-5.48万元，新车综合工况（NEDC）续航里程提升到了305 km。2020年7月24日，宏光MINI EV在第二十三届成都国际车展正式上市，开启人民出行"小时代"，如图1-50所示。

图1-50　宏光MINI EV

⑩ 蔚来汽车

2014年11月25日，蔚来诞生。2017年12月16日，蔚来NIO ES8正式上市，全新ES8搭载160 kW永磁电机和240 kW感应电机智能四驱系统，提供544马力、725 N·m的强劲动力，兼顾长续航和高性能。搭载100 kW时液冷恒温电池包后，全新ES8 NEDC续航达580 km，续航能力全面提升。2019年6月，蔚来ES6交付使用，ES6采用高强度铝加碳纤维的复合架构，拥有4.7 s零到百公里加速性能，510 km超长综合工况续航里程和33.9 m制动距离。ES6延续了蔚来产品家族的设计语言，外观时尚运动，内饰精致而有科技感。2020年7月24日，蔚来智能电动轿跑SUV EC6在2020成都车展正式上市，这是蔚来的第三款量产车，EC6采用轿跑式车身设计，整车风阻系数低至0.27Cd。EC6的一体化穹顶式玻璃车顶，总面积达2.1 m²。EC6性能版搭载前160 kW永磁电机和240 kW感应电机，百公里加速仅为4.7 s。搭载100 kW时液冷恒温电池包的EC6性能版NEDC续航达到615 km。

（2）新能源汽车的示范推广

① 各地补贴政策

目前各地主要从购车、基础设施和用车3个方面补贴和推动新能源汽车的应用，但各个地方在政策内容方面有所差异。

购车补贴方面

目前，大部分城市是按照中央财政补助标准1:1给予地方财政补助，且中央财政和地方财政补助总额最高不超过车辆销售价格的50%~60%。

上海市对纯电动汽车、插电式混合动力汽车分别制定统一的补贴金额，不再考虑车辆的续驶里程、电池容量等因素。

此外，各省市大多实行省市区分别负担的多级补贴体系。

基础设施补贴

北京、上海、南京等城市对公共服务领域基础设施建设、公共场所私人用基础设施建设提供总项目投资15%～30%的补贴资金。

西安市还会对个人购买新能源汽车给予财政补贴，用于自用充电设施安装和充电费用；对于直接或组织员工一次性购买新能源汽车超过10辆的法人单位，给予财政补贴，专项用于单位自用充电设施建设。

用车补贴

用车补贴主要表现为针对新能源汽车的差异化交通管理措施。例如，北京对新能源汽车进行独立分类注册登记；在武汉、西安、南昌等城市，新能源汽车在市内行驶时不受尾号限行等交通管制措施限制；在天津、上海，购置新能源车可直接申领号牌，不限购；武汉对新能源汽车免征交路桥隧费，并且新能源汽车可以免费在指定的公共充电设施场所充电；西安在公共停车场设置新能源汽车专用停车位，新能源汽车停放一定时段内可免费，并且新能源汽车可在市内公交车专用道上行驶。

② 新能源汽车基础设施的建设

根据我国"十三五"阶段充电基础设施发展的总体目标，提出了分区域和分场所建设的目标与路线图。西安市还会对个人购买新能源汽车给予财政补贴，用于自用充电设施安装和充电费用；对于直接或组织员工一次性购买新能源汽车超过10辆的法人单位，给予财政补贴，专项用于单位自用充电设施建设。

分区域建设

首先，在北京、天津、河北、辽宁、山东、上海、江苏、浙江、安徽、福建、广东、海南等电动汽车发展基础良好、雾霾治理任务较重、应用条件优越的加快发展地区，新建充换电站7 400座，充电桩250万个，满足266万辆电动汽车的需求。

在新能源汽车推广应用城市，公共充电桩与电动汽车比例不低于1∶7；城市核心区公共充电服务半径小于0.9 km；其他城市公共充电桩与电动汽车比例力争达到1∶12，城市核心区公共充电服务半径力争小于2 km。

在新能源汽车推广应用城市，公共充电桩与电动汽车比例不低于1∶8；城市核心区公共充电服务半径小于1 km；其他城市公共充电桩与电动汽车比例力争达到1∶15，城市核心区公共充电服务半径力争小于2.5 km。

加强与加快发展地区的互联互通，以高速公路为基础，逐步推进全国范围的城际快充网络建设。率先建成京津冀、长三角、珠三角三个雾霾防治重点区域的城际快充网络，各主要城市间实现互联互通。其次，在山西、内蒙古、吉林、黑龙江、江西、河南、湖北、湖南、重庆、四川、贵州、云南、陕西、甘肃等示范推广区，到2020年新增集中式充换电站超过4 300座、分散式充电桩超过220万个，以满足超过233万辆电动汽车充电需求。再者，在广西、西藏、青海、宁夏、新疆等尚未被纳入国家新能源推广应用范围的积极促进地区，到2020年新增集中式充换电站超过400座、分散式充电桩超过10万个，以满足超过11万辆电动汽车充电需求。

省会等主要城市公共充电桩与电动汽车比例不低于1∶12，城市核心区公共充电服务半径小于2 km；按需开展城际快充网络建设。

分场所建设

国家要求，结合公交、出租、环卫与物流等公共服务领域专用停车场所，适当补充独立占地的充换电站，新建超过3 850座公交车充换电站、2 500座出租车充换电站、2 450座环卫与物流等专用车充电站，如图1-51所示。

图1-51　国家电网建设的充电站

在居民区，建成超过280万个用户专用充电桩，鼓励有条件的设施对社会公众开放；在公共机构、企事业单位、写字楼和工业园区等单位内部停车场，建成超过150万个用户专用充电桩。鼓励有条件的设施对社会公众开放。

在交通枢纽、大型文体设施、城市绿地、大型建筑物配建停车场、路边停车位等城市公共停车场所，建成超过2 400座城市公共充电站与50万个分散式公共充电桩，满足临时充电需要。

在城际高速公路服务区，2015年之前初步形成"四纵两横三环"（四纵指京沪高速、京港澳高速、沈海高速、京台高速，两横指青银高速、沪蓉高速，三环指京津冀、长三角和珠三角）的城际快充网络，建成超过500座城市快充站。

2020年之前，形成"四纵四横"（四纵：沈海高速、京沪高速、京台高速、京港澳高速；四横指青银高速、连霍高速、沪蓉高速和沪昆高速）城际快充网络，建成超过1 000座城市快充站。

二、国外新能源汽车发展现状

1. 新能源汽车的发展历史

新能源汽车近期发展迅速，实际上，作为新能源汽车中的一种，电动汽车出现的时间比内燃机汽车还要早。新能源汽车从最初的电动汽车发展到今天多种类型经历了漫长的过程，发展历程是间断曲折、不连续的。在一百多年的汽车发展历史中，新能源汽车主要经历了以下3个发展阶段。

（1）第一阶段（19～20世纪初）

直流电机之父匈牙利发明家阿纽什·耶德利克于1828年在实验室试验了电磁转动的行动装置。美国人托马斯·达文波特在1834年发明了世界上第一辆电动车，这部电动车采用的是不可充电的干电池。1837年，达文波特因此获得美国电机行业的第一个专利。

1859年，法国物理学家加斯顿·普朗特发明了可充电的铅酸电池。随着蓄电池技术的发展，电动汽车在19世纪的下半个世纪中，在欧美得到了较大发展。1881年，法国人古斯塔夫·特鲁麦在巴黎举行的国际电器展览会上展出了一辆电动三轮车，第一次把直流电动机和可充电电池用于私人车辆。

19世纪末到1920年是电动汽车早期发展的黄金时期。这个时期的电动汽车装有铜丝辐条车轮、充气轮胎和软座椅，可以快速起动，加速几乎没有噪声，比当时的内燃机汽车有着更多的优势，这就形成了以蒸汽、电机和内燃机"三分天下"的局面。1894年，美国人亨利·奠里斯和应德罗·萨罗姆成立了电动客车和货车公司，制造出经久耐用的车辆，并在纽约创建了第一个电动车辆出租车队。20世纪初，美国安东尼电气、贝克、底特律电气、爱迪生等公司相继推出电动汽车，电动车的销量全面超越内燃机汽车，占领了美国私人机动车的主要市场。据统计，在20世纪初的全世界所有汽车中，有38%为电动汽车，40%为蒸汽车，22%为内燃机汽车。可见，电动汽车在当时的汽车发展中占据着重要位置。

1920年左右，电动汽车的生产达到了顶峰，但自此以后每况愈下，电动汽车市场逐步被内燃机驱动的汽车所取代。出现这种变化的主要原因如下：①城市道路的改善，人们开始追求高速和续驶里程的延长，电动汽车显得力不从心；②内燃机技术取得很大进展，性能提升；③石油的大量开发，燃油价格低廉。1920年以后，电动汽车几乎销声匿迹了，汽车工业进入了燃油汽车时代，只有在少数城市保留着有轨电车和无轨电车及少量电瓶车。电动汽车的发展从此停滞了大半个世纪，人们几乎忘记了还有电动汽车的存在。

（2）第二个阶段（20世纪70年代）

燃油汽车的发展特点是对石油供应的强烈依赖。20世纪70年代，全球发生了一场石油紧缺造成的能源危机，世界各国产生了强烈的危机感，在这样的背景下，人们又将注意力转向了电动汽车，电动汽车重新获得发展机遇。但是，这场能源危机过去之后，石油价格在20世纪70年代末开始下跌，石油短缺变得不再严重，这使得电动汽车在技术成熟和形成商业化产品之前，失去了进一步发展的动力。人们对电动汽车的兴趣和研发投入逐渐减小，电动汽车再次进入了发展的沉寂期。

（3）第三阶段（20世纪80年代末期至今）

20世纪七八十年代是世界尤其是欧美各国工业化的快速发展时期，全球的汽车产量和保有量增加迅速。在20世纪90年代，人们意识到了燃油需求量巨大和石油资源有限的矛盾，开始寻求解决车辆驱动的能量来源问题的方法和途径。

另外，汽车数量的快速增加造成的空气污染日益严重。早在1943年，美国洛杉矶就发生了世界上最早的光化学烟雾事件。经过反复地调查研究，直到1958年才发现这一事件是由于洛杉矶的250万辆汽车排气污染造成的，这些汽车每天消耗约1 600 t汽油，向大气排放1 000多吨HC和400多吨NO_X，这些气体受阳光作用形成光化学烟雾。1971年，日本东京发生了严重的光化学烟雾事件。日本环保部门对东京几个主要光化学烟雾污染源进行调查后发现，汽车排放的CO、HC、NO 3种污染物约占总排放量的80%。1997年夏季，拥有80万辆汽车的智利首都圣地亚哥也发生光化学烟雾事件，使圣地亚哥处于半瘫痪状态。

人们日益关注汽车排放对空气质量和温室效应所产生的不利影响，一些国家和地区开始实行更严格的排放法规，使得电动汽车发展再次获得机遇，对其进入市场起到了巨大的推动作用。

1990年，美国加州大气资源管理局颁布了一项法规，规定1998年在加州出售的汽车中2%必须是零排放车辆，到2003年零排放车辆应达到10%。虽然在1998年这项法规的目标并没有完全达到，但它是一个良好的开端。受加州法规的影响，美国的电动汽车研发和应用迅速开展起来，并引发了世界其他各国电动汽车的发展。

在能源和环境的双重压力下，从20世纪90年代开始，电动汽车的研究开发进入一个活跃期。在这一时期，电动汽车的发展思路已有了重大转变，即由单一的纯电动汽车拓展为多类型的新能源汽车，混合动力汽车、燃料电池汽车、气体燃料汽车等新型汽车有了较大发展。汽车能源的多样化、能量利用高效化及零排放是今后车辆驱动技术的发展方向。

2. 各国新能源汽车发展计划

为满足经济和社会的持续发展，今后较长一段时期全球汽车需求量还将保持增长。为应对日益突出的燃油供求矛盾和环境污染问题，世界主要汽车生产国纷纷加快部署，大力发展和推广应用节能技术，将发展新能源汽车作为国家战略，加快推进技术研发和产业化。

（1）美国

为了增强汽车工业的竞争能力，提高汽车燃料效率，减少有害气体和 CO_2 的排放，1993年9月美国政府和美国三大汽车公司合作进行"新一代汽车合作伙伴计划"（The Partnership for a New Generation of Vehicles，PNGV）。时任美国总统克林顿形容该计划的意义时称只有阿波罗登月计划可以与PNGV计划相比。

PNGV计划的目标如下。

1）提升美国汽车公司的研发和制造水平，降低生产成本，提高汽车产品质量，最终增强美国汽车公司的竞争力。

2）将商业可行的新技术应用于传统汽车，提高车辆的燃油效率及改善废气的排放。

3）开发出燃油效率3倍于现有车辆的新一代车辆。

PNGV计划对美国和全球汽车工业发展的影响深远，具体如下。

1）PNGV计划加快了美国汽车业的技术创新和产业升级，带动了能源、电子、信息等其他产业的技术进步和产业调整，提供了美国各工业部门间技术合作集成和成果产业化的有效途径，做出了在市场经济环境下，竞争企业之间以及企业与政府之间开展协作的良好典范。

2）PNGV计划加快了汽车产业全球联合重组。20世纪90年代，各国的排放、节能及安全法规日益严格，汽车的开发、销售成本大幅增加，这引发了全球汽车公司合并、合作的潮流。

3）PNGV计划虽然由美国发起，但它产生的影响是全球性的，引发各国家纷纷效仿，各自制定了本国的新一代汽车发展计划。可以说，PNGV计划在世界范围内推动了汽车技术创新，引发了现代汽车工业具有划时代意义的大变革。

PNGV计划开展10年之后，在混合动力汽车等方面取得了很大的进展，为了适应新的发展形势，美国政府2002年年初对PNGV计划进行重组调整，提出了"自由汽车协会计划"（Freedom Cooperative Automotive Research partnership plan，FreedomCAR）。FreedomCAR计划的重点是燃料电池汽车技术及相关氢气供应基础设施技术的研究。

该计划不仅面向中型私家轿车，而且面向所有轿车和轻型卡车。FreedomCAR 计划由能源部领导，而不像 PNGV 计划由 7 个政府部门参与，最大的不同是燃料供应商参与了该计划。

FreedomCAR 计划的目标如下。

1）从可再生能源制造氢燃料电池，摆脱对石油的依赖。

2）研究成本不高、无排放污染的各种汽车。

3）美国人可自由选择各种汽车，自由地获得经济、方便的燃料。

FreedomCAR 计划的战略步骤如下。

1）研发成本可承担的氢燃料电池汽车技术和氢气供应基础设施。

2）继续研发和推广降低燃油消耗和减少环境污染的技术。

3）研究用于多种车辆的燃料电池技术，而不仅限于某一种类型的汽车。

美国一直致力于提高乙醇以及生物柴油等可再生资源使用量。2005 年发布的《能源政策法案》大力推广乙醇燃料开发，提出 2012 年时要消耗 75 亿加仑的生物质燃料。另外，该能源法还出台多项减税优惠措施鼓励人们购买使用液化气、天然气等非汽油燃料的节能汽车，以提高美国汽车行业的节能效果。2006 年 9 月，美国通过《可再生燃料标准计划》，该计划旨在使美国使用的可再生汽车燃料数量从 2006 年约 45 亿加仑增加到 2012 年至少 75 亿加仑，相当于美国车用汽油需求量的 3.71%。2007 年 1 月 24 日，时任美国总统布什发表国情咨文，宣布了替代能源和节能政策，提出美国应努力在未来十年之内将汽油使用量降低 20%，其中有 15% 是通过利用可再生燃料以及其他替代燃料实现的。美国在 2007 年通过的《能源独立和安全法案》中要求可再生燃料使用量在 2022 年达到 360 亿加仑（约 1.1 亿吨）。预计届时将占美国车用燃料的 22%。

近年来，美国政府加大了对插电式混合动力汽车的研发投入和准广。2007 年 11 月，美国能源部增加 2 000 万美元投入加强对插电式混合动力汽车的研发，目标是到 2014 年制造出成本竞争力的、充电一次就可跑 40 英里（1 英里 =1.609 km）的插电式混合动力汽车，并到 2016 年实现批量生产。《2008 年紧急经济稳定法案》规定从 2009 年 1 月 1 日开始，购买插电式混合动力汽车的消费者将获得 2 500 ~ 7 500 美元的税收抵扣额度。2009 年，美国政府将插电式混合动力汽车看成刺激美国经济和拯救汽车业的一张王牌，短期内出台了多项措施：投入 140 亿美元支持动力电池、关键零部件的研发和生产，支持充电基础设施建设，消费者购车补贴和政府采购。奥巴马在 2009 年 4 月表示，美国政府将购买由美国三大汽车厂商制造的 1.76 万辆节能与新能源汽车。2010 年，美国首次将新能源汽车提到国家战略层面，明确提出 2015 年美国要有 100 万辆插电式混合动力汽车。同时，美国政府计划到 2012 年联邦政府购车中一半是充电式混合动力汽车或纯电动汽车，从 2015 年开始美国政府将仅采购纯电动、混合动力或其他新能源汽车作为政府用车。

(2) 德国

德国是一个工业发达但资源短缺的国家，石油、天然气基本依靠进口，煤炭 40% 依靠进口。为改变能源供应依赖进口的局面，德国非常重视新能源的开发和利用，发展方向是可再生能源向电能的转化，德国在风能发电、太阳能发电、生物质能发电等方面的技术处于全球领先。近年，德国政府在再生能源开发应用、电网扩建和提高能效等方面进行了大规模的投入。

近年来，德国政府高度重视新能源汽车的发展，先后制定、出台了一系列政策，采取了多项措施，大力发展和推广新能源汽车，确立的发展路线是将混合动力与清洁柴油技术视为近期过渡解决方案，纯电动汽车作为中远期的解决方案，而氢动力作为远期解决方案。2007年12月，德国政府发布的《能源气候一体化纲要》将加快电动汽车发展列为政府的未来工作目标之一。随后，德国经济部、交通部、环保部和教研部联合成立了电动汽车工作小组。2009年9月，德国政府发布了《国家电动汽车发展计划》，该计划是德国发展新能源汽车的纲领性文件，将发展纯电动汽车和插电式混合动力汽车作为主要技术路线，采用能源、交通和环境相结合的整体解决方案来发展新能源汽车，详细规划了各类电动汽车的发展部署以及不同阶段的目标任务。根据该计划，到2020年，德国将在人口密集区建成全覆盖的充电基础设施，电动汽车数量将达到100万辆，到2030年，电动汽车数量超过500万辆，到2050年，城市交通不再使用化石燃料。

德国政府期望通过《国家电动汽车发展计划》的执行，达到以下目的。

1）德国汽车公司领跑电动汽车产业，在世界电动汽车市场占据份额，确保德国汽车工业的领先地位。具体措施包括创立新型的电动汽车商业模式、推出新型电动汽车产品和服务、建立全球的电动汽车标准与规范等。

2）逐步淘汰石化燃料汽车，实现交通的电驱动化，优化德国的能源使用结构，增加可再生能源在能源总消耗中的比例。

3）与城市规划紧密结合，完善和优化德国的城市和公路充电设施网络。

（3）日本

日本的石油资源基本依赖进口，所以日本异常重视新能源汽车的开发和推广。

2001年，日本国土交通省、环境省和经济产业省制订了《低公害车开发普及行动计划》。该计划中，低公害车包括以天然气为燃料的汽车、混合动力汽车、电动汽车、以甲醇为燃料的汽车、排污和效率限制标准严格的清洁汽油汽车。该计划实行低公害车补助金制度。例如，轻型电动汽车享受与原型车差价一半的中央政府补贴。计划提出到2010年，低公害车要从2001年的63万辆增加到1 000万辆，后又调整到1 340万辆。

2002年，日本政府联合各大汽车厂商、能源企业，推出了《日本氢能和燃料电池实证示范工程（JHFC）》。示范工程包括两部分：一部分为燃料电池汽车示范运行，8个汽车厂用所制造的燃料电池轿车和公交车进行道路试验，通过试验测得车辆运行的各种状态参数，再对车辆的性能进行分析评价；另一部分为氢燃料供给设施示范，在东京建立9个加氢站，每个加氢站都采用不同的技术，如汽油重整、石油重整、甲醇重整、碱液电解、高压氢存储、液态氢存储等，为氢供给设施的推广应用提供经验和数据。

从2009年4月，日本实施了《绿色税制》，它的适用对象包括纯电动汽车、混合动力汽车、清洁柴油车、天然气车及获得认定的低排放且燃油消耗量低的车辆。前三类车被定义为"新一代汽车",购买这类车可享受免除多种税收的优惠。消费者在更换使用了13年以上的旧车时,购买符合2010年度能耗标准的汽车,普通轿车可享受25万日元补贴,轻型轿车可享受12.5万日元的补贴,大巴和卡车则可享受40万~180万日元不等的补贴。如果购买时没有报废车,购买能耗低于2010年度能耗标准15%以上的汽车,普通轿车可享受10万日元的补贴,轻型轿车则可享受5万日元的补贴。

2010年4月,日本经济产业省发布的《新一代汽车战略2010》对日本汽车新能源产业发展进行了规划。该战略计划的主要内容如下。

1)积极推动下一代汽车发展,力争2030年普及率达50%~70% 具体目标为:到2020年下一代汽车新车销量占新车总销量的20%~50%,其中混合动力汽车占20%~30%,电动汽车和插电式混合动力汽车占15%~20%,燃料电池汽车占1%,清洁柴油车占5%;到2030年,下一代汽车普及率达到50%~70%,其中混合动力汽车占30%~40%,电动汽车和插电式混合动力汽车占20%~30%,燃料电池汽车占3%,清洁柴油车占5%~10%。

2)继续推动传统汽车的节能,具体措施包括制定2020年的车辆油耗基准值,对采用节能技术的汽车给予减税补贴等政策支持,推广低油耗驾驶方式以及完善城市交通管理体系等。

3)促进汽车能源的多样化发展,具体包括推进生物燃料使用及相关基础设施的配套建设,推进清洁柴油车、柴油混合动力汽车和燃料电池汽车的普及等。

2016年在日本市场,混合动力汽车(HEV)已经优先普及,由于不需要建设配套基础设施,其销量已经远超EV/PHEV。据统计,2016年第一季度EV/PHEV的市场销量仅占HEV销量的3.3%。另外,处于市场投放期的FCV则表现出了强大的市场潜力,第一季度燃料电池乘用车的销量为170辆,占EV/PHEV的市场销量的2.3%,加氢站等配套基础设施建设也在逐步推进。

日本现阶段普及量最大的车型为混合动力汽车,其主要原因在于不断增加的车型填补了市场空白,给消费者提供更多选择。截至一季度末,日本市场共计推出49种混合动力车型,典型的畅销车型有丰田普锐斯HEV、本田飞度HEV等。

截至2016年2月底,日本全国建设了19 308个充电桩,其中慢速充电桩12 426个,快速充电桩6 882个,如图1-52所示。

在充电基础设施运营方面,除政府补贴外,四大汽车企业与日本政策投资银行共同成立了日本充电服务公司。新设立的日本充电服务公司主要提供充电设施建设补贴及运营补贴两部分,由基础设施建设方提出申请,主要针对政府财政补贴覆盖不到的部分进行企业补贴,配合政府促进基础设施建设,具体来讲,是针对设置方的设施建设费用,提供政府补贴差额1/3的企业资金补贴,如机体、施工等方面,并帮助设置方承担一定的运营成本,如电费、运营开支等。

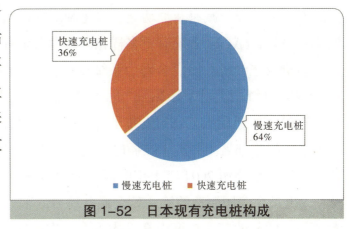

图1-52 日本现有充电桩构成

3. 各国新能源汽车产业发展近况

20世纪90年代中期，世界各大汽车生产厂商陆续投入新能源汽车的研究开发。经过多年技术发展和市场考验，混合动力汽车在产业化、商业化进程上的发展已经较为成熟，纯电动汽车基本具备了产业化的技术条件，但市场接受度有限，燃料电池汽车还处于技术发展阶段，但也有少量车型批量投入市场。世界新能源汽车产业的发展方向是近期提高传统内燃机节能技术和采用替代燃料如压缩天然气、液化石油气、生物燃料乙醇等，中长期是发展混合动力汽车，远期是发展纯电动汽车和燃料电池汽车。就目前来说，混合动力汽车成为各大公司的战略重点，突破了小型车的限制而应用于各型车辆上，市场竞争日趋激烈。

（1）美国

通用汽车公司把混合动力技术作为一个重要组成部分来发展，形成了独特的混合动力技术路线，从3方面开展技术研发，包括双模混合动力技术、轻度混合动力技术和混合动力技术在城市公交的应用。

雪佛兰Tahoe混合动力汽车采用艾里逊双模混合动力变速器，是全球第一款大型混合动力SUV，也是首款搭载双模混合动力系统的车型，采用两种电动机（低速电动机和高速电动机），功率各为30 kW，300 V镍氢电池，燃油经济性可提高30%。通用汽车公司还将双模混合动力系统用于柴油混合动力城市公交车上，该车搭载了8.9 L柴油机，具有两个功率100 kW的电动机（低速电动机和高速电动机），采用588 V镍氢电池，其燃油经济性提高60%，排放降低90%，具有制动能量回收功能。从2001年起，超过300辆通用产双模混合动力公交车在美国各地运行。

土星Aura和别克君越混合动力轿车配备了通用公司研发的带传动发电机/起动机（BAS）混合动力技术，BAS是一种轻度混合动力系统，对现有内燃机汽车改造成本低且节油效果明显，能满足市场对混合动力应用的急切需求。BAS在怠速时关闭发动机，减速时切断供油，并能回收制动能量，电机功率占总功率的比例在10%以下，在起动时，可由发电机驱动，在正常行驶和加速时由发动机驱动。与原始车型相比，采用BAS使燃油经济性提高12%~15%。

2008年3月，通用汽车公司发布了第二代混合动力eAssist系统，可使车辆燃油经济性提高20%左右。该系统基于原有BAS混合动力技术，采用了一系列先进技术，如使用性能更强劲的电动机、强化减速断油功能、强化制动能量回收功能、蓄电池充电的智能化和采用锂离子电池。另外，eAssist系统有更多样化的动力系统可供选择，包括高效涡轮增压发动机、生物燃料发动机及柴油机。该混合动力系统目前已应用在土星Aura以及雪佛兰Malibu等车型上。配置eAssist系统的土星VueGreen Line SUV是美国市场价格最低的混合动力SUV。

2010年，通用汽车公司发布了首款插电式混合动力车型沃蓝达（Volt，如图1-53所示），其未来的战略部署主要集中在插电式混合动力，并将以沃蓝达车型为基准方向。

福特汽车公司2004年上市的混合动力版翼虎（Escape）是美国销售的第一款全混合动力SUV，也是在美国制造的第一款全混合动力汽车。该车的全混合动力系统使其纯电动行驶能力大大强于此前的其他轻度混合动力汽车，在时速30英里以下都可以采用纯电动。混合动力翼虎装备了高效节能的四缸阿特金森循环发动机，配以电驱动系统，可在纯电动、纯机械动力或混合驱动之间自动切换，使其加速性能达到了与原版翼虎相近的水平，市区燃油经济性提高75%。

图 1-53　沃蓝达（Volt）

福特汽车公司推行的电驱动化战略涵盖了纯电动汽车、混合动力汽车和插电式混合动力汽车 3 种电动车型，几乎是目前最全面的电动汽车发展计划，目前多数厂商主攻一种或两种驱动技术。福特汽车公司在纯电动汽车方面，2010 年推出了全顺 Connect 电动商用货车，2011 年推出电动版福克斯，2013 年又推出了电动版嘉年华。2011 年，混合动力版 Fusion 上市，2015 年福特汽车公司又推出了全新插电式混合动力 C-MAX Energi（图 1-54），瞄准丰田的 prius 普锐斯，加入了激烈的混合动力汽车市场竞争行列。

图 1-54　C-MAX Energi

除了电动和混合动力汽车的研发外，福特汽车公司在生物燃料和清洁柴油发动机领域也进行了研发和推广。福特汽车公司在全球不同市场上总共推出了 14 款灵活燃料车型，目前有超过 500 万辆福特灵活燃料汽车在全球各地运行。福特汽车公司还计划继续推出能够使用可再生燃料（如生物柴油和 E-85 乙醇）的产品。福特汽车公司宣称，只要美国的燃料与基础设施到位，能够在短期内使其半数产品可依靠替代燃料行驶。

（2）德国

大众汽车公司早年的新能源汽车路线是生物燃料及氢动力，近年来重新定位于电动和混合动力汽车，重点是插电式混合动力汽车，大众汽车公司期望在未来数年内，通过插电式混合动力这一途径将所有级别产品都实现电气化。

在纯电动方面，大众汽车公司 2010 年以来先后发布了电动宝来、电动高尔夫、电动朗逸和 UPI 家用电动车。大众汽车公司将其电驱动技术称为蓝驱（Blue-e-Motion），采用的是磷酸铁锂动力电池组。

2010 年，大众汽车公司的途锐混合动力 SUV 批量上市。这款车采用机械增压技术的直喷汽油发动机与电动机驱动相结合的解决方案，混合动力系统的核心部件包括 TSI 增压 V6 发动机、8 速自动变速器及混合动力驱动模块。混合动力驱动模块安装在发动机和自动变速器之间，可以协调汽油机和电动机并行工作，提供高达 279 kW 的功率输出及 580 N·m 的最大转矩，燃油经济性较同级别 SUV 车型提高了 25%。

除了途锐混合动力 SUV，大众汽车公司还陆续推出了多款混合动力车型，如混合动力捷达轿车、混合动力高尔夫、混合动力帕萨特及混合动力奥迪 Q5、A6、A8 等，并计划推出其中几款的插电式混合动力版本。

2008 年，戴姆勒 - 奔驰汽车公司在日内瓦车展展出了 GLK BlueTec Hybrid 柴油混合动力概念车。BlueTec 是戴姆勒 - 奔驰汽车公司研发的有效降低柴油发动机氮氧化合物的新技术。在采用了多项新技术之后，GLK BlueTec Hybrid 的百公里油耗仅为 5.9L，排放则达到了欧洲 6 号标准。该车拥有一套高效节能的驱动系统，核心是 BlueTec 系统、混合动力模块和智能化能源管理系统，混合动力模块则由柴油发动机和电动机构成。配备的 4 缸 2.2 L CDI 柴油机采用第四代共轨直喷技术及两段式涡轮增压系统，可以提供 224 马力的最大输出功率和 560 N·m 的最大转矩。

戴姆勒 - 奔驰汽车公司 2009 年推出旗下首款量产混合动力汽车 S 400 Hybrid。该车是全球第一款采用锂离子电池混合动力技术的量产轿车。高强度钢壳包裹着的锂电池组的体积只有两块砖头大小，发动机、电动机、变速器集成为一体，为乘坐和行李提供了较大的空间。S 400 Hybrid 采用的是阿特金森循环 V6 发动机，0 ~ 100 km/h 的加速时间为 7.2 s，燃油经济性比同级别燃油车型提高了 20%。

宝马汽车公司将其混合动力汽车技术称为 ActiveHybrid，第一批 ActiveHybrid 车型 ActiveHybrid X6 和 ActiveHybrid7 已于 2009 年年底批量生产。与其他厂商的混合动力设计原则不同，宝马汽车公司不仅要通过混合动力技术降低排放和油耗，还要求混合动力产品能够提供比传统动力更强劲的动力。混合动力版宝马 X6 搭载一台 4.4 L 排量、功率 300 kW 的 V8 双涡轮增压汽油发动机，在此基础上加入两台功率为 67 kW 和 63 kW 的电动机，在电动机的帮助下，混合动力 X6 的最大输出功率增加到了 357 kW，峰值转矩为 780 N·m。该车综合百公里油耗为 9.9 L，0 ~ 100 km/h 的加速时间为 5.6 s。宝马 ActiveHybrid 7 采用中混合动力驱动，使用新型高效锂离子蓄电池。锂离子电池大小与传统 12V 蓄电池相差无几，质量仅 28kg 左右，可方便地集成到车内，占用很小的安装空间。宝马 ActiveHybrid 7 搭载 4.4 L 排量、342 kW 双涡轮增压 V8 汽油发动机，15 kW 三相交流同步电动机。该车综合油耗为 9.4 L/100 km，0 ~ 100 km/h 的加速时间为 4.9 s。除了 ActiveHybrid X6 和 ActiveHybrid 7，宝马还推出了发动机排量 3.0 L、油耗更低的 ActiveHybrid5 和 ActiveHybrid 3（图 1-55）。

图 1-55　ActiveHybrid5 和 ActiveHybrid 3

宝马汽车公司也布局于纯电动汽车，经过多年积累，2013年7月发布了旗下第一款量产纯电动汽车宝马i3（图1-56）。宝马i3使用一整块玻璃车顶，由前风窗一直延伸到车尾，为保证车身刚性不受影响，车顶处安装了高强度轻量化的CFRP碳纤维加固横梁，该材料还运用在整个乘员舱部分，车身全由铝合金材料制成，这些措施都是为了保证i3的续驶能力。宝马i3采用后置后驱的布局形式，电动机位于后桥后方，最大输出功率为125 kW，最大输出转矩为250 N·m。0～100 km/h的加速时间为7 s，续航里程为130～160 km。在快速充电的情况下，20 min可以充满80%的电量。

2016年9月，宝马公司在全新第一战略引领下进一步推进可持续出行，发布全新BMW 7系插电式混合动力汽车（图1-57），驾驶模式方面，除传统的运动、舒适、经济3种驾驶模式外，新车还提供名为eDRIVE的电动模式。

图 1-56　纯电动汽车宝马 i3

图 1-57　BMW 7 系插电式混合动力汽车

宝马740Le插电式混动版车型搭载一款由2.0T涡轮增压发动机与电动机组成的插电式混合动力系统。此套动力总成综合最大输出功率为240 kW，峰值扭矩500 N·m，传动系统匹配8速手自一体变速箱。车辆在纯电动模式下可续航40 km。宝马740Le的0～100 km/h加速时间为5.7 s。

（3）日本

日本的汽车公司较早进行混合动力汽车的研发，目前在混合动力技术领域处于领先，在全球混合动力汽车市场上占据大量份额。

1997年，丰田汽车公司推出了世界第一款批量生产的混合动力汽车Prius普锐斯，并分别在2003年和2009年发布了第二代和第三代，是迄今为止全球销售总量最大的混合动力车型。

混合动力 Prius 普锐斯是一款全混合动力汽车，由 52 kW 四缸发动机和 33 kW 永磁同步电动机共同驱动，采用行星齿轮装置对发动机动力进行分配，一部分动力传到车轮，另一部分动力传给发电机，发电机的输出功率输出给电动机或者用于给镍氢电池充电。Prius 百公里综合油耗只有 5.1L，排放不到同级别燃油车的一半。2012 年，丰田汽车公司发布了插电式混合动力版的 Ptius 普锐斯，如图 1-58 所示。

继 Prius 问世后，丰田汽车公司在十几年内又推出了众多的混合动力汽车车型，丰田旗下的多个品牌都有混合动力版本。2007 年丰田汽车公司在东京车展推出了皇冠混合动力轿车。2010 年 4 月，搭载了丰田新一代油电混合动力系统的凯美瑞混合动力轿车在广汽丰田量产下线。2010 年 7 月，专为欧洲市场打造的 Auris 混合动力汽车在欧洲上市，如图 1-59 所示。

图 1-58　丰田普锐斯

图 1-59　丰田 Auris 混合动力汽车

雷克萨斯（Lexus）是丰田汽车公司旗下的豪华车品牌，其中有多款推出了混合动力版本。雷克萨斯混合动力 GS450h 搭载 3.5 L V6 发动机，是世界上为数不多的大功率豪华混合动力运动轿跑车。雷克萨斯混合动力 LS600h 搭载 5L V8 发动机，是全球首款搭载 V8 发动机的混合动力汽车，也是丰田的旗舰混合动力轿车。雷克萨斯混合动力 RX450h 是搭载 3.5 L V6 发动机的混合动力 SUV。

本田汽车公司的经典混合动力汽车产品是 Insight。混合动力 Insight 于 2000 年上市，搭配本田独创的集成电机辅助（IMA）混合动力系统，配备 1.3 L 的 i-VTEC 三缸发动机、10 kW 永磁同步电动机、144 V 镍氢电池组，发动机和电动机集成同轴布置，发动机作为主动力，属于轻度混合动力系统。该车具有每升燃料行驶 36km 的超低油耗性能，是世界上油耗最低的量产汽车，在日本国内和世界其他各国都有很大销量。

除了 Insight，本田汽车公司近年来还推出了多款混合动力车型，主要有飞度（Fit）混合动力轿车、CR-Z 混合动力轿跑车、凌派（Crider）混合动力轿车、雅阁（Accord）混合动力轿车、思域（Civic）混合动力轿车和杰德（Jade）混合动力新概念轿车。

日产汽车公司不打算在混合动力汽车方面追赶丰田公司和本田公司，从 2010 年起将主攻方向放在量产的纯电动汽车上。日产聆风（Leaf）是目前纯电动汽车累计销量全球第一的车型。该车为五门五座掀背轿车，由层叠式紧凑型锂离子电池驱动，完全充电情况下可行驶 160 km。聆风采用家用交流电充电，需要 8h 将电池充满，而用专门的充电设备快速充电 10 min 可行驶 50 km。

思考与练习

一、填空题

1. 汽车排放的污染物以及与交通源相关的主要污染物有_____、_____、_____和_____等。
2. 电动汽车包括_____、_____和_____。
3. 气体燃料汽车是指利用_____作为_____的汽车。
4. 燃用_____或燃用_____的汽车称为生物燃料汽车。
5. _____是指以氢为主要能量驱动的汽车。一般汽车使用汽油或柴油作为内燃机的燃料，而_____则使用_____作为内燃机的燃料。
6. 纯电动汽车是指以_____为动力，用_____驱动车轮行驶。
7. 根据混合动力电动汽车零部件的种类、数量和连接关系，可以将其分为_____混合动力电动汽车（SHEV）、_____混合动力电动汽车（PHEV）和_____混合动力电动汽车（PSHEV）。

二、问答题

1. 什么是新能源汽车？

2. 新能源汽车有哪些类型？

3. 简述我国新能源汽车的发展状况。

4. 为什么要大力发展新能源汽车？

课题二
汽车蓄电池

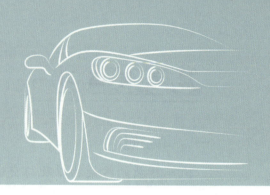

学习目标

1. 熟悉电池各性能参数的含义；
2. 掌握各电池的结构和工作原理；
3. 熟悉各电池的电极材料。

单元一　电池概述

电池（Battery）指盛有电解质溶液和金属电极以产生电流的杯、槽或其他容器或复合容器的部分空间，能将化学能转化成电能的装置。具有正极、负极之分。利用电池作为能量来源，可以得到具有稳定电压，稳定电流，长时间稳定供电，受外界影响很小的电流，并且电池结构简单，携带方便，充放电操作简便易行，不受外界气候和温度的影响，性能稳定可靠，在现代社会生活中的各个方面发挥有很大作用。

与内燃机汽车上的常用蓄电池不同，在电动汽车上，动力电池组必须是具有强大能量的动力电源，除了作为驱动动力能源外，还要向空调系统、动力转向系统等提供电力能源。另外，电动汽车上的蓄电池还要为照明系统、信号系统、刮水器，以及车载娱乐和通信设备等装备提供低压电源。特斯拉 Model S 的电池组与安放位置如图 2-1 所示。纯电动汽车蓄电池通过商用电源，依靠蓄电池专用充电器对其进行控制和充电。

图 2-1　特斯拉 Model S 的电池组与安放位置

一、电池的分类

电池按原理不同主要可分为化学电池、物理电池和生物电池三大类，其中化学电池和物理电池已经应用于量产电动汽车中，而生物电池则被视为未来电动车电池的重要发展方向之一。化学电池是一种直接把化学能转变为电能的装置，其学名为化学电源，通常所说的电池即指这类电池。出于对目前实际应用情况的考虑，我们只对化学电池及物理电池进行介绍。

化学电池常见的分类方法有 3 种：

1）按电解液种类分类，可把常见的电池分为碱性电池、酸性电池、中性电池及有机电解液电池4类。

2）按电池所用正、负极材料的不同，可把常见的电池分为锌系列电池、镍系列电池、铅系列电池、锂系列电池、二氧化锰系列电池及空气（氧气）系列电池等。

3）按工作性质和储存方式的不同，可把常见的电池分为原电池（也称一次电池）、蓄电池（也称二次电池）、燃料电池、储备电池4类。原电池在放电完毕后即报废，如常见的干电池；蓄电池能够通过充电的方式使内部活性物质再生，把电能储存为化学能，需要放电时再次把化学能转换为电能。相对于一次电池，二次电池是指可充电电池。

作为电动汽车动力能源使用的电池主要指蓄电池（二次电池）、燃料电池两类，因此电动汽车可根据使用的化学电源种类不同分为蓄电池汽车、燃料电池汽车。

二、电池的工作原理

电池由电极（正极、负极）、电解质、隔膜和容器（外壳）4部分组成，其中主要的是正（电）极（电源内部称阴极）、负（电）极（电源内部称阳极）和电解质3个部分。电极是电池的核心部分，电池的正极被定义为电池放电时由外电路获得电子的电极，负极则被定义为电池放电时向外电路输送电子的电极。电解质通常为固体或液体，液体电解质常称为电解液或电液。电解质为不能流动的固体的电池常称为干电池。

电池基本工作原理如图2-2所示。电池正极P和负极N都浸在电解液E中。放电时，负极发生氧化反应向外电路释放电子，正极发生还原反应，从外电路得到电子。充电时，过程正好相反，负极得到电子发生还原反应，正极失去电子发生氧化反应。

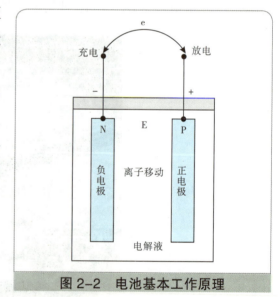

图2-2 电池基本工作原理

三、电池的性能参数

蓄电池的主要性能指标有电压、电池容量、能量、功率、电池的内阻、电池的放电深度、电池的使用寿命、放电速率、自放电率、成本等。

1. 电压

电池电压参数包括电动势、开路电压、工作电压、额定电压和截止电压等。

1）电动势：电池正负极之间的平衡电极电位差。

2）开路电压：电池在开路时的端电压，等于正极电位与负极电位之差。开路电压一般小于电动势，这是因为两极在电解质所建立的电极电位通常并非平衡电极电位，而是稳定电极电位。一般可近似认为电池的开路电压就是电池的电动势。

3）工作电压：分为放电电压和充电电压。放电电压指的是电池两端接上负载后，在放电过程显示的电压；充电电压指的是对电池充电时电池的端电压。

4）额定电压：电池在标准规定的条件下工作时应达到的电压，可作为验收电池质量和电池选用的依据。

5）截止电压：分为放电截止电压和充电截止电压。放电截止电压指的是电池在规定条件下放电时，电池不宜再继续放电的最低工作电压；充电截止电压是电池充电至不宜再继续充电的最高工作电压。

2. 电池容量

电池容量指充满电的电池在指定的条件下放电到终止电压时输出的电量。

1）理论容量：根据蓄电池活性物质的特性，按法拉第定律计算出的最高理论值，一般用质量容量（A·h/kg）或体积容量（A·h/L）来表示。

2）实际容量：在一定条件下所能输出的电量，等于放电电流与放电时间的乘积。

3）标称容量（公称容量）：在一定标准所规定的条件下，厂家标出的电池应保证具有的储存电量。

4）额定容量（保证容量）：在一定标准所规定的放电条件下，电池应该放出的最低限度的容量。

5）电池的荷电状态（SOC）：描述电池剩余容量占额定容量的百分比。SOC 为 1 表示电池为充满状态。随着蓄电池放电，蓄电池的电荷逐渐减少，一般蓄电池放电高效率区为（50% ~ 80%）SOC。

3. 能量

能量是指在一定标准所规定的放电制度下电池所输出的电能，它决定电动汽车的行驶距离。

1）标称能量：在一定标准所规定的放电条件下，电池所输出的能量。电池的标称能量是电池的额定容量与额定电压的乘积。

2）实际能量：在一定条件下电池所能输出的能量。电池的实际能量是电池的实际容量与平均工作电压的乘积。

3）比能量（W·h/kg）：单位质量的动力电池组所能输出的能量。电池的质量包括电池本身结构件质量和电解质质量的总和。

4）能量密度（W·h/L）：单位体积的动力电池组所能输出的能量。

4. 功率

功率指在一定的放电制度下，电池在单位时间内所输出的能量。电池的功率决定电动汽车的加速性能和最高转速等。

1）比功率（W/kg）：指单位质量的电池所具有电能的功率。

2）功率密度（W/L）：指单位体积的电池所具有的电能的功率。

5. 电池的内阻

电流通过电池内部时受到的阻力使电池的电压降低，此阻力称为电池的内阻。电池的内阻作用使得电池在放电时端电压低于电动势和开路电压，在充电时充电的端电压高于电动势和开路电压。

6. 电池的放电深度

电池的放电深度指电池已经放出的电量与电池额定容量的比值。

7. 电池的使用寿命

电池使用寿命分为时间使用寿命和循环使用寿命两种。时间使用寿命指从电池制成开始，包括储存期和使用期在内的时间期限。循环使用寿命是电池容量降到某一规定值前，电池经历的充放电循环次数。在测定循环使用寿命时，必须规定充放电循环试验的条件，包括充放电速率、放电深度和环境温度范围等。

8. 放电速率（放电率）

放电速率（放电率）一般用电池在放电时的时间或放电电流与额定电流的比例来表示。

1）时率：电池以某种电流放电直到电池的电压降低到终止电压时所经过的放电时间。

2）倍率：电池以某种电流放电的数值为额定容量数值的倍数。

9. 自放电率

自放电率指电池在存放时间内，在没有负荷的条件下自身放电，使得电池容量损失的速度。自放电率用单位时间（月/年）内电池容量下降的百分数来表示。

10. 成本

电池的成本与电池的技术含量、材料、制作方法和生产规模有关。目前新开发的高比能量的电池成本较高，使得电动汽车的造价也较高。开发和研制高效、低成本的电池是电动汽车发展的关键。

除上述主要性能指标外，还有环境、安全等指标。电池毒性大小、对周围环境的污染或腐蚀程度等也是电池的一个重要指标。

四、电动汽车对动力电池的性能要求

用做电动车辆能量源的电池称为动力电池。由于不同种类电动汽车的结构和工作模式不同，对动力电池的要求也有所不同。纯电动汽车行驶安全完全依赖电池的能量，由于要求小型化和长的续驶里程，所以相对于比功率来说，人们更多关注的是比能量。对于混合动力电动汽车，更多关注的是质量比功率，即要实现小电池提供大电流，这里主要对加减速时的瞬时大功率的要求多一些。

对于这些要求，目前已经被提出或正在被应用的储能装置有化学蓄电池、超级电容器、飞轮储能装置。但是，就目前的技术现状而言，蓄电池仍是大部分情况下的选择。

一般来说，电动汽车上的蓄电池需满足以下基本要求。

1）比能量高。比能量是保证电动汽车（Electric Vehicle，EV）能够达到基本合理的行驶里程的重要性能，2 h 放电时率电池的比能量至少不低于 44 W·h/kg。

2）充电时间短。电池对充电技术没有特殊要求，能够实现感应充电。电池的正常充电时间应小于 6 h，且能够适应快速充电的要求。电池快速充电达到额定容量 50% 时的时间为 20 min 左右。

3）连续放电率高，自放电率低。电池能够适应快速放电的要求，连续 1h 放电率可以达到额定容量的 70% 左右。自放电率要低，电池能够长期存放。

4）不需要复杂的运行环境。电池能够在常温条件下正常稳定地工作，不受环境温度的影响，不需要特殊的加热、保温热管理系统，能够适应 EV 和混合动力汽车（Hybrid Electric，HEV）行驶时振动的要求。

5）安全可靠。电池应干燥、洁净，电解质不会渗漏而腐蚀接线柱、外壳。电池不会自燃或燃烧，在发生碰撞等事故时，不会对乘员造成伤害。废电池能够回收处理和再生处理。电池中的有害重金属能够集中回收处理。电池组可以采用机械装置进行整体快速更换，线路连接方便。

6）寿命长，免维修，制造成本低。电池的循环使用寿命不低于 1 000 次，在使用寿命限定期间内，不需要进行维护和修理。

单元二　镍基蓄电池

一、镍基蓄电池简介

镍氢（Ni-MH）蓄电池是镍镉（Ni-Cd）蓄电池的新发展，是目前人们看好的第二代蓄电池之一，是取代镍镉蓄电池的产品，当然也是取代铅酸蓄电池的产品。镍氢动力蓄电池刚刚进入成熟期，是目前电动汽车所用动力电池体系中唯一被实际验证并被商业化、规模化的动力电池体系，全球已经批量生产的混合动力汽车一般采用镍氢动力电池体系。镍氢（Ni-MH）蓄电池可以分为方形和圆形两种类型。镍氢蓄电池主要由正极、负极、极板、隔板、电解液等组成。隔板采用多孔维尼纶无纺布或尼龙无纺布等。为了防止充电过程后期蓄电池内压过高，蓄电池中装有防爆装置。镍氢蓄电池正极活性物质采用氢氧化亚镍，负极活性物质为储氢合金，电解液为氢氧化钾溶液，电池充电时，正极的氢进入负极储氢合金中，放电时过程正好相反。充电时，负极析出氢气，贮存在容器中，正极由氢氧化亚镍变成羟基氧化镍（NiOOH）和 H_2O；放电时氢气在负极上被消耗掉，正极由羟基氧化镍变成氢氧化亚镍。蓄电池过量充电时，正极板析出氧气，负极板析出氢气。由于有催化剂的氢电极面积大，而且氢气能够随时扩散到氢电极表面，因此，氢气和氧气能够很容易在蓄电池内部再化合生成水，使容器内的气体压力保持不变，这种再化合的速率很快，可以有效控制蓄电池内部氧气的浓度。

镍氢蓄电池的反应与镍锡蓄电池相似，只是负极充放电过程中生成物不同，镍氢蓄电池也可以做成密封型结构。镍氢蓄电池的电解液多采用 KOH 水溶液，并加入少量的 LiOH。

镍氢（Ni-MH）蓄电池的优缺点：镍氢蓄电池和镍镉蓄电池外形上相似，而且镍氢蓄电池的正极也与镍镉蓄电池基本相同，主要区别在于镍镉蓄电池负极板采用的是镉活性物质，而镍氢蓄电池是以高能贮氢合金为负极，因此镍氢蓄电池具有更大的能量。同时镍氢蓄电池在电化学特性方面与镍锡蓄电池亦基本相似，故镍氢蓄电池在使用时可完全替代镍镉蓄电池，而不需要对设备进行任何改造。相对于其他蓄电池，镍氢（Ni-MH）蓄电池的优点表现在以下几个方面。

（1）高比能量（衡量电动汽车一次充电行驶里程）。已与锂离子电池水平相当。

（2）高比功率（赋予电动汽车良好的起动、加速、爬坡性能）。性能高于锂离子电池。

（3）长寿命特性（赋予蓄电池良好的经济性），平均寿命为 300 次～600 次。

（4）安全性能高，无污染物，被誉为"绿色电源"。

镍氢蓄电池的缺点是充电时间比镍镉蓄电池要长一些，自放电现象随温度的增高而增大，价格比镍镉蓄电池贵，性能比锂电池要差。

二、镍氢蓄电池的结构

镍氢蓄电池是镍镉蓄电池的新发展，是目前发展前景较好的第二代蓄电池之一，是取代镍镉蓄电池的产品，当然也是取代铅酸蓄电池的产品。镍氢蓄电池刚刚进入成熟期，是目前电动汽车所用动力电池体系中唯一被实际验证并被商业化、规模化的动力电池体系，全球已经批量生产的混合动力汽车一般采用镍氢动力电池体系。

镍氢蓄电池可以分为方形（图2-3）和圆形（图2-4）两种类型。镍氢蓄电池主要由正极、负极、极板、隔板、电解液等组成。隔板采用多孔维尼纶无纺布或尼龙无纺布等。为了防止充电过程后期蓄电池内压过高，蓄电池中装有防爆装置。

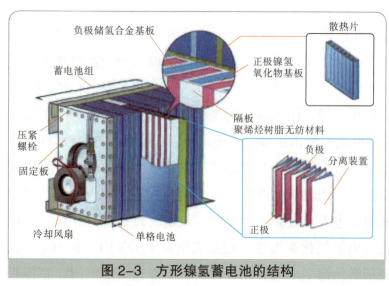

图 2-3 方形镍氢蓄电池的结构

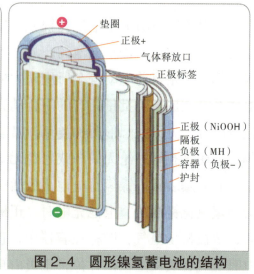

图 2-4 圆形镍氢蓄电池的结构

三、镍氢蓄电池的工作原理

镍氢蓄电池的电解质为 30% KOH 溶液，加入少量的 NaOH 和 LiOH。球状 $Ni(OH)_2$ 粉末与添加剂、黏合剂制成涂膏，涂在正极板上。正极活性物质为 Ni(OH)$_2$(充电时)和 NiOOH(放电时)。Ni(OH)$_2$ 中的镍离子的为 2 价，NiOOH 中的镍离子为 3 价，Ni(OH)$_2$ 和 NiOOH 可以互相转化，Ni(OH)$_2$ 可以氧化成 NiOOH，NiOOH 可以还原成 Ni(OH)$_2$。电池负极为储氢合金，由能反复吸收和释放出氢原子的合金晶格构成。负极活性物质为 H$_2$(放电时)和 H$_2$O(充电时)。

电池放电时，负极发生氧化反应，正极发生还原反应。负极参加反应的活性物质为储氢金属合金 MH$_x$，释放出的 H 原子失去电子成为 H$^+$，再和电极附近电解质的 OH$^-$ 复合生成 H$_2$O；正极的活性物质为 NiOOH，得到电子还原成 Ni(OH)$_2$。放电时电化学反应式如下。

负极：MH$_x$ + OH$^-$ → M + H$_2$O + e$^-$

正极：NiOOH + H$_2$O + e$^-$ → Ni(OH)$_2$ + OH$^-$

总反应：MH$_x$ + NiOOH → M + Ni(OH)$_2$

电池充电时，负极发生还原反应，正极发生氧化反应。负极参加反应的活性物质此时为 H$_2$O，得到电子还原成 H 和 OH$^-$，其中 H 和储氢金属结合；正极的活性物质为 Ni(OH)$_2$，被氧化成 NiOOH。充电时的电化学反应式如下。

负极：M + H$_2$O + e$^-$ → MH$_x$ + OH$^-$

正极：Ni(OH)$_2$ + OH$^-$ → NiOOH + H$_2$O + e$^-$

总反应：M + Ni(OH)$_2$ → MH$_x$ + NiOOH

由充放电的反应式可见，镍氢电池的充放电过程是可逆的，负极发生 H$_2$ 和 H$_2$O 间的可逆变换，正极发生 Ni(OH)$_2$ 和 NiOOH 间的可逆变换。

电池有时会出现过放电和过充电的情况，镍氢蓄电池有较好的耐过充、过放的能力。过放电时，正极活性物质 NiOOH 消耗完了，此时正极的 H$_2$O 被还原成 H$_2$ 和 OH–，但是在负极储氢金属的催化作用下，这些 H$_2$ 又扩散到负极和 OH$^-$ 反应生成水。可见，过放电时，电池的总反应的净结果为零，保持了电池体系的稳定。过放电的反应式如下。

正极：2H$_2$O + 2e$^-$ → H$_2$ + 2OH$^-$

负极：H$_2$ + 2OH$^-$ → 2H$_2$O + 2e$^-$

镍氢蓄电池一般采用负极容量过剩的配置方式。在过充电时，正极活性物质 Ni(OH)$_2$ 消耗完后，继续充电正极会产生 O$_2$，通过隔膜扩散在负极上重新化合为水，既保持了电池内压的恒定，又使电解质浓度不致发生过大变化。正、负极发生如下反应。

正极：4OH$^-$ → 2H$_2$O + O$_2$ + 4e$^-$

负极：2H$_2$O + O$_2$ + 4e$^-$ → 4OH$^-$

镍氢蓄电池的正、负极上所发生的反应属于固相转变机制，不额外生成和消耗电解液，正、负极都具有较高的稳定性，因此可以实现密封和免维护。负极容量大于正极容量的设计，加上储氢金属起到储氢和参与电化学反应的双重作用，使得正极上过充析出的 O$_2$ 和过放析出的 H$_2$ 都能被储氢金属负极吸收，故镍氢蓄电池具有良好的耐过充、过放能力。

四、镍氢蓄电池的正极材料

镍氢蓄电池的正极以质量轻、孔隙率高的泡沫镍作为电极基体，起导电和电极骨架的作用，泡沫镍的使用可增加电池容量。正极的活性物质是平均粒径为 10～20μm 的 $Ni(OH)_2$ 粉末，由于纯 $Ni(OH)_2$ 的导电性很差，通常在 $Ni(OH)_2$ 粉末中加入一定量的导电物质如 CoO、镍粉、石墨或乙炔黑等来增加活性物质的导电性。粉料混合均匀后加入一定浓度的黏结剂调成膏糊状，然后涂至泡沫镍基体中，再经烘干、压片制成镍电极。

作为正极基板，泡沫镍应满足以下要求。

1）为增加活性物质填充量，要求有足够高的孔隙率，一般以 95%～97% 为好，但过高会降低机械性能。

2）有合理的孔隙结构，孔径分布在 50～500μm 之间，孔的线性密度在 40～100 孔/25mm 之间。孔隙偏大，填充活性物质较容易，但过大会造成活性物质在充放电过程中的脱落，降低利用率。

3）有足够的强度、好的延伸率、良好的反复弯曲性能。

4）有大的比表面积，质量分布均匀，以利于基体与活性物质颗粒的接触和电极反应的进行。

5）具有良好的导电性。

五、镍氢蓄电池的负极材料

镍氢蓄电池的负极材料为储氢合金，在充电过程和放电过程中发生吸氢反应和放氢反应，涉及电极表面电化学及体相扩散过程。特别是在大电流或高温工作时，储氢电极对镍氢蓄电池的性能有重要影响。作为负极材料，储氢蓄合金应满足如下要求。

1）合金的储氢容量高。

2）有良好的电催化活性。

3）在强碱性电解质溶液中，化学性较稳定，在氢的阳极氧化电位范围内具有较强的抗氧化能力。

4）充放电效率高。

5）具有良好的电和热的传导性。

6）循环使用寿命长，反复充放电过程中，合金不易粉化。

储氢合金分为放热型和吸热型。在一定条件下，放热型金属中的氢溶解度随温度上升而减小，吸热型金属则相反。前者与氢形成强键合氢化物，控制储氢量。后者与氢形成弱键合化合物，调节生成热与分解压力。目前开发的储氢合金，基本上都是将放热型金属与吸热型金属组合在一起，合理调配以制备出室温下具有可逆吸放氢能力的储氢材料。

储氢合金的吸氢反应机理如图 2-5 所示。氢分子与合金接触时，吸附于合金表面上，氢分子分解成为氢原子，原子状氢从合金表面向内部扩散，形成固溶体，在固溶体饱和之后，过剩的氢原子与固溶体反应生成氢化物。氢与金属或合金的反应是一个多相反应，由以下几个反应组成：氢分子传输、吸附氢的分解、表面迁移、吸附氢转化成吸收氢、氢在 α 相稀固态溶液中扩散、α相转变为β相、氢在氢化物中扩散。

六、镍氢蓄电池的充放电特性

1. 充电特性

图 2-6 为镍氢蓄电池的充电特性图。刚开始充电时，由于电池内阻产生压降，电池电压上升较快；此后，电池开始接受电荷，电池电压很缓慢地上升，此阶段后期，正极发生电化学反应而产生少量氧气，其会扩散到负极被化合，因此电池内部的温度和气体压力都很低；在接近充满电时，电解液开始产生气泡，这些气泡聚集在极板表面，使极板的有效面积减小，电池内阻抗增加，电池电压开始较快上升；若继续充电，虽然产生的氧气能很快在负极被化合，但是电池温度很快升高，使电池电压下降，因此电压曲线在接近充电终了时出现峰值。

充电特性与充电电流大小有关。充电电流越大（充电速度越快），电池充电电压越高，越早地达到充电截止电压，能充入的电量越少，充电效率也越低。

2. 放电特性

图 2-7 为镍氢蓄电池的放电特性图。在刚开始放电时，电压快速下降，然后缓慢下降，在接近放电终了时，放电电压又急剧下降。另外，放电电流越大，放电电压越低，越早地到达放电终止电压，放电时间越短，能放出的容量越小。

3. 温度特性

图 2-8 为镍氢蓄电池各温度下的充电电压。由图 2-8 可知，环境温度越高，电池电压越低，能够充入的容量越小，即充电效率越低。另外，在各种环境温度下，在电池接近充电终了时，电池电压升高，当充电容量达到额定容量时，电池电压达到峰值。随后，由于电池发热，电池的电压又降低。

图 2-9 为镍氢蓄电池的温度特性。由图 2-9（a）可知，在 -20 ℃ ~ +20 ℃ 范围内，温度越高，放电电压越高，但是温度过高（60 ℃），又会导致电压急剧降低。

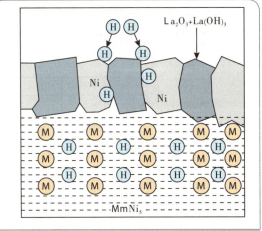

图 2-5 储氢合金的吸氢反应机理

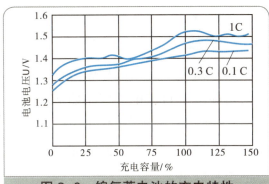

图 2-6 镍氢蓄电池的充电特性

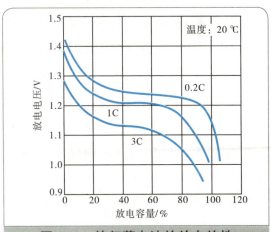

图 2-7 镍氢蓄电池的放电特性

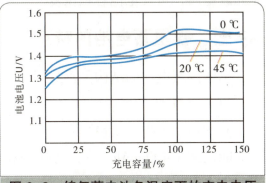

图 2-8 镍氢蓄电池各温度下的充电电压

由图 2-9（b）可知，在小电流放电时，温度对放电容量的影响不大。放电电流越大，温度对放电容量的影响越明显，尤其是在低温（0 ℃以下）放电时，放电容量下降非常显著。

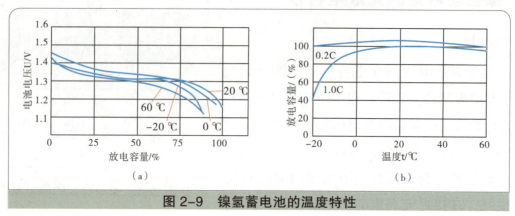

图 2-9　镍氢蓄电池的温度特性

（a）不同温度下的放电特性；（b）不同温度下的放电容量

4. 自放电

镍氢蓄电池有一定程度的自放电行为，图 2-10 为镍氢蓄电池的自放电特性。

可能产生自放电的机制如下：

1）正极活性物质 Ni（OH）$_2$ 的成分自分解，产生的氧可能达到负极，减少正负极的活性物质，造成电池容量降低。

2）储氢合金的氢从负极到达正极，与正极反应造成活性物质损失，使容量降低。

3）正极存在氮化物杂质，引起亚硝酸盐和氨的氧化还原穿梭反应的进行，使正极退化。

4）电池内压的形成。

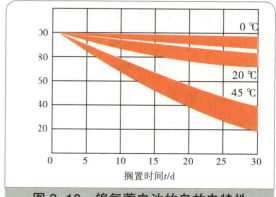

图 2-10　镍氢蓄电池的自放电特性

影响镍氢蓄电池自放电程度的因素很多，其中储氢合金的组成、使用温度、电池的组装工艺影响较大。储氢合金的吸氢平台压力越高，氢气越容易从合金中逸出，自放电越明显；温度越高，电池自放电越大；隔膜选择不当，组装不合理，随着电池充放电次数的增加，合金粉末出现脱落或形成枝晶等现象，都会加速自放电。

但是，镍氢蓄电池自放电引起的容量损失是可逆的，长期储存的电池，经过 3～5 次小电流充放电后，可使电池容量恢复。

七、镍氢蓄电池的特点

单体镍氢电池的结构是密封圆柱形，标称电压为 1.2 V，它主要有以下特点：

（1）容量大

NiMH 电池的"储能密度"，以 5 号（AA 型）可充电电池为例，至少在 1 000 mAh 以上，好的能达到 1 400 mAh，在同等体积和重量的条件下，其容量是镍镉电池的 2～3 倍，而比传统型镍镉电池要多出 1 倍多。

（2）无"记忆效应"

"记忆效应"是指电池在使用过程中，由于没有完全放电就进行充电，造成电池负极板上产生不正常的氧化物导致，它对电池电压有抑制作用，表现为电池充电很足，但放电时，电压骤减，致使电池使用寿命缩短。镍氢电池无"记忆效应"，但在使用过程中，有自放电现象。正常使用情况下，其电量的流失量为每天1%～3%，充满电的镍氢电池，放置几星期后再使用，就必须重新充电。由于镍氢电池无"记忆效应"，所以在开始为它充电前不需做放电处理，可以随用随充，在任一点充电。

（3）耐过充电、过放电能力强

镍氢电池充电、放电比较随便，即使过充电也不会造成电池永久性损伤，电池放电到0 V以后再充电，仍然能够恢复镍氢电池的容量。

（4）无污染

由于镍氢电池含镉成分极微，甚至不含镉成分，不会污染环境，所以镍氢电池也叫环保电池或"绿色电池"。现有很多国家都投巨资兴建镍氢电池生产线。

（5）资源丰富

镍氢电池所用的储氢合金是从稀土中提炼出来的，而我国是稀土资源大国，约占全球总储存量的80%，所以我国发展镍氢电池具有得天独厚的优势。

（6）寿命长

镍氢电池以1 C电流充电、放电循环使用寿命超过500次，以0.2 C电流充、放电循环使用寿命超过1 000次，从实际使用寿命看，以5号镍氢电池为例，采用1 000 mA电流充电，可累计重复使用1 000次。

单元三　锂电池

一、锂电池简介

锂电池是由锂金属或锂合金为正/负极材料的电池。锂电池大致可分为锂金属电池和锂离子电池两类。锂金属电池通常是不可充电的，且内含金属态的锂。锂离子电池又分为液态锂离子电池（Liquified Lithium-Ion Battery，LIB）、聚合物锂离子电池（Polymer Lithium-Ion Battery，PLB）两大类。

1. 锂金属电池

锂金属电池是一类以锂金属或锂合金为负极材料、使用非水电解质溶液的电池。锂金属电池采用金属锂，正极活性物质采用二氧化锰和氟化碳等材料。由于锂金属电池在充电反应过程中会产生枝晶锂（纤维状结晶），这种现象会导致蓄电池产生两个致命的缺陷：第一个缺陷是对蓄电池的特性产生影响，那就是以纤维状沉积的金属锂会以100%的效率放电，由此导致蓄电池充放电循环困难，并引起蓄电池的循环寿命和储存等性能下降；第二个缺陷是枝晶锂通过充放电循环反复形成，枝晶锂可能穿透隔膜，造成蓄电池内部短路，从而发生爆炸。为了解决这些问题，虽然采用了锂合金来替代金属锂，并改进了电解质，但仍无法使锂金属电池实现商品化生产。

2. 锂离子电池

锂离子电池指的是以两种不同的能够可逆地插入及脱出锂离子的嵌锂化合物分别作为电池正极和负极的二次电池体系。锂离子电池是从锂电池衍生发展而来。锂电池的负极是金属锂，第一个商品化的可充式锂–二硫化钼电池于20世纪80年代研制成功，缺点是形成的锂枝晶易导致正负极间的隔膜穿孔引起电池短路。法国的Armand提出采用在很低电压就能使锂离子嵌入、脱出的材料来代替金属锂，进而发展出正极和负极采用锂离子嵌入材料的锂离子电池。日产聆风装备的锂离子电池如图2-11所示。

20世纪90年代以来，各国投入大量的人力物力研发锂离子电池，有力地促进其商业化发展。近年来，锂离子电池不仅产量产值快速增长，应用领域也不断拓宽，被广泛应用于移动通信、笔记本电脑、摄像机、便携式仪器仪表等领域。另外，目前锂离子电池也在向大型电动设备的应用方向发展，是电动车辆的理想动力源，在航空航天、国防工业等大功率电源方面也有良好应用前景。本节将以锂离子电池为例讲述锂电池的结构原理和材料组成。

图2-11 日产聆风装备的锂离子电池组

二、锂离子电池的结构

锂离子电池的结构如图2-12所示，锂离子电池主要由正极、负极、电解质、隔膜、正极引线、负极引线、中心端子、绝缘材料、安全阀、密封圈、PTC（Positive Temperature Coefficient，正温度系数）控制端子和蓄电池壳（或盖板组成）。负极与蓄电池壳接触，并且将负极镍带点焊在蓄电池壳内壁上；隔膜处于正极和负极之间，起隔离作用；正极片被包在内层，正极极耳将正极与蓄电池壳连为一体，正极极耳缠有高温胶纸；电解质分布于极片、隔膜纸及蓄电池内部，电芯底部缠有普通胶纸。

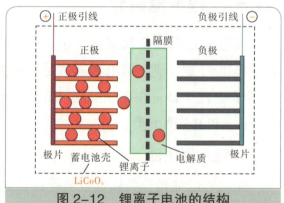

图2-12 锂离子电池的结构

三、锂离子电池的工作原理

如图 2-13 所示,充电时,正电极(阴极)发生氧化反应,向外电路释放出电子,向内电路释放出锂离子。电子经过外电路和充电机被输送到负电极,与此同时,锂离子经过内电路中的电解质,穿过隔膜纸,进入负电极的晶体结构。因此,正电极中的锂离子数量逐渐减少。但是,电解质中的锂离子数量没有改变。隔膜纸是电子的绝缘体、离子的透明体。负电极(阳极)发生还原反应,同时吸收电子和锂离子。电子和锂离子在负电极的晶体结构中形成电池中性。

如图 2-14 所示,放电时,正电极(阴极)发生还原反应,从外电路获得电子,从内电路吸取锂离子。电子经过外电路和用电器被输送到正电极,与此同时,锂离子经过内电路中的电解液,穿过隔膜纸,回到正电极的晶体结构。因此,负电极中的锂离子数量逐渐减少,而正电极中的锂离子数量逐渐增多。但是,电解液中的锂离子数量没有改变。负电极(阳极)发生氧化反应,同时释放出电子和锂离子。电子和锂离子经过内外电路,回到正电极的晶体结构中形成电池中性。

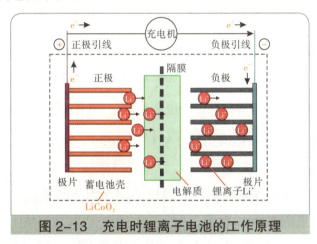

图 2-13　充电时锂离子电池的工作原理

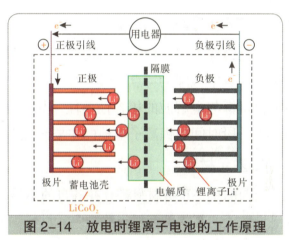

图 2-14　放电时锂离子电池的工作原理

四、锂离子电池的正极材料

正极材料是锂离子电池的关键材料之一,对它的要求如下。

1)晶体结构有利于 Li^+ 的嵌入和脱出,晶体结构牢固,在充放电过程中稳定性好,使电极具有良好的可逆性,以保证电池具有长循环寿命。

2)充放电过程中有大量的 Li^+ 嵌入和脱出,使电极具有高的电化学容量。

3)有较高的氧化还原电位,从而使电池具有较高的输出电压。

4)Li^+ 在电极材料中有较大的扩散系数,以减少极化造成的能量损耗,便于电池的快速充放电。

5)有较高的电导率,有利于电池大电流的充电和放电。

6)氧化还原电位变化小,以保证电池平稳地充电和放电。

7)正极材料不与电解质等发生化学反应,化学性质稳定。

8)价格便宜,对环境无污染。

锂离子电池的正极材料为过渡金属氧化物，主要有层状结构的氧化钴锂（$LiCoO_2$）、氧化镍锂（$LiNiO_2$）、氧化锰锂（$LiMn_2O_4$）及多元材料等。

1. 氧化钴锂（$LiCoO_2$）

氧化钴锂是最早商业化的正极材料，也是目前最常用和用量最大的正极材料。该材料分子式为 $CoLiO_2$，呈深蓝色粉状，可溶于水，特点是电化学特性优异，初次循环不可逆容量损失小，充放电效率高，热稳定性好，循环寿命长，工作电压为 4.35～4.45 V。但是钴材料成本较高，资源缺乏，因此必须开发少用钴、不用钴的廉价材料，从而大大降低锂离子电池的成本。

2. 氧化镍锂（$LiNiO_2$）

氧化镍锂具有价格和储量上的优势，其实际容量已接近理论容量的 70%～80%。氧化镍锂具有自放电率低、没有环境污染、对电解质的要求低等优点。但其初次放电效率仅为 85% 左右，此外蓄电池的热稳定性可能引起安全问题。只有提高其充电效率和热稳定性，并在制备方法上适应工业生产的要求，氧化镍锂才有更好的实用性。

3. 氧化锰锂（$LiMn_2O_4$）

氧化锰锂不仅在价格上占优势，而且具有安全性好、无环境污染、毒性低、易回收、工作电压高、成本低廉的特点，其三维的隧道结构，比层间化合物更有利于锂离子的嵌入和脱出。但氧化锰锂与电解质的相容性不佳，其高温和高电压下的循环寿命也是问题。氧化锰锂是现在和今后一段时间内锂离子电池的主要研究对象，也是最有前景的正极材料。

4. 多元材料

当前的单一正极材料都存在各自的不足，综合两种或多种材料，通过协同作用克服缺点以达到优异性能所得的新型材料称为多元材料，近年来有较大的发展。例如，综合 $LiCoO_2$、$LiNiO_2$、$LiMnO_2$ 这 3 种材料的优点，可形成 $LiCoO_2/LiNiO_2/LiMnO_2$ 的共容体系，组合成含有镍、钴、锰 3 种元素的协同的新型过渡金属嵌锂氧化物复合材料，通式表示为 $LiCo_xMn_xNi_{1-x-y}O_2$（$0<x<0.5$，$0<y<0.5$），存在明显的三元协同效应，其综合性能优于单一材料。多元材料具有容量高、成本低、安全性好等优点，目前在小型锂离子电池中已有应用，在动力锂离子电池领域也具有发展前景。

五、锂离子电池的负极材料

负极材料是锂离子电池的主要部分，它的好坏直接影响电池的性能。对负极材有以下要求。

1）具有较低的氧化还原电位，接近金属锂的电位，使电池的输出电压高。

2）Li^+ 能够大量地在主体材料中可逆脱嵌，比容量值（单位质量所包含的能量）大。

3）在 Li^+ 的脱嵌过程中，主体结构稳定，变化小，以获得好的循环性能。

4）氧化还原电位随着锂数目的变化应尽可能少，以使电压不发生显著变化，保持稳定充放电。

5）有较好的电子电导率和离子电导率，减少极化，有利于大电流充放电。

6）Li^+ 在材料中有较大的扩散系数，有利于快速充放电。

7）容易获得，成本不高，环保性好。

锂离子电池的负极材料主要有以下几种。

$$\text{锂离子电池的负极材料} \begin{cases} \text{碳材料} \begin{cases} \text{石墨：天然石墨、人工石墨} \\ \text{无定形碳：软碳、硬碳} \end{cases} \\ \text{金属氧化物：SnO、WO}_2\text{、MoO}_2\text{、Li}_4\text{Ti}_5\text{O}_{12}\text{等} \\ \text{过渡金属氮化物：Li—M—N（M为Co、Ni、Cu等）} \\ \text{合金类：硅基、锡基} \end{cases}$$

1. 石墨材料

石墨由于具备电子电导率高、Li^+扩散系数大、层状结构在嵌锂前后体积变化小、嵌锂容量高和嵌锂电位低等优点，目前是主流的商业化锂离子电池的负极材料。

石墨质软，具有耐高温、耐氧化、抗腐蚀、强度大、韧性好、自润滑强度高、导热性好、导电性强等理化性能。天然石墨分为晶质石墨和微晶石墨两类。晶质石墨结晶较好，是含碳质的岩石经长期地质作用变质的矿物，呈明显的片状或板状，又称鳞片石墨；微晶石墨一般呈微晶集合体，是煤变质矿物，也称无定形石墨。人造石墨以碳素材料（如石油焦、沥青焦、针状焦）为原料经热干馏加工而成。常见人造石墨有中间相碳微球（MCMB）、石墨化碳纤维。

石墨属于六方晶系，其晶体是由碳原子按照六角网状平面规则堆砌而成的，具有层状结构。在每一层内，碳原子排成六边形。良好的层状结构十分适合Li^+的反复嵌入脱离。Li^+嵌入石墨层间后，形成嵌锂化合物Li_xC_6（$0 \leq x \leq 1$），如图2-15所示，其理论容量可达372 mA·h/g（$x=1$）。

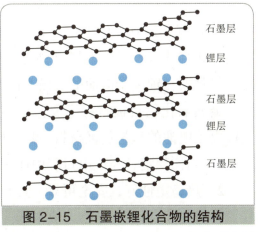

图2-15 石墨嵌锂化合物的结构

天然石墨不能直接作为锂离子电池的负极材料，原因是石墨层间距小于嵌锂化合物Li_xC_6的晶面层间距，致使在充放电过程中，石墨层间距改变，易造成石墨层剥落、粉化，还会发生Li^+与有机溶剂分子共同嵌入石墨层，造成结构破坏，导致电极循环性能变差。因此，需要对石墨进行改性处理才能应用，改性方法主要有机械研磨、表面氧化、表面包覆、掺杂等。

机械研磨：能获得一定含量的菱形石墨相，菱形石墨相的存在对石墨表面SEI膜的生成更有利，而且能提升材料的比容量及循环性能。

表面氧化：通过用气相和液相氧化的方法对天然石墨进行氧化处理。温和的氧化处理可以除去石墨颗粒表面一些活性或有缺陷的结构，从而减少了首次循环中的不可逆容量、提高充放电效率，同时增加了其中的纳米级孔道，不仅增加Li^+的进出通道，而且可以储存更多的Li^+，从而增加了可逆容量。另外，还可形成与石墨颗粒表面紧密结合的氧化物致密层，起到了钝化膜的作用，可防止溶剂分子的共嵌，循环性能得到改善。

表面包覆：在天然石墨颗粒表面包覆上一层热解碳，形成以石墨为核心的"核-壳"式结构。目的是减缓碳电极表面的不均匀反应，使得在碳电极表面生成SEI膜的电解质还原分解反应能够均匀进行，在电极表面能够形成一层均匀、致密、不易脱落的 SEI 膜。表面包覆方法可改善石墨的循环性能并提高其充放电电流。

掺杂：适当掺入金属或非金属元素以提高材料的电化学性能。金属元素有钾、镁、铝、镍、钴、铁等，非金属元素有硼、氮、硅、磷、硫等。

2. 非石墨材料

尽管石墨目前是使用最多的负极材料，但由于受到石墨结构特性的制约，其发展也遇到了瓶颈，如容量已经到达极限、存在电压滞后现象、持续大电流放电能力弱等。因此，在研究石墨负极材料的同时，人们也研发非石墨类材料，如无定形碳和非碳材料（合金、金属氧化物等）。

无定形碳存在大量微孔结构，有利于锂的存储，经过合适的热处理，可逆容量大于 372mA·h/g，有的甚至达 1 000 mA·h/g。无定形碳分为软碳和硬碳。软碳即易石墨化碳，是指在 2 000 ℃以上的高温下能石墨化的无定形碳。软碳的结晶度（石墨化度）低，晶粒尺寸小，晶面间距较大，与电解液的相容性好，首次充放电的不可逆容量较高，输出电压较低，无明显的充放电平台电位；硬碳即难石墨化碳，是高分子聚合物的热解碳，在 3 000 ℃的高温也难以石墨化。硬碳包括树脂碳、有机聚合物热解碳、炭黑等。

合金负极材料主要包括锡基合金和硅基合金材料。合金负极材料一般具有较高的比容量，其理论容量可达到 1 000 mA·h/g 以上。目前面临的问题是充放电中 Li^+ 的嵌入、脱出易使材料的体积变化大，导致电极材料粉化和接触电阻增大，造成可逆容量的损失，循环稳定性差。合金材料要在锂离子电池的负极上使用，需要对其进行纳米化、引入活性成分等改性处理。

金属氧化物负极材料主要包括锡基氧化物和尖晶石钛酸锂（$Li_4Ti_5O_{12}$）。其中，$Li_4Ti_5O_{12}$ 是锂离子电池的理想负极材料，具有以下优点：

1）结构稳定，充放电过程中体积变化极小，循环性能优异。
2）热稳定性好，安全可靠；具有较高的电极电压，可避免电解液分解现象。
3）制备原料来源丰富，成本低。

$Li_4Ti_5O_{12}$ 目前存在的问题是电子导电性和倍率性能较差，解决的方法是纳米化改性。

单元四　铅酸电池

一、铅酸电池简介

铅酸电池（图 2-16）自发明以来已有 150 余年的历程，在基础理论、性能等方面持续发展，很长时期内在化学电源中占据重要地位，目前形成了很大的产业链，在交通、

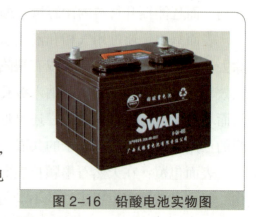

图 2-16　铅酸电池实物图

通信、电力、航海、航空等领域有广泛的应用。早期的电动车辆多以铅酸电池为能量源。

按照电池盖密封与否，铅酸电池分为开口式和阀控式两种。在充电末期，铅酸电池电解质中的水会分解为氢气和氧气并析出，在电池内部形成气压，为了排出内部气体，开口式铅酸电池的电池盖设有开口。这类铅酸电池的缺点是需经常加酸、加水，维护工作繁重，并且气体溢出时携带酸雾，污染环境，腐蚀周围设备。阀控式铅酸电池电池盖上设有安全阀（单向排气阀），当电池内部的气体量逐步增加，内部气压升高到设定值时，安全阀自动开启释放气体。当内部气压降低后，安全阀自动闭合使其密封，防止外部空气进入电池内部。这类电池采用负极板富余容量设计，充电末期氢气析出时电位提高，使正极出现氧气先于负极出现氢气，正极析出的氧气通过玻璃纤维隔板传送到负极表面与氢气结合为水，从而有效控制充电时的水电解，减少电解液的消耗，失水量很小，所以无须加水、加酸。另外，阀控式铅酸电池还具有防爆、防酸雾、耐过充的优点。目前，阀控式铅酸电池是铅酸电池的主流。

二、铅酸电池的结构

铅酸蓄电池的主要部件有极板、电解液、隔膜、电池壳、电池盖等，另外还有端子、连接条、极柱等附件。图2-17为普通铅酸电池的结构。

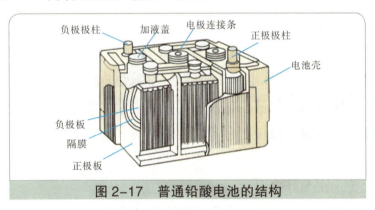

图2-17　普通铅酸电池的结构

1. 极板

正、负极板由板栅和活性物质组成。正极活性物质的主要成分为二氧化铅（PbO_2），呈棕红色；负极活性物质的主要成分为海绵状铅（Pb），呈深灰色。参加电池反应的活性物质铅和二氧化铅是疏松的多孔体，需要固定在载体上。通常，用铅或铅基合金制成的栅栏片状物为载体，使活性物质固定在其中，该部件称为板栅。它的作用是支撑活性物质并传输电流。

正极板栅合金主要有铅钙、铅钙锡、铅钙锡铝、铅锑镉等。不同合金的性能不同，铅钙、铅钙锡合金具有良好的浮充性能，但铅钙合金易形成致密的硫酸铅和硫酸钙阻挡层使电池早期失效，合金抗蠕变性差，不适合循环使用。铅钙锡铝、铅锑镉各方面性能相对比较好，既适合浮充使用，又适合循环使用。负极板栅合金一般采用铅钙合金，尽量减少析氢量。

多片正极板栅和负极板栅各自用焊接连起来，相互间隔穿插安装，中间用隔膜隔开，形成单体电池的极板组。

2. 隔膜

隔膜的主要作用：在正、负极板间起绝缘作用，防止正、负极板短路，使电池结构紧凑；

隔膜上有许多微孔，使电解液中的正、负离子顺利通过；阻缓与隔离脱落的正、负极板活性物质；防止正、负极板因振动而损伤。

隔膜可由 PVC、PE 塑料、微孔橡胶或玻璃纤维棉等制成。阀控式铅酸电池中的隔膜多采用吸附式玻璃纤维棉（Absorbed Glass Mat，AGM），电解液吸附在极板和隔膜中，贫电液设计，电池内无流动的电解液，电池可以立放工作，也可以卧放工作。AGM 材料隔膜具有如下特征。

1）优良的耐酸性能和抗氧化能力。
2）厚度均匀一致，无针孔、无机械杂质。
3）材料孔径小、孔率高。
4）优良的吸附性能，保留电解液能力强。
5）电阻小。
6）具有一定强度，保证工艺上的可操作性。
7）杂质少，尤其是铁、铜的含量低。

3. 电解液

铅酸电池的电解液采用密度为 1.28 g/cm³ 的稀硫酸。电解液的作用是参与正、负极板的电化学反应以及作为离子的传导介质。

近年来，胶体电解质铅酸电池得到广泛关注。依然用密度为 1.28 g/cm³ 的硫酸液作为电解液，在其中添加 SiO_2 作为凝固剂，形成乳白色胶体，电解液吸附在极板和胶体内。胶体的状况会随着温度和电场的作用而变化。胶体电解质铅酸电池的优点如下。

1）电解质凝胶化，使电池不漏液，比一般的铅酸电池多灌 10% ~ 50% 的电解液。
2）充电接受能力强，容量衰减慢，能量转换效率高。
3）自放电率小。
4）循环使用寿命长，在 500 次以上。
5）耐低温，在 –20℃ 状态下放电，接近常温状态性能。

4. 电池壳、电池盖

电池壳、电池盖由 ABS、PP 材料或 PVC 材料制成，是盛放正、负极板和电解液等的容器，要求具有很高的强度和耐酸性。要求电池外壁在紧装配和承受内气压时，外壁不能有明显气胀变形。对于 PP 外壳，应加钢壳加固。对于 ABS 和 PVC 外壳，壁厚一般要达到 8 ~ 10 mm。从散热角度看，要求电池壳散热面积大、材料导热性好以及壁厚不能过大。

三、铅酸电池的工作原理

1. 充放电电化学反应

正极板置于硫酸电解质中，极板表面有部分活性物质 PbO_2 溶解，极板表面存在 4 价的铅离子 Pb^{4+}，电动势为 2.0 V，负极表面也有部分活性物质 Pb 溶解，2 价的铅离子 Pb^{2+} 溶入电解液，负极板表面剩下带负电的电子 e^-，电动势为 –0.1 V，两极板之间的电动势为 2.1 V，这也是一个单体铅酸电池的电动势大小。当单体电池满足不了电压使用要求时，就需要将多个单体电池串联起来，例如，12 V 和 24 V 的电压分别需要 6 个和 12 个单体铅酸电池串联。

当电池正、负极两端接上用电负载时，电池处于放电状态，如图 2-18 所示。此时，负极板发生氧化反应，电极表面活性物质 Pb 失去电子，形成 Pb^{2+} 进入电解质，Pb^{2+} 与电解质中的 SO_4^{2-} 结合生成 $PbSO_4$，在负极板上析出；正极板发生还原反应，负极板失去的电子通过负载电路来到正极板，正极板上的 Pb^{4+} 得到电子还原成 Pb^{2+}，也与电解质中的 SO_4^{2-} 结合生成 $PbSO_4$，在正极板上析出。放电时，电池发生的电化学反应式为如下。

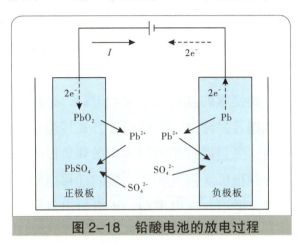

图 2-18　铅酸电池的放电过程

负极板：$Pb - 2e^- \rightarrow Pb^{2+}$
　　　　$Pb^{2+} + SO_4^{2-} \rightarrow PbSO_4$（附在负极板上）

正极板：$Pb^{4+} + 2e^- \rightarrow Pb^{2+}$
　　　　$Pb^{2+} + SO_4^{2-} \rightarrow PbSO_4$（附在正极板上）

总反应式：$Pb + PbO_2 + 2H_2SO_4 \rightarrow 2PbSO_4 + 2H_2O$

在放电过程中，正、负极都生成 $PbSO_4$，电解质中的 SO_4^{2-} 减少，硫酸液浓度和密度都减小。这预示着如果可以找出电解质浓度与电池状态参数（如电压、SOC）的关系，就可以通过检测电解质的密度来反映放电的进程。

充电时，电池正、负极与外接电源相连，如图 2-19 所示。正极发生氧化反应，电极板表面 $PbSO_4$ 的 Pb^{2+} 失去两个电子变成 Pb^{4+}，最后在正极生成 PbO_2；负极发生还原反应，电极表面 $PbSO_4$ 的 Pb^{2+} 得到两个电子还原成 Pb，在负极板上析出。两电极表面 $PbSO_4$ 的 SO_4^{2-} 不断回到电解质，电解质硫酸的浓度和密度都增加。充电时，电池发生的化学反应式如下。

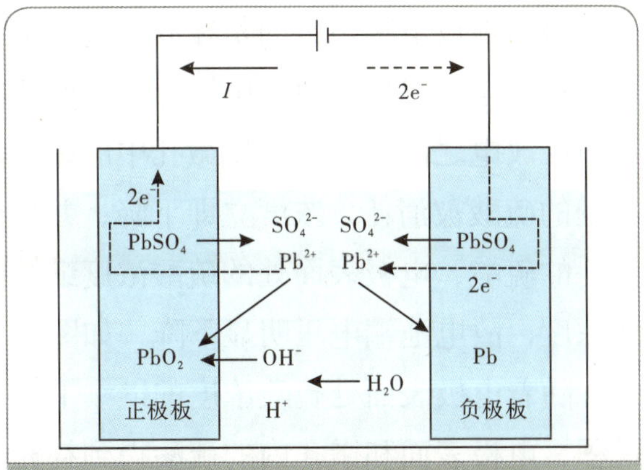

正极板：$PbSO_4 + 2H_2O \rightarrow PbO_2 + 4H^+ + SO_4^{2-} + 2e^-$
负极板：$PbSO_4 + 2e^- \rightarrow Pb + SO_4^{2-}$
总反应式：$2PbSO_4 + 2H_2O \rightarrow Pb + PbO_2 + 2H_2SO_4$

图 2-19　铅酸电池的充电过程

充放电过程总的反应式可写成：

$$Pb + PbO_2 + 2H_2SO_4 \underset{充电}{\overset{放电}{\rightleftharpoons}} PbSO_4（负极） + PbSO_4（正极） + 2H_2O$$

从充放电过程总的反应式可以看出，铅酸电池的充放电反应为可逆的过程，在放电过程中正、负极都生成 $PbSO_4$，这种充放电反应理论称为双极硫酸盐化理论。

2. 充电时的氧循环

充电过程中存在水分解反应，当正极充电到 70% 时，开始析出氧气，负极充电到 90% 时开始析出氢气，由于氢气、氧气的析出，如果不采取措施，电解质就会因失水过多而干涸。早期的传统铅酸蓄电池，析出的氢气和氧气从电池内部排出，不进行气体的复合再利用，故经常需加酸、加水维护。阀控式铅酸电池能在电池内部对氧气复合利用，同时抑制氢气的析出。它采用负极活性物质过量设计，具有吸附玻璃纤维或胶体电解液吸附系统，正极在充电后期产生的氧气可通过吸附玻璃纤维或胶体空隙扩散到负极，与负极海绵状铅发生反应，使负极处于去极化状态或充电不足状态，达不到析氢过电位，负极不会由于充电而析出氢气，电池失水量很小，使用期间不需加酸、加水维护。

要使氧的复合反应顺利进行，必须使氧气从正极扩散到负极。氧的移动过程越容易，氧循环就越容易建立。氧以两种方式传输：一是液相传输方式，氧气通过在液相中的扩散到达负极表面；二是以气相的形式扩散到负极表面。传统富液式铅酸电池中，氧的传输只能以液相方式扩散到负极。但气相方式氧的迁移速率比液相方式大得多。阀控式铅酸电池提供了这种电极间的气体通道。充电末期，正极析出氧气，其附近有轻微的过压，而负极化合了氧，产生轻微的真空，正、负极间的压差推动氧气经气体通道向负极移动。

吸附玻璃纤维电池具有良好的密封反应效率，在贫液状态下氧复合效率可达99%以上。胶体电池氧再复合效率相对小些，在干裂状态下，可达70%～90%。传统富液式电池几乎不建立氧再化合反应，其密封反应效率几乎为零。

四、铅酸电池的充放电特性

1. 放电特性

蓄电池放电特性指的是在放电过程中，蓄电池的端电压等电池状态参数随时间变化的规律。放电过程中，铅酸电池端电压分为开始放电、相对稳定和迅速下降阶段。

在放电之前，活性物质微孔中的硫酸浓度与电解质的硫酸浓度相同。放电开始时，电极表面处的硫酸被消耗，浓度立即下降，并且硫酸由电解质向电极表面扩散缓慢，不能即刻补偿所消耗的硫酸，电极表面处的硫酸浓度继续下降，由于决定电极电势的正是活性物质表面处的硫酸浓度，故电池端电压明显下降，如图2-20所示的放电特性曲线AB段。

随着电极表面处硫酸浓度的继续下降，与电解质的浓度差加大，加快了硫酸向电极的扩散过程，电极表面和微孔内的硫酸得到补充。在某一段时间内，单位时间消耗的硫酸量基本可由扩散的硫酸来补充，故电极表面处的硫酸浓度变化缓慢。随着硫酸被消耗，整体的硫酸浓度下降，活性物质不断消耗，作用面积不断减少，电流密度增加，过电位也不断加大，故这个过程中电压随着时间缓慢下降，如图2-20所示的曲线BC段。

随着放电继续进行，正、负极活性物质逐渐转变为$PbSO_4$，并向电极深处扩展。$PbSO_4$的生成使活性物质孔隙率降低，加剧了硫酸向微孔内部扩散的难度，

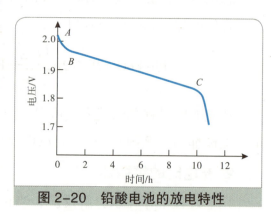

图2-20 铅酸电池的放电特性

$PbSO_4$导电性不佳,电池内阻增加,这导致在放电特性曲线的C点后,端电压急剧下降,直至达到规定的放电截止电压。

铅酸电池放电终了的特征如下。

1)电压降到放电终止电压(以20 h放电率放电终止电压为1.75V)。

2)电解液密度降到最小终止值。

2. 充电特性

蓄电池充电特性指的是在充电过程中,蓄电池端电压等状态参数随时间变化的规律。

充电开始时,$PbSO_4$转化为PbO_2和Pb,并有硫酸生成,电极表面硫酸浓度迅速增大,电池端电压沿着如图2-21所示的充电特性曲线AB段急剧上升。当达到B点后,由于扩散,电极表面及微孔内的硫酸浓度不再急剧上升,端电压的上升变缓慢(BC段)。PbO_2和Pb逐渐增加,它们的孔隙也逐渐扩大,孔隙率增加。随着充电的进行,逐渐接近电化学反应的终点,即充电曲线C点。当极板上剩余的$PbSO_4$不多时,氧化还原所需的Pb^{2+}也急剧缺乏,反应难度增加。当电池充入电量达70%时,充电难度与水分解难度相当,正极开始析出氧气,电池端电压明显增加。当充入电量达90%以后,负极开始析出氢气,这时端电压达到D点,两极上大量析出气体,进行水的电解过程,端电压又达到一个新的稳定值,该值约为2.6 V。

铅酸电池充电终了的特征如下。

1)端电压和电解液密度上升到最大限值,并且在2 h内不上升。

2)电解液发生剧烈的电解水反应,生成大量气体。

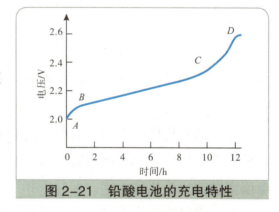

图2-21 铅酸电池的充电特性

3. 铅酸电池的自放电

蓄电池在无使用情况下,电量自动减少或消失现象称为自放电。铅酸电池自放电通常主要发生在负极,因为负极活性物质为较活泼的海绵状铅电极,在电解液中其电势比氢低,可发生置换反应。若在电极中存在着比析氢电位低的金属杂质,这些杂质和铅形成微电池,铅在此微电池中溶解,杂质析出,使电池容量减小。在电解液中,杂质也起着同样的有害作用。正极为强氧化剂,一般自放电现象不明显。但若在电解液中或隔膜上存在易于被氧化的杂质,会引起正极活性物质的还原,从而减少容量。

五、铅酸电池的特点

铅酸电池的优点如下:

1)技术成熟,原料易得,成本低。

2)比功率较大,达200~300 W/kg。

3)使用温度范围大,可在-40 ℃~+60 ℃环境下工作。

4)适合于浮充电使用,无记忆效应。

铅酸电池的缺点如下：

1）比能量低，只有 30 ~ 45Wh/kg。

2）质量大，限制了携带的电池数量。

3）循环使用寿命不长，不到 500 次。

4）日常维护频繁。

单元五　超级电容电池

🚗 一、超级电容电池简介

超级电容电池是与蓄电池相似而又不同的一类储能装置。超级电容是通过极化电解质来储能的一种电化学元件。它不同于传统的化学电源，是一种介于传统电容器与蓄电池之间、具有特殊性能的电源，主要依靠双电层和氧化还原赝电容电荷储存电能，但在其储能的过程中并不发生化学反应，这种储能过程是可逆的，也正因为此超级电容电池可以反复充放电数十万次。其基本原理和其他类型的双电层电容一样，都是利用活性炭多孔电极和电解质组成的双电层结构获得超大的容量。

由于储能机理的不同，人们将超级电容分为双电层电容（基于高比表面积电极材料与溶液间界面双电层原理）和赝电容（基于电化学欠电位沉积或氧化还原法拉第过程）。赝电容与双电层电容的形成机理不同，但并不相互排斥。高比表面积准电容电极的充放电过程会形成双电层电容，双电层电容电极（如多孔炭）的充放电过程往往伴随有赝电容氧化还原过程发生，实际的电化学电容通常是两者共存的宏观体现，要确认的只是何者占主要的问题。实践过程中，人们为了达到提高电容器的性能、降低成本的目的，经常将赝电容电极材料和双电层电容电极材料混合使用，制成混合电化学电容。混合电化学电容可分为两类，一类是电容的一个电极采用赝电容电极材料，另一个电极采用双电层电容电极材料，制成不对称电容，这样可以拓宽电容的使用电压范围，提高能量密度；另一类是赝电容电极材料和双电层电容电极材料混合组成复合电极，制备对称电容。超级电容的容量比通常的电容大得多，由于其容量很大，对外表现和电池相同，因此也称作"电容电池"或"黄金电池"。超级电容电池如图 2-22 所示。

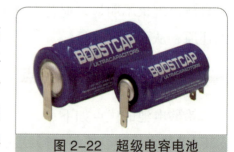

图 2-22　超级电容电池

二、超级电容电池的结构

超级电容电池的结构如图 2-23 所示,由高比表面积的多孔电极材料、集流体、多孔性电池隔膜及电解液组成。电极材料与集流体之间要紧密相连,以减小接触电阻;隔膜应满足具有尽可能高的离子电导和尽可能低的电子电导的条件,一般为纤维结构的电子绝缘材料,如聚丙烯膜。电解液的类型根据电极材料的性质进行选择。

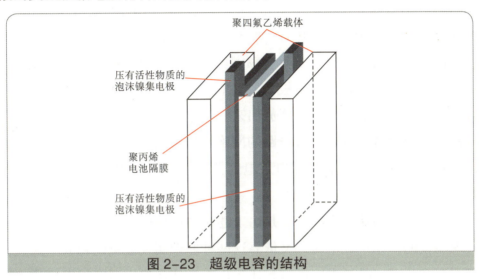

图 2-23 超级电容的结构

三、超级电容的基本原理

1. 双电层电容的基本原理

一对浸在电解质溶液中的固体电极在外加电场的作用下,在电极表面与电解质接触的界面电荷会重新分布、排列。作为补偿,带正电的正极吸引电解液中的负离子,负极吸引电解液中的正离子,从而在电极表面形成紧密的双电层,由此产生的电容称为双电层电容。双电层电容的基本原理是,由于在固体电极与电解液之间的表面上分别吸附正、负离子,造成两固体电极之间的电势差,从而实现能量的存储。如图 2-24 所示,双电层由相距为原子尺寸的微小距离的两个相反电荷层构成,这两个相对的电荷层就像平板电容器的两个平板一样,能量以电荷的形式存储在电极材料的界面。充电时,电子通过外加电源从正极流向负极,同时,正、负离子在固体电极电荷引力的作用下从溶液体相中分离并分别移动聚集到两个固体电极的表面,形成双电层;充电结束后,电极上的正、负电荷与溶液中的相反电荷离子相吸引而使双电层稳定,在正、负极间产生相对稳定的电位差。在放电时,电子通过负载从负极流到正极,在外电路中产生电流,正、负离子从电极表面被释放进入溶液体相并呈电中性。这种储能原理允许大电流快速充放电,其容量大小随所选电极材料的有效比表

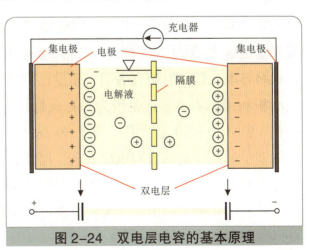

图 2-24 双电层电容的基本原理

面积的增大而增大。双电层的厚度取决于电解液的浓度和离子大小。

2. 赝电容的基本原理

赝电容也称法拉第准电容，是在电极表面活体相中的二维或三维空间上，电极活性物质进行欠电位沉积，发生高度可逆的化学吸附或氧化还原反应，产生与电极充电电位有关的电容。这种电极系统的电压随电荷转移的量呈线性变化，表现出电容特征，故称为"准电容"，是双电层电容的一种补充形式。赝电容的充放电机理如下：电解液中的离子（一般为 H^+ 或 OH^-）在外加电场的作用下在溶液中扩散到电极/溶液界面，而后通过界面的电化学反应进入电极表面活性氧化物的体相中。若电极材料是具有较大比表面积的氧化物，就会有相当多这样的电化学反应发生，大量的电荷就被存储在电极中。放电时这些进入氧化物中的离子又会重新回到电解液中，同时所存储的电荷通过外电路释放出来。在电极的比表面积相同的情况下，由于赝电容的电容在电极中是由无数微等效电容电路的网络形式形成的，其电容量直接与电极中的法拉第电量有关，所以赝电容的比电容是双电层电容器的 10～100 倍，目前对赝电容的研究工作成为一个重点方向。

超级电容的大容量和高功率充放电就是由上述两种原理产生的。充电时，依靠这两种原理储存电荷，实现能量的积累；放电时，又依靠这两种原理实现能量的释放。因此，制备高性能的超级电容有两个途径：一是增大电极材料比表面积，从而增大双电层电容量；二是提高电极材料的可逆法拉第反应的概率，从而提高准电容容量。实际上，对于一种电极材料而言，这两种储能机理往往同时存在，只不过是以何者为主而已。

四、超级电容的电极材料

为开发出性能优异的超级电容，关键点是要研发出适合超级电容器应用的并使其在不同电解液中具有较高比容量的电极材料，目前超级电容电极材料主要采用碳基材料、稀有金属氧化物和导电聚合物等。在这些材料中，碳基材料以其价廉易得、性能优异而受到重视，并已成功商业化。

1. 碳基材料电极

碳基材料超级电容主要利用储存在电极/电解液界面的双电层的能量，碳材料的比表面积是决定电容器容量的重要因素，因此要求碳基材料的比表面积要大。理论上讲，比表面积越大，其容量也越大。但比表面积大，通常只会提高质量比容量，而更重要的体积容量密度可能会降低，且材料导电性较差。研究表明，质量比容量与比表面积并不呈线性关系，说明有的碳材料的比表面积利用率不高。这是因为多孔碳材料中孔的大小是不一样的，分为微孔（小于 2 nm）、中孔（2～50 nm）、大孔（大于 50 nm），而只有大于 2 nm（水溶液体系）或 5 nm（非水溶液体系）的孔才对形成双电层有利。因此，用于超级电容的碳电极材料不仅要求比表面积大，而且要有合适的孔径分布。另外，碳材料的表面性能、导电率等对超级电容性能也有影响。

从上述几个方面出发，人们对碳电极材料进行了广泛的研究，开发出许多不同类型的碳基材料，主要有活性炭、活性炭纤维、碳气凝胶、碳纳米管等。

（1）活性炭

活性炭有很高的比表面积（1 000～3 000 m²/g）、高的孔隙率，生产和应用历史悠久，生产工艺简单且价格低廉，一直受到人们的青睐，是目前已经商品化的超级电容电极材料之一。制备活性炭的原料来源丰富，石油、煤、木材、坚果壳、树脂等都可用来制备活性炭粉。原料不同，生产工艺也略有差别。活化的方法有物理活化和化学活化两种。物理活化主要是在水蒸气、CO_2 和空气的存在下，于700 ℃～1 000 ℃进行热处理。这些氧化性气氛的存在，能极大地增加材料的比表面积和多孔性，从而增大材料的比电容。化学活化是利用某些酸（如 HNO_3）或碱（如 KOH）进行化学腐蚀，以增加材料的比表面积和表面官能团，或用表面活性剂（如油酸钠）对材料进行化学改性，以提高电解液在材料中的浸润性，从而提高比电容。化学活化和改性比物理活化应用得更普遍。

原料和制备工艺决定了活性炭的物理和化学性能，可通过不同的活化工艺来调节活性炭的理化性能，以适合双电层电容的需要。随着活性炭工业的发展，新的制备方法和新产品不断出现。近些年开发的活性中间相碳微球，具有比表面积高、中孔率高、电阻低等特点，特别适合制备双电层电容器的电极。

活性炭的比表面积高，但存在着大量微孔，利用率不高。开发高中孔率的活性炭是目前研发重点。

（2）活性炭纤维

活性炭纤维是一种性能优于活性炭的材料。目前开发的活性炭纤维种类有很多，如活性炭纤维束、活性炭纤维须、活性炭纤维垫、活性炭纤维毡、活性炭纤维布和活性炭纤维线等。高比表面积的活性炭纤维布是已商品化的电极材料之一。

活性炭纤维的制备：一般将有机前驱体纤维置于200 ℃～400 ℃温度下进行稳定化处理，再进行碳化活化（700 ℃～1 000 ℃）。

活性炭纤维具有比表面积高、孔径分布窄、导电性好及比电容高的特点，但表观密度通常较低，因此电容密度较低，还有待进一步改善性能。

（3）碳气凝胶

碳气凝胶是一种轻质、纳米级且具有多孔性的非晶碳素材料，孔隙率高达80%～98%，典型孔隙尺寸小于50 nm，比表面积为600～1 000 m²/g，导电性比活性炭要高1～2个数量级，是一种应用前景较好的电极材料。

碳气凝胶一般是通过有机气凝胶高温分解制得的，可由间苯二酚与甲醛聚合缩合，再通过溶胶－凝胶过程，最后高温分解制备。控制溶胶－凝胶过程的条件，可调节碳气凝胶的表观密度、孔隙尺寸和孔形状等一些性质。碳气凝胶虽然性能优良，但制备时需要的超临界干燥过程时间长、设备昂贵且复杂，较难实现规模化生产。人们试图采用其他廉价原料和干燥方法代替超临界干燥，以降低成本、缩短生产周期，但目前产品性能与超临界干燥得到的碳气凝胶还有一定的差距。

（4）碳纳米管

碳纳米管作为超级电容电极材料有它的优越性：结晶度高，导电性好，比表面积大，微孔集中在一定范围内且微孔大小可控。碳纳米管是中空管，比表面积大，特别是单壁纳米管，有利于双电层电容的形成。另外，形成碳纳米管中的碳为sp^3杂化，用3个杂化键成环连在一起，一般形成六元环，还剩一个杂化键，这个杂化键可以接上能发生法拉第反应的官能团（如羟基、羧基等）。碳纳米管不仅能形成双电层电容，而且能充分利用准法拉第电容储能原理，因此从理论上讲碳纳米管是超级电容的理想电极材料。

碳纳米管制作电极材料大致有两种方法：一种是加黏合剂成形法；另一种是直接经过滤加热成形，即直接热成形法。采用直接热成形法制作的电容器电极材料，单位比表面积为430 m^2/g，用硫酸液作为电解质，聚合物做隔极层，最高容量可达113 F/g，并具有很高的比能量（大于8 kW/kg）。

目前，碳纳米管用作电极还有不少问题需要深入研究，碳纳米管的石墨化程度、碳纳米管管径的大小、碳纳米管的长度、碳纳米管的弯曲程度，以及不同处理方式造成接上基团的不同等因素都会对电容器的性能产生很大影响。碳纳米管的大批量生产技术还不够成熟，成本较高，离大规模应用于电容器还有一段距离。

2. 金属氧化物材料电极

最初研发的金属氧化物电极超级电容，主要采用贵金属氧化物——二氧化钌（RuO_2）作为电极材料。用作电极材料的RuO_2通常是由溶胶-凝胶法制得前驱体，然后经高温（300 ℃～800 ℃）热处理得到的。实验发现，RuO_2的准电容来自RuO_2的表面反应且随比表面积的增大而增大。这表明增加容量的最直接的方式是增大比表面积，从而达到有足够的微孔来满足电解液的扩散。为了增大比表面积达到提高容量的目的，可采取将RuO_2薄膜沉积在粗糙表面的基底上或将RuO_2涂在有高比表面积的材料上（如乙炔黑、碳纤维等）等方法。

RuO_2电极的导电性比碳电极好，电极在硫酸中稳定，可以获得更高的比容量。有研究显示，以$RuO_2 \cdot nH_2O$无定型水合物做电极、5.3 mol/L的H_2SO_4做电解液的电容器的比电容能达到700 F/g。可见，RuO_2是一种性能优异的电极材料，制备的超级电容的性能优于碳电极超级电容，具有很好的发展前景。但钌是一种贵金属，资源有限和价格昂贵限制了氧化钌的应用。人们正在积极寻找低成本的过渡金属氧化物及其他化合物材料来替代它。过渡金属系的氧化物的金属原子呈多氧化态，在外加电压的作用下，大多能发生快速的氧化还原反应，因此可以预见，位于元素周期表中过渡金属区元素的氧化物都具有与氧化钌相似的准电容性能，只是由于不同金属的氧化还原反应电位不同，导致制备方法和使用条件存在差异。氧化锰、氧化钴、氧化铱、氧化镍、氧化钨等廉价过渡金属氧化物均有较好的超级电容特性，在作为超级电容电极材料方面具有巨大的应用潜力。

3. 导电聚合物材料电极

导电聚合物材料电极电容器作为一种新型的电化学电容器，具有高性能和比贵金属超级电容器更优越的电性能。可通过设计选择相应聚合物的结构，进一步优选提高聚合物的性能，从而提高电容器的性能。

导电聚合物材料电极超级电容可分为3种结构。

1）对称结构：电容器的两个电极为相同的可进行P型掺杂的导电聚合物。

2）不对称结构：两个电极为不同的可进行P型掺杂的聚合物材料。

3）混合结构：导电聚合物电极可进行P型和N型掺杂，充电时一个电极是N型掺杂状态，另一个电极是P型掺杂状态，放电后都是去掺杂状态，这种电容器可提高电容电压到3V，在充放电时能充分利用溶液中的阴阳离子，具有类似于蓄电池的放电特征，是一种很有发展前景的超级电容器。

4. 复合材料电极

应用复合材料电极是近年来超级电容的一个发展方向，通过利用各组分之间的协同效应来提高超级电容器的综合性能。复合材料主要有碳/金属氧化物复合材料、碳导电聚合物复合材料及金属氧化物导电聚合物复合材料等。针对碳材料比电容低的缺点，对其表面用具有大的法拉第准电容的金属氧化物或者导电聚合物进行修饰，可使其比电容大幅度提高，如石墨烯材料，而金属氧化物的导电性在复合后同样得到明显提高，如二氧化锰材料，同时相应改善了功率特性。

五、超级电容电池的特点

超级电容电池的特点如下：

1）充电速度快。只要充电几十秒到几分钟就可达到其额定容量的95%以上，而现在使用最广泛的铅酸蓄电池充电通常需要几个小时。

2）循环使用寿命长。深度充放电循环使用次数可达50万次，如果对超级电容电池每天充放电20次，连续使用可达68年，且没有"记忆效应"。

3）大电流放电能力超强，能量转换效率高，过程损失小。大电流能量循环效率不小于90%。

4）超低串联等效电阻，功率密度是锂离子电池的数十倍以上，适合大电流放电。功率密度高，可达300~5000 W/kg，相当于普通蓄电池的数十倍；比能量大大提高，铅酸蓄电池一般只能达到0.02 kWh/kg，而超级电容电池目前已可达10 kWh/kg。

5）产品原材料构成、生产、使用、储存以及拆解过程均没有污染，是理想的绿色环保电源。

6）充放电线路简单，无须像充电电池那样的充电电路，安全系数高，长期使用免维护。

7）超低温特性好。使用环境温度范围达-40 ℃ ~ +70 ℃。

8）检测方便，剩余电量可直接读出。

9）单体容量范围通常为0.1 ~ 1 000 F。

单元六 金属空气电池

一、金属空气电池简介

金属空气电池（Metal Air Battery，MAB）是一类特殊的燃料电池，也是新一代绿色二次电池的代表之一。金属空气电池发挥了燃料电池的优点，以空气中的氧作为正极活性物质，金属锌（或铝、锂等）作为负极活性物质，空气中的氧气可源源不断地通过气体扩散电极到达电化学反应界面与金属锌（或铝）反应而放出电能。金属空气电池具有成本低、无毒、无污染、比功率高、比能量高等优点，因此，被称为是面向21世纪的绿色能源。

二、金属空气电池的结构及工作原理

如图2-25所示，金属空气电池主要由正极、负极、电解液三大部分组成。金属空气电池的工作原理如下。

1. 正极（空气电极）

一个空气电极一般由3层组成：催化层、防水透气层及用来增加电极机械强度的金属集流网。空气中的氧在电极参加反应时，首先通过扩散溶入溶液，然后在液相中扩散，在电极表面进行化学吸附，最后在催化层进行电化学还原。因此，催化层的性能和催化剂的选择直接关系空气电极性能的好坏。而空气电极反应是在气、液、固三相界面上进行的，电极内部能否形成尽可能多的有效三相界面，将影响催化剂的利用率和电极的传质过程。在放电过程中，氧气在三相界面上被电化学催化还原为氢氧根离子，发生反应：$O_2+2H_2O+4e^- \rightarrow 4OH^-$。

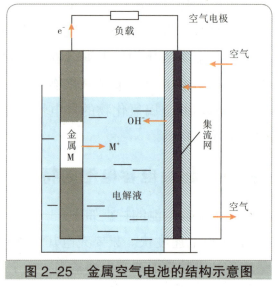

图2-25 金属空气电池的结构示意图

2. 负极（金属电极）

金属空气电池的理论能量密度只取决于负极，即燃料电极，这是电池中传递的唯一活性物质。金属阳极通常要根据具体的金属性质进行金属成分或形态的加工处理，以满足电池要求。目前负极主要研究的有铝或锌等金属合金。以锌为例，放电时，锌在碱性溶液中发生的反应为 $2Zn+4OH^- \rightarrow 2Zn(OH)_2+4e^-$。在电池中发生的总反应为 $O_2+2Zn+2H_2O \rightarrow 2Zn(OH)_2$。

3. 电解液

空气电极在反应过程中产生氢氧根离子，它的电动势一般由溶液中的氢氧根离子的浓度决定。倘若 OH⁻ 离子局部地增加，那么由于电势变化过速会引起严重的极化。缓冲溶液能减缓 pH 变化，也即减缓氢氧根离子浓度的变化，这样可减小极化而提供更大的电流。酸和碱都是比较好的缓冲溶液，因此最令人满意的空气电极均采用高浓度的碱性或酸性电解液。碱性电解液和酸性电解液均有缺点，碱性电解液会被空气中的二氧化碳污染，酸性电解液会与低廉的催化剂作用而受到腐蚀，同时腐蚀用于空气电极的集流体。实际上，人们一般能接受碱性电解液的缺点。有些金属空气电池采用近乎中性的含水电解液，如氯化钠或碳酸钾，但它们只限于低电流密度使用。

三、金属空气电池的类型和特点

随着科学技术的发展，金属空气电池已经发展出许多种类，常见的有锌空气电池、铝空气电池、锂空气电池等。

1. 锌空气电池

锌空气电池用活性炭吸附空气中的氧或纯氧作为正极活性物质，是一种以锌为负极，以氯化铵或苛性碱溶液为电解质的原电池，又称锌氧电池，分为中性和碱性两个体系，分别用字母 A 和 P 表示，其后再用数字表示电池的型号。锌空气电池反应的标准电压为 1.65 V，理论比能量达到 1 350 Wh/kg，实际的比能量为 200 Wh/kg。锌空气电池的充电过程进行得十分缓慢，为解决这一问题，通常锌空气电池的正极锌板或锌粒，被氧化成氧化锌而失效后，一般采用直接更换锌板或锌粒和电解质的方法，使锌空气电池得到完全更新。

(1) 锌空气电池的类型

1) 中性锌空气电池。采用氯化铵与氯化锌作为电解质，炭包内为活性炭，并在盖上或周围留有通气孔，在使用时打开。

2) 低功率大荷电量锌空气湿电池。将烧结或粘接式活性炭电极和板状锌电极组合成电极组浸入盛有氢氧化钠溶液的容器中（图 2-26）。

3) 高功率锌空气电池。一般将薄片状粘接式活性炭电极装在电池外壁上，将锌粉电极装在电池中间，两者之间用吸液的隔膜隔离，上口装有注液塞，使用时注入氢氧化钾溶液。

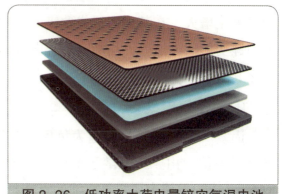

图 2-26　低功率大荷电量锌空气湿电池

低功率大荷电量锌空气湿电池和高功率锌空气电池属于临时激活型电池，活性炭电极能反复使用，因而电池在耗尽电荷量以后，只要更换锌电极和碱液，就可重复使用。

(2) 锌空气电池的技术上存在的问题

1) 防止锌电极的直接氧化，抑制锌枝晶的出现。抑制锌枝晶主要从加入电极添加剂和电解液添加剂、选择合适的隔膜及改变充电方式等几个方面进行改进。其中，加入添加剂的作用主要是使电极表面的电流密度分布均匀性提高，从而减少枝晶的产生。季铵盐是研究最多的一类物质，该类物质通过以大分子有机阳离子在锌表面活性中心上的吸附，抑制锌在这些位置的沉积与枝晶的产生，以提高电池循环使用寿命。研究发现硫酸盐、聚乙烯醇等也有与季铵盐相同的作用。此外，还可以通过改善隔膜性能及改变充电方式来抑制锌枝晶的产生。

2）空气电极催化剂活性不能偏低。空气电极采用铂、锗、银等贵金属作为催化剂，其催化效果比较好，但是电池成本很高。后来采用别的催化剂，如炭黑、石墨与二氧化锰的混合物，锌空气电极的成本虽然得到降低，但催化剂活性偏低，影响了电池工作时的电流密度。近来研究发现金属氧化物、非贵金属大环化合物及 $LaNiO_3$ 等可替代 Pt 作为气体扩散电极的电催化剂。另外，添加一些适当的助剂可以影响主催化剂的物理化学性质，提高其催化活性。研究表明，V、Ge、Zr 的氧化物具有较高的储氧能力，其特定部位上结合的氧原子可以随氧分压的变化自由地进出，从而使主催化剂周围保持一定的氧浓度，达到降低氧电极过电位的目的，还能促进贵金属催化剂的分散，提高有效催化活性。

3）阻止电解液的碳酸化。空气中的二氧化碳溶于电解液，使得电解液碳酸化，导致锌电极析氢腐蚀，降低电池使用寿命。解决方法是在锌电极中加入具有高氢过电位的金属氧化物或氢氧化物。这些金属在碱性溶液中的平衡电位一般比锌高，在电极充电时优先沉积，放电时一般不溶解。由于这些外加金属具有较高的析氢过电位，抑制了阴极析氢反应的进行，因而有效地减缓了锌在酸性溶液中的腐蚀。另一种方法是加无机电解液添加剂，无机添加剂主要有高氢过电位的金属化合物。与碱性锌空气电池相比，中性、微酸性锌空气电池具有电解液价廉易取、腐蚀性小、可避免电解液碳酸化等优点。虽然其工作电压和放电电流密度不及碱性锌空气电池高，但能满足中、小电流密度放电要求，可在小功率放电场所替代碱性锌空气电池。

电解液中锌电极的钝化也是一个值得注意的问题，主要是由于其表面真实电流密度较高，阳极极化增大，在其表面形成致密的氧化锌层。因此，防止活性物质有效面积减小的措施，如抑制锌变形的方法等，均能减弱锌电极的钝化趋势；减小放电电流和放电深度，也会减轻锌的钝化。

2. 铝空气电池

铝空气电池是以铝合金为负极、空气电极为正极、海水或食盐水为电解液构成的一种空气燃料电池。由于铝既溶于酸又溶于碱，电阻率低，电化当量高（2.98 g/Ah），电极电位为 1.66 V，成为发展金属空气电池的首选材料。铝合金在电池放电时被不断消耗并生成 $Al(OH)_3$；正极是多孔性氧电极，跟氢氧燃料电池的氧电极相同；电池放电时，从外界进入电极的氧（空气）发生电化学反应，生成 OH^-。电解液可分为两种：一种为中性溶液，另一种是碱性溶液。氧电极主要由防水透气层、导电网、催化层 3 部分组成。铝空气电池目前所需要的关键技术有以下 4 点。

1）电解液中铝氧化膜的生成会导致铝电极电位升高，而氧化膜的破坏又会导致大量析氢，难以使溶解停止，使电池失效。

2）如何选用其他廉价材料来制造适合的电极形状，以减小铝电极的腐蚀率，增大电池功率和放电密度。

3）电解液的活性控制及循环利用。

4）选用合适的电极催化剂来提高电极反应的效率。

电极材料是以 Al-Ca、Al-In、Al-Ca-In 合金为基质，再辅以铅、铋、锡、锌、镁、镉、锰等元素形成的负极材料系列。适合的电池形状可以减小铝电极的腐蚀率，增大电池功率和放电密度，研究的电极形状已经有多种，如平面形、楔形、圆柱形等。当电解液是盐溶液时，电池放电产物会呈凝胶状，增大电池电阻，降低电池效率。目前使用的电解液有碱性溶液、中性溶液及常温溶盐溶液等。氧电极的工作电流密度已达 650 mA/cm^2，其寿命也由过去的 20 次提高到 3 000 次以上，并且提高了输出功率。氧电极催化剂的研究主要集中在贵金属催化剂、金属复合氧化物催化剂（尖晶石型、烧绿石型、钙钛矿型）、过渡金属碳基化合物和有机催化剂等方面。MnO_2 催化剂与上述催化剂相比，最大的优势在于价格低廉，具有非常广阔的应用前景。

3. 锂空气电池

锂空气电池是一种用锂作为阳极，以空气中的氧气作为阴极反应物的电池。锂空气电池比锂离子电池具有更高的能量密度，因为其阴极（以多孔碳为主）很轻，且氧气从环境中获取而不用保存在电池里。理论上，由于氧气作为阴极反应物不受限，该电池的容量仅取决于锂电极，其比能为 5.21 kWh/kg（包括氧气）或 11.14 kWh/kg（不包括氧气）。相对于其他的金属空气电池，锂空气电池具有更高的比能，因此，它非常有吸引力。不过，锂空气电池仍在开发中，还未商品化。

锂在金属电极中具有最高的理论电压（3.35 V）和电化学当量（3.86 g/Ah），锂金属电池与锂离子电池相比，同体积时容量要大 30% 左右，同重量时能量要高 30% 左右。由于锂金属电池的正极不需要化学加工且电池不需要进行化学工艺处理，其成本要比锂离子电池低 40% 左右。但锂空气电池采用金属锂作为电极，存在不少问题：锂性质活泼，极易发生腐蚀和自放电现象，影响电池的寿命；开发有效的阴极材料及相关的电极催化剂，提高氧的活性；锂的价格相对较贵，限制电池的使用范围。锂空气电池可以采用合金的方法来减小锂负极的自放电现象。

如图 2-27 所示，锂空气电池放电时，负极的金属锂以锂离子（Li$^+$）的形式溶于有机电解液，电子供应给导线，溶解的锂离子（Li$^+$）穿过固体电解质移到正极的水性电解液中；正极通过导线供应电子，空气中的氧气和水在微细化碳表面发生反应后生成氢氧根离子（OH$^-$），在正极的水性电解液中与锂离子（Li$^+$）结合生成水溶性的氢氧化锂（LiOH）。锂空气电池充电时，通过导线供应电子，锂离子（Li$^+$）由正极的水性电解液穿过固体电解质到达负极表面，在负极表面发生反应生成金属锂；正极反应生成氧，产生的电子供应给导线。

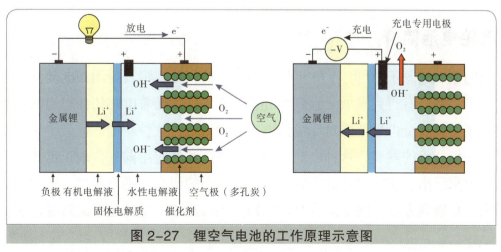

图 2-27 锂空气电池的工作原理示意图

锂空气电池作为新一代大容量电池而备受瞩目。不过此前的锂空气电池存在正极蓄积固体反应生成物，阻隔了电解液与空气的接触，导致停止放电等问题。

负极（金属锂）采用有机电解液，正极则使用水性电解液，两极由固体电解质隔开，以防止两电解液发生混合。由于固体电解质只通过锂离子，因此电池的反应可无阻碍地进行。正极的反应生成物具有水溶性，不产生固体物质。实验证明，该电池可连续放电 50 000mAh/g（空气极的单位质量）。锂离子电池目前已经开始在电动汽车上应用，为了实现长距离行驶，其作为蓄电池时的高性能化和低成本化备受期待，但目前的锂离子电池受制于电池容量而很难实现长距离行驶，要实现长距离行驶必须在汽车上配备大量的电池，因此存在车辆价格大幅上升的问题。锂空气电池技术极有望用于汽车电池，如果在汽车用支架上更换正极的水性电解液，用卡盒等方式补充负极的金属锂，则汽车可实现连续行驶且不需要充电等待时间；可以从用过的水性电解液中轻松提取金属锂，而锂能够反复使用。可以说，锂空气电池是用金属锂作为燃料的新型燃料电池。采用锂空气电池技术的电动汽车模型如图 2-28 所示。

图 2-28　采用锂空气电池技术的电动汽车模型

单元七　飞轮电池

一、飞轮电池简介

飞轮电池的概念起源于 20 世纪 70 年代早期，最初只是想将其应用在电动汽车上，但限于当时的技术水平，并没有得到发展。直到 20 世纪 90 年代，随着电路拓扑思想的发展、碳纤维材料的广泛应用，以及全世界范围对环境污染问题的重视，这种新型电池又得到了高速发展，并且伴随着磁轴承技术的发展，这种电池显示出更加广阔的应用前景，现正迅速地从实验室走向社会。欧美国家已出现实用化产品，而我国在这方面的研究才刚刚起步。飞轮电池突破了化学电池的局限，用物理方法实现储能。众所周知，当飞轮以一定角速度旋转时，它就具有一定的动能，飞轮电池正是以其动能转换成电能的。保时捷 911 GT3-R 混合动力跑车及其搭载的飞轮电池装置如图 2-29 所示。

图 2-29　保时捷 911 GT3-R 混合动力跑车及其搭载的飞轮电池装置

二、飞轮电池的结构

飞轮电池是一种典型的机电一体化装置，由飞轮电池本体、电力电子装置及控制器 3 部分组成（图 2-30）。如图 2-31 所示，飞轮电池本体主要由飞轮、集成电动机（电动机与发电机集成为一体）、真空容器、磁悬浮轴承四大部分组成。为使真空容器密封良好，飞轮电池本体仅通过 3 根导线与外部的控制系统相连接。飞轮电池本体中的磁悬浮轴承和集成电动机均需通过控制器对电力电子装置的控制来保证飞轮电池正常工作，以及发挥其使用性能。为了减轻飞轮电池的重量及提高飞轮的强度，飞轮的转子可以采用碳纤维材料；电动机采用集电动机与发电机于一体的集成电动机，可以减小飞轮电池的体积和重量；轴承采用磁悬浮轴承，可以减少高速旋转情况下机械零件间的摩擦损耗；将整体系统置于真空中，目的是减少飞轮高速旋转情况下产生的风阻损耗。

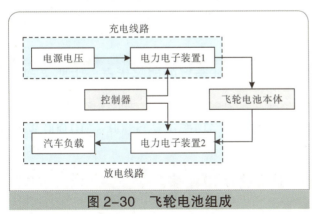

图 2-30　飞轮电池组成

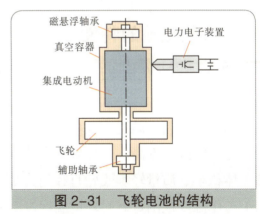

图 2-31　飞轮电池的结构

三、飞轮电池的工作原理

飞轮电池分为充电、能量保持和放电 3 种工作状态。飞轮电池中的电机在充电时以电动机形式运转，在外电源的驱动下，电机带动飞轮高速旋转，即用电给飞轮电池"充电"增加了飞轮的转速从而增大其功能；放电时，电机则以发电机状态运转，在飞轮的带动下对外输出电能，完成机械能（动能）到电能的转换。

图 2-32 所示是飞轮电池的工作原理示意图，飞轮电池的工作过程如下：电力电子输入设备在控制器的作用下，飞轮电池中的集成电动机在外部电源的驱动下，以电动机形式运转，电动机带动飞轮高速旋转，飞轮完成储存动能的过程，即电给飞轮电池"充电"，之后飞轮以较低的损耗处于能量保持状态，直到当汽车负载需要能量时，飞轮带动集成电动机旋转，集成电动机以发电机的形式旋转，将动能转化为电能，对外输出电能，完成机械能（动能）到电能的转换，并通过电力电子输出设备将电能转换成汽车负载所需的电压来驱动负载工作。当飞轮电池发电时，飞轮转速逐渐下降，飞轮电池的飞轮是在真空环境下运转的，转速极高（高达200 000r/min，使用的轴承为非接触式磁悬浮轴承）。飞轮电池充放电的工作过程如图 2-33 所示。

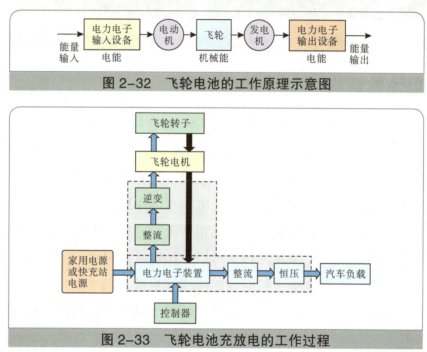

图 2-32 飞轮电池的工作原理示意图

图 2-33 飞轮电池充放电的工作过程

四、飞轮电池的特性

飞轮电池兼顾了化学电池、燃料电池和超导电池等储能装置的诸多优点，主要表现在如下几个方面。

1）能量密度高。储能密度可达 100 ~ 200 W·h/kg，比功率可达 5 000 ~ 10 000 W/kg。

2）能量转换效率高。工作效率高达 90%。

3）体积小、质量轻。飞轮直径约为 20 cm，总质量为 10 kg 多。

4）工作温度范围宽。对环境温度没有严格要求。

5）使用寿命长。不受重复深度放电影响，能够循环几百万次运行，预期寿命长达 25 年，可供电动汽车行驶 5000 000 km。

6）低损耗、低维护。磁悬浮轴承和真空环境使机械损耗可以被忽略，系统维护周期长。

单元八 氢燃料电池

 一、氢燃料电池简介

有人会认为氢燃料电池车是以燃烧氢原料作为动力的，其实不然，氢燃料电池指的是氢通过与氧的化学反应而产生电能的装置。氢燃料电池车的驱动力来自车上的电动机，就像纯电动车一样，因此，氢燃料电池车可以理解为一辆"自带氢燃料发电机的电动车"，其理念与增程式电动车相类似，只不过电能的来源由一台内燃机变成了氢燃料动力单元。氢能源汽车的分类如图2-34所示。本节以丰田汽车公司的氢燃料电池车——Mirai为例来讲述氢燃料电池的结构和工作原理。

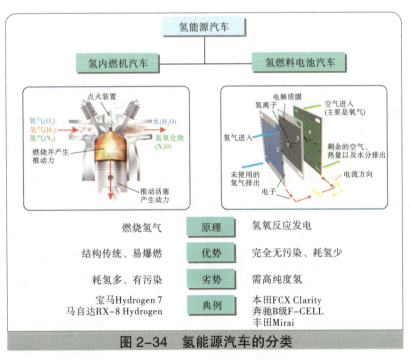

图2-34 氢能源汽车的分类

二、氢燃料电池车的基本构成和工作原理

到目前为止，各个车企的氢燃料电池车的基本原理较为一致，只是细节设计上有所区别。

如图2-35所示，Mirai氢燃料电池车主要由高压储氢罐、氢燃料电池堆栈、燃料电池升压系统、动力蓄电池组、驱动电动机和动力控制单元等组成。高压储氢罐内存储燃料用氢气，压力大约为70 MPa；氢燃料电池堆栈为丰田汽车公司第一个量产的燃料电池，体积能量密度为3.1 kW/L，输出功率为114 kW；燃料电池升压器采用紧凑高效的大容量升压器，能够将电压升高到650 V；动力蓄电池组采用镍锰蓄电池，用以回收制动能量，在加速时辅助燃料电池供电；

驱动电动机由燃料电池和动力蓄电池组供电,最大功率为 113 kW,最大转矩为 335 N·m;动力控制单元用于在不同的行驶工况下分别控制动力蓄电池组的充放电策略。

图 2-35 丰田 Mirai 氢燃料电池车的结构

　　Mirai 车的动力系统称作 TFSC（Toyota FC Stack），即丰田燃料电池堆栈,是以燃料电池堆栈为核心组件的混合动力系统。TFSC 没有传统的汽油发动机,也没有变速器,发动机舱内部是电动机和电动机的控制单元。在驾驶舱底部布置着的燃料电池堆栈是整套系统的核心;在车身后桥部分放置着一个镍氢动力电池组和前后两个高压储氢罐,没有油箱和大面积的锂离子电池,Mirai 车唯一需要消耗的"燃料"就是氢气,不用加油也不用充电,加 5 kg 氢气可行驶 650 km。

　　直接驱动 Mirai 车车轮的电动机功率为 113 kW,峰值转矩为 335 N·m,基本相当于一辆 2.0 L 自然吸气发动机的动力水平。除燃料电池堆栈发电之外,Mirai 车后轴上方布置了一个 1.6 kW·h 的镍氢电池组,充当动力电池和储能电池的作用。该电池组基本上跟凯美瑞混合动力车的电池一样,在整车负载低时可单独供电驱动车辆前进,与此同时燃料电池堆栈发出来的电可以给电池组充电,用镍氢电池充当一个"缓存"。当车辆有更大的动力需求时,镍氢电池组的电会很快耗光,此时燃料电池堆栈就直接向电动机输电,与镍氢电池组实现双重供电以满足车辆需求;当车辆减速行驶时,电动机转化为发电机来回收动能,电量直接输送到镍氢电池组内储存起来。Mirai 氢燃料电池车的工作原理如图 2-36 所示。

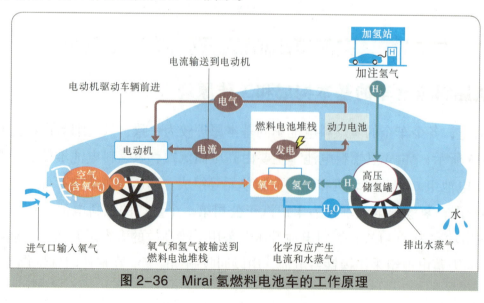

图 2-36 Mirai 氢燃料电池车的工作原理

三、燃料电池堆栈的构成和工作原理

丰田 Mirai 车搭载的燃料电池堆栈（图 2-37）是由 370 片薄片燃料电池组成的，因此被称为"堆栈"，一共可以输出 114 kW 的发电功率。虽然氢燃料电池名字里面有"燃料"字样，同时氢气也能够跟氧气一起剧烈燃烧，但氢燃料电池不是利用燃烧来获取能量的，而是利用氢气与氧气化学反应过程中的电荷转移来形成电流的，这一过程最关键的技术就是利用特殊的"质子交换薄膜"将氢气分解，质子交换薄膜也是燃料电池领域最难被攻克的技术壁垒。如图 2-38 所示，在燃料电池堆栈里，进行着氢与氧相结合的反应，其过程中存在电荷转移，从而产生电流。与此同时，氢与氧化学反应后正好生成 H_2O，即水。

图 2-37　氢燃料电池堆栈的组成

燃料电池堆栈作为一个化学反应池，其最为关键的技术核心在于"质子交换薄膜"。在这层薄膜的两侧紧贴着催化剂层，将氢气分解为带电离子状态，因为氢分子体积小，携带电子的氢可以透过薄膜的微小孔洞游离到对面去，但是在携带电子的氢穿越这层薄膜孔洞的过程中，电子被从分子上剥离，只留下带正电的氢质子通过薄膜到达另一端。氢质子被吸引到薄膜另一侧的电极与氧分子结合。薄膜两侧的电极板将氢气分解成氢离子（正电）和电子，将氧气分解成氧原子以捕获电子变为氧离子（负电），电子在电极板之间形成电流，2 个氢离子和 1 个氧离子结合成为水，水成了该反应过程中的唯一"废料"。从本质来讲，整个运行过程就是发电过程。随着氧化反应的进行，电子不断发生转移，就形成了驱动汽车所需的电流。如果说氢燃料电池车的技术突破是在发明一种汽车，不如说是在发明一种全新的"发电机"，然后整合进一部车子里。在燃料电池堆栈中，排布了许多薄膜，可以发生大量的电子转移，形成驱动车辆行驶所需的电流。因此 Mirai 车是纯电动车，燃料电池堆栈代替的是厚重且充电效率低下的锂离子电池组。一般情况下，燃料电池堆栈所产生的整体电压为 300 V 左右，不足以带动一台车用大功率电动机，因此，Mirai 氢燃料电池车还装备了燃料电池升压器，将电压升至 600 V 以上，从而顺利驱动电动机。丰田燃料电池模型如图 2-39 所示。

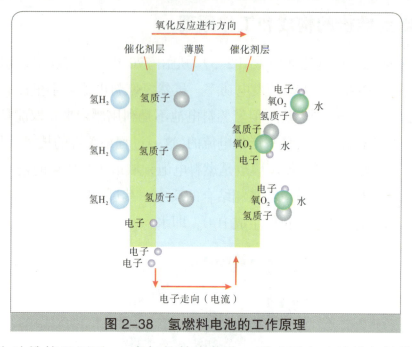

图 2-38　氢燃料电池的工作原理

丰田的燃料电池堆栈经历了 10 多年的技术优化，形成了自己的特色结构。丰田汽车公司 2008 年采用的燃料电池技术如图 2-40 所示，由于通路宽度过大，氢氧化学反应产生的副产品水会在通路内堆积，阻碍氧气向催化剂层扩散，降低发电效率。Mirai 氢燃料电池车采用新型高性能燃料电池，阴极采用了 3D 立体精微流道技术（图 2-41），氢氧化学反应中产生的水可以通过 3D 立体精微流道迅速排出，防止堆积的水对氧气的进一步进入产生阻碍，使空气可以充分通过微流道流动与催化剂层（采用铂钴合金催化剂，活性提升 1.8 倍）接触；正极的质子交换薄膜被做得更薄（厚度减小 1/3，导电性提高 3 倍），气体在扩散层（采用低密度材料）的扩散性得到提升，催化剂层处于"超激活"状态，显著提升了电极的响应性能，有效地改善了发电效率，因此，整个燃料电池堆栈的发电效率达到了 3.1 kW/L，是 2008 年丰田燃料电池技术的 2.2 倍。

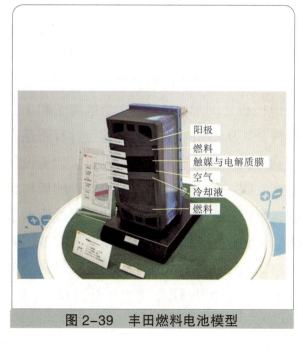

图 2-39　丰田燃料电池模型

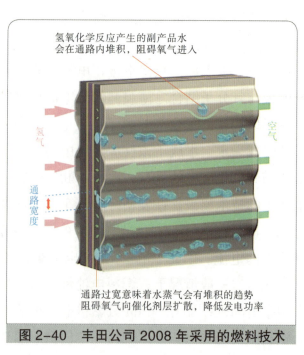

图 2-40　丰田公司 2008 年采用的燃料技术

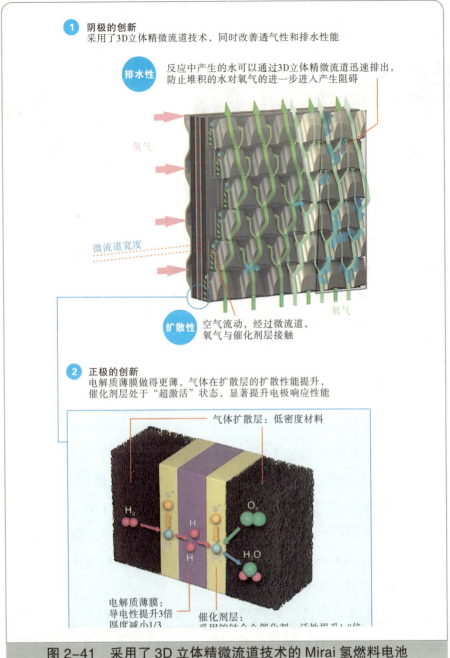

图 2-41　采用了 3D 立体精微流道技术的 Mirai 氢燃料电池

四、高压储气罐

氢气和汽油不同，常温下氢气是气体，密度非常低，并且非常难液化，因此要安全储藏和运输氢气并不容易，所以，氢气无法像汽油那样直接注入普通油箱里。丰田汽车设计了一大一小两个储氢罐，通过高压的方式尽可能多地充入氢气。以目前的主流存储技术，丰田汽车选用了 70 MPa（也就是 700 个大气压）的高压储气罐（图 2-42）。两个储氢罐总的容量是 122.4 L，采用 70 MPa，也只能容纳约 5 kg 的氢气，因此实际上燃料的质量并不大，反而储氢罐特别笨重。

图 2-42　高压储氢罐

为了在承受 70 MPa 的前提下仍旧保持行驶安全性，储氢罐被设计成 4 层结构，铝合金的罐体内部衬有塑料密封内衬，外面包裹一层碳纤维强化塑料抗压层，抗压层外侧再增加一层玻璃纤维强化塑料外壳，起到减振保护作用，并实现外壳的轻量化，并且每一层的纤维纹路都根据所处罐身位置不同而做了额外的优化，使纤维顺着压力分布的方向，提升保护层的效果。多重纤维材料的组合应用及不同的纤维编制形式，能够有效发挥各种纤维的物理特性，适应不同的罐体区域的受力情况，可以减少 40% 的纤维用量。

五、氢燃料电池车的特点

氢燃料电池车具有以下优点：

1）节能环保。纵观氢燃料电池整个运行过程中，除了消耗氢气和空气之外，没有其他的能源消耗，没有加油也没有充电，节能性能毋庸置疑。同时，氢燃料电池堆栈在产生电能的过程中只产生水，因此其最大的优势就是真正地实现了"零排放"目标。

2）续航时间长。一般情况下，氢燃料电池车每行驶 100 km 大约需要消耗 1 kg 氢气，而像丰田 Mirai、奥迪 A7 Sportbackh-tronquattro 等车型，可储存约 5 kg 的压缩氢气，理论上，在加满氢气的状态下续航里程可达 500 km。

3）燃料补充时间与燃油车相当。氢燃料电池车加注氢气的过程非常快速便捷，利用专用的加氢气设备仅需 3 min 即可充满氢原料，相对于纯电动车较长的充电等待时间（目前充电最快的特斯拉 Model S 车的超级充电站也需要 1.25 h 才能充满电量）而言，优势极其明显。氢气的加注如图 2-43 所示。

图 2-43　氢气的加注

4）性能优越。像奥迪A7Sportbackh-tronquattro这款氢燃料电池车，前后轴各配备了一台最大输出功率为85 kW，最大转矩为270 N·m的电动机，总功率达170 kW，可提供高达540 N·m的转矩，该车0～100km/h加速时间仅为7.9 s，最高时速可达180 km/h，可与汽油车媲美。

氢燃料电池车具有以下缺点：

1）燃料电池汽车的售价和维护费用要比电动汽车贵。丰田Mirai、日产Leaf的售价要比特斯拉便宜不少，给燃料电池汽车补充的氢气价格约为3美元（换算成每加仑汽油等效产品后）。经估算，给一辆车加满氢气需要花约50美元。这意味着，一辆燃料电池汽车的维护成本是普锐斯混合动力汽车的两倍，是电动汽车的四倍。

2）制造和使用绿色氢气的费用更高。燃料电池汽车的主要问题是，制造驱动它们的氢气燃料要消耗比普通电动汽车更多的能源。污染也是个很严重的问题。除了甲烷转化，获得绿色氢气的唯一可行的方式是通过电解。但坦白讲，这一过程中消耗的电可以更好地用在普通电动汽车上。

3）氢气的来源问题。氢气不像氮气和氧气是空气中的最主要组成元素，想得到氢气可以通过电解水，但这可是个不太经济的方法，能量损失极大。此法先从电解水开始，耗费电能，产生氢气，氢气再发电过程中还会有能量损失。目前最好的电解水系统的能量转化率只有80%，并不怎么高效。

4）加氢站成本昂贵。电动汽车已经在道路上（家中）建立了充电基础设施，但氢气销售点却很少，相隔距离也很远。这是由于缺少需求，还有就是建造成本高昂。普通的电动汽车充电站只需花费数十万美元来建造，即使是特斯拉的超级充电站建造成本也仅有30万美元。但建造一个氢气燃料站却需要花费100万～200万美元。

5）金属铂稀缺。在氢燃料电池发电的过程中会用到金属铂作为催化剂。这种金属就是铂金戒指的铂，产量小且价格昂贵。想要大规模生产氢燃料电池，铂就是瓶颈，而且完全没有规模化后成本减少的效应，反而需求越多就会越贵。

 课题二 汽车蓄电池

思考与练习

一、填空题

1. 电池按原理不同主要可分为_____、_____和_____三大类。

2. 纯电动汽车蓄电池通过_____，依靠蓄电池_____对其进行_____和_____。

3. 蓄电池的主要性能指标有_____、_____、_____、_____、_____、_____、_____、_____、_____等。

4. 镍基蓄电池是指用_____作正极活性物质的碱性蓄电池。

5. 锂电池是指电化学体系中含有_____的电池。锂电池大致可分为_____电池和_____电池两类。

6. 铅酸蓄电池的主要部件有_____、_____、_____、_____、_____、_____，另外还有_____、_____、极柱等附件。

7. 超级电容又名_____、_____、_____、_____，是通过_____来储能的一种电化学元件。

8. 金属空气电池是一类特殊的_____，也是新一代绿色二次电池的代表之一。金属空气电池具有_____、_____、_____、_____、_____等优点。

二、问答题

1. 什么是新能源汽车？

2. 新能源汽车有哪些类型？

3. 简述我国新能源汽车的发展状况。

4. 为什么要大力发展新能源汽车？

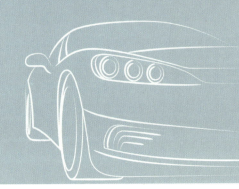

课题三
新能源汽车电动机

学习目标

1. 了解新能源汽车电动机的工作条件与要求；
2. 熟悉新能源汽车电动机的类型；
3. 掌握各类电动机的结构和工作原理。

单元一　电动机概述

一、电动机简介

电动机是一种将电能转化为机械能的电力机器。电动机是工业上常用的机器,而用于驱动车辆的电动机称为驱动电动机。高尔夫 GTE 汽车上搭载的电动机如图 3-1 所示。驱动电动机的工作条件与一般工业电动机明显不同,主要体现在以下方面。

图 3-1　高尔夫 GTE 汽车上搭载的电动机

1)驱动电动机的转速、转矩变化范围大。车辆行驶工况是频繁变化的,经常需要起步、加速、爬坡、制动,所需的驱动力矩和车速也相应变化,驱动电动机的运行状态需要适应车辆行驶工况的大范围变动。

2)驱动电动机所处的使用环境恶劣。车辆上安装驱动电动机的空间有限,常处于高温、潮湿等恶劣的工作条件下;另外,车辆运行时的颠簸和振动使驱动电动机处于振动、冲击的环境下工作。

3)车载的能量有限。通用工业电动机的电能来自电网,而驱动电动机的电能量来源于车载能量源,它们的供电、控制方式必然有所不同。

二、电动机的分类

高功率密度、高效率、宽调速的车辆牵引电动机及其控制系统既是电动汽车的心脏,又是电动汽车研制的关键技术之一。电动汽车在不同的历史时期采用不同的电动机,最早采用的是控制性能好和成本较低的直流电机。随着电子技术、机械制造技术和自动控制技术的发展,交流电动机、永磁电动机和开关磁阻电动机表现出比直流电动机更加优越的性能,并在逐步取代直流电动机。图3-2所示为现代混合动力汽车采用的各种电动机。

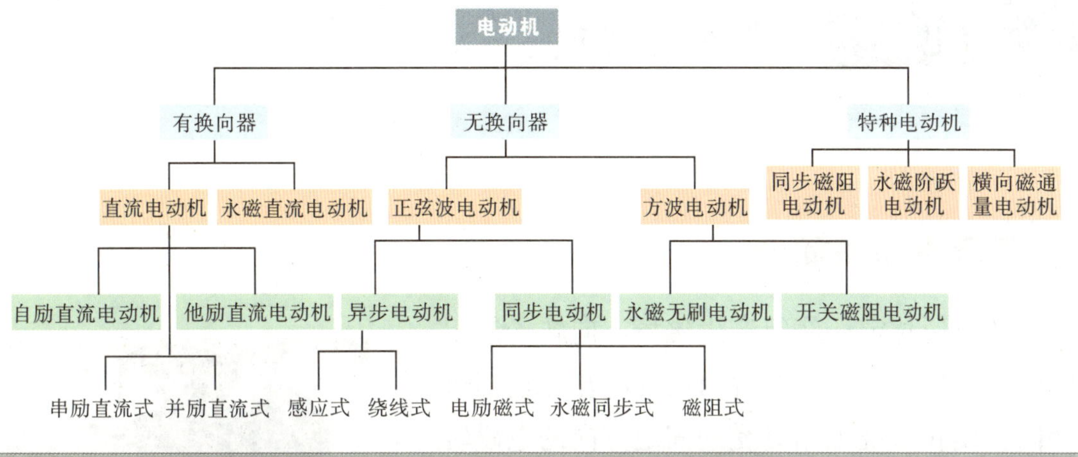

图 3-2 现代混合动力汽车采用的各种电动机

三、电动汽车对驱动电动机的基本要求

电动汽车的驱动电动机的主要性能指标为电动机类型、额定电压、机械特性、效率、尺寸参数、质量参数、可靠性和成本等。另外，为电动机所配置的电子控制系统和驱动系统也会影响驱动电动机的性能。

1）在允许的范围内，尽可能采用高电压，这样可以减小电动机的尺寸和导线等装备的尺寸，特别是可以降低逆变器的成本。

2）高转速。电动汽车所采用的感应电动机的转速可以达到 8 000 ~ 12 000 r/min，高转速电动机的体积较小，质量较小，有利于降低混合动力汽车的整车装备质量。

3）质量小。电动机采用铝合金外壳，以降低电动机的质量，各种控制装置的质量和冷却系统的质量也要求尽可能小。另外，还要求电动机和控制装置在运转时的噪声要低。

4）电动机应具有较大的起动转矩和较大范围的调速性能，使混合动力汽车有良好的起动性能和加速性能，以获得所需要的起动、加速、行驶、减速、制动等的功率与转矩。电动机具有自动调速功能，因此，可以减轻驾驶人的操纵强度，提高驾驶的舒适性，并且能够达到与内燃机汽车加速踏板同样的控制响应性能。

5）混合动力汽车应有最优化的能量利用率，电动机应高效率、低损耗，并在车辆减速时，实现再生制动能量的回收，再生制动回收的能量一般可达到总能量的10% ~ 15%，这在内燃机汽车上是不能实现的。

6）各种动力电池组和电动机的工作电压可以达到300 V以上，其电气系统和控制系统的安全性都必须符合国家（或国际）有关车辆电气控制安全性能的标准和规定，装置高压保护设备。

另外，电动机还要求可靠性好，耐温和耐潮性能强，能够在较恶劣的环境下长时期工作，结构简单，适合大批量生产，使用维修方便，价格便宜等。

单元二 直流电动机

一、直流电动机简介

直流电动机通过定子绕组产生磁场，向转子绕组通入直流电，并用换向装置对绕组内的电流在适当时候进行换向，使转子绕组始终受到固定方向的电磁转矩。直流电动机如图3-3所示。

在电动汽车发展的早期，大部分电动汽车采用直流电动机作为驱动电动机。这类电动机技术较为成熟，具备控制容易、调速优良的特点，曾经在调速电动机领域内有着最为广泛的应用。但是由于直流电动机机械结构复杂，导致它的瞬时过载能力和电动机转速的

图3-3 直流电动机

进一步提高受到限制，而且在长时间工作的情况下，电动机的机械结构会产生损耗，增加维护成本。此外，电动机运转时电刷冒出的火花使转子发热，会造成高频电磁干扰，影响整车其他电气性能。由于直流电动机有着上述缺点，目前的电动汽车正在逐渐淘汰直流电动机。

二、直流电动机的结构

直流电动机主要由定子和转子两部分组成。利用通电导体在磁场中受力的电磁原理制成。图3-4为直流电动机的结构。

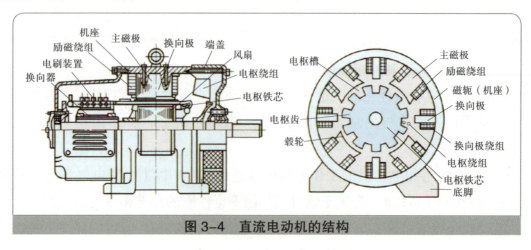

图3-4 直流电动机的结构

1. 定子

电动机运行时静止不动的部分称为定子，由机座、主磁极、换向极、端盖、轴承和电刷装

置等组成，其主要作用是产生磁场。下面主要介绍机座、主磁极、换向极和电刷装置。

（1）机座

定子部分的外壳称为机座，用于固定主磁极、换向极和端盖，起到电动机整体的支撑、固定作用。另外，机座构成磁极之间的通路，是磁路的一部分，磁通通过的部分称为磁轭。因此，机座既要有足够的机械强度，也要具有良好的导磁性能，一般为铸钢件或由钢板焊接而成。

（2）主磁极

主磁极由主磁极铁芯和励磁绕组两部分组成，作用是在定子和转子间的气隙产生磁场。铁芯用 0.5～1.5 mm 厚的钢片叠压铆紧而成。铁芯套励磁绕组的部分称为极身，下面扩宽的部分称为极靴，极靴宽于极身，这样可使气隙磁场分布更合理，也便于固定励磁绕组。励磁绕组用绝缘铜线绕制而成，套在极身上，再用螺钉将主磁极固定在机座上。

（3）换向极

两相邻主磁极之间的小磁极叫换向极，也叫附加极，换向极的结构与主磁极类似，由铁芯和绕组构成。它的作用是改善电动机换向，减小或消除电动机运行时电刷与换向器间产生的换向火花。换向极铁芯一般用整块钢制成，换向极绕组用绝缘导线绕制而成，套在铁芯上。换向极用螺钉固定于机座上。换向极的数目一般与主磁极相同。

（4）电刷装置

电刷装置由电刷、电刷弹簧、电刷座等组成。电刷装置用来将直流电引入旋转的电枢绕组，并与换向器配合，使电枢绕组的电流及时换向，产生方向不变的电磁转矩。电刷座装在端盖或轴承内盖上，位置可以调整。

2. 转子

运行时旋转的部分称为转子或电枢，由电枢铁芯、电枢绕组、转轴和换向器等组成，是电动机进行能量转换的枢纽，作用是产生电磁转矩和感应电动势。

（1）电枢铁芯

电枢铁芯是主磁通磁路的主要部分，同时用于嵌放电枢绕组。为降低电动机运行时电枢铁芯中产生的涡流损耗和磁滞损耗，电枢铁芯用 0.35～0.5 mm 厚的硅钢片叠压而成。铁芯固定在转轴或转子支架上。铁芯的外圆开有电枢槽，用于嵌装电枢绕组。

（2）电枢绕组

电枢绕组在磁场中通电产生电磁转矩，旋转后又产生感应电动势。电枢绕组由多匝线圈按一定规律连接而成，线圈用高强度漆包线或玻璃丝包扁铜线绕成。不同线圈分上、下两层嵌放在电枢槽中，线圈与铁芯之间以及上、下两层线圈边之间都必须妥善绝缘。为防止离心力将线圈边甩出槽外，槽口用槽楔固定。每匝绕组与换向片连接，形成闭合回路。

（3）转轴

转轴起支撑转子旋转的作用，要求具有一定的机械强度和刚度，一般用圆钢加工而成。

（4）换向器

换向器与电刷配合将外加直流电转换为电枢绕组中的交变电流，使电磁转矩的方向恒定不变。换向器是由许多换向片组成的圆柱体，换向片之间用云母片绝缘。

三、直流电动机的工作原理

图 3-5 为直流电动机的工作原理示意图。其中，固定部分有 N、S 两个磁极，以及两个电刷 A、B。转动部分为电枢绕组 abcd，绕组两端分别与两个弧形换向片连接，两个换向片之间相互绝缘。换向片和电刷相接触，当电枢旋转时，电枢绕组通过换向片和电刷与外电路接通。当电枢绕组处于图 3-5（a）所示位置时，导体 ab 位于 N 极之下，电流方向为 a→b（向里），导体 cd 位于 S 极之上，电流方向为 c→d（向外），根据左手定则，处于上部的导体 ab 在磁场中受到向左的电磁力，处于下部的导体 cd 受到向右的电磁力，整个绕组受逆时针的电磁转矩而发生逆时针旋转。当绕组旋转 180°到图 3-5（b）所示位置时，导体 cd 位于 N 极之下，由于换向片的作用，电流方向发生变化，变为 d→c（向里），导体 ab 位于 S 极之上，电流方向为 b→a（向外），此时，处于上部的导体 cd 受到向左的电磁力，处于下部的导体 cd 受到向右的电磁力，整个绕组受到的电磁转矩依然是逆时针的，故保持逆时针旋转。

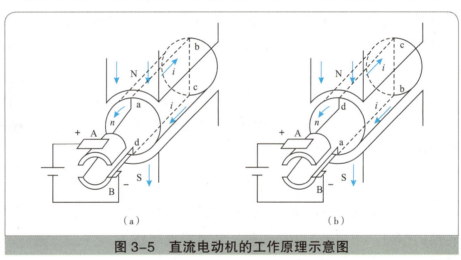

图 3-5　直流电动机的工作原理示意图

换向片和电刷的作用是将外部直流电转换成绕组内部的交流电，N 极侧导体的电流方总是向外，S 极侧导体的电流方向总是向里，使得绕组受的转矩保持一个方向不变，确保直流电动机朝确定的方向连续旋转。

四、直流电动机的机械特性

对于电动汽车上的电动机，其机械特性是非常重要的。机械特性是指在额定电压和电磁绕组不变的情况下转矩与转速之间的关系。电动机的种类不同，其机械特性也是不同的，串励电动机的转速 n 和转矩 T 的关系如图 3-6 所示。以电动汽车中常用的串励式电动机为例说明。串励电动机的特点是励磁线圈的电流和电枢线圈的电流相同。在理想情况

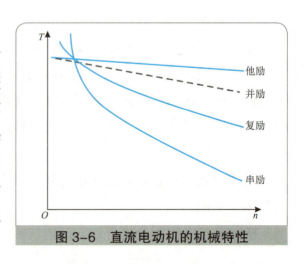

图 3-6　直流电动机的机械特性

下，$n \to \infty$ 时，$T=0$。但实际上负载转矩不会为 0，电动机不会工作在 $T=0$ 的状态，因为电动机有空载损耗转矩存在。空载时 T 很小，n 很高。因此串励电动机不允许空载。随着转矩的增大，n 下降得很快，这种特性属于软机械特性。

五、直流电动机的控制

由图 3-6 可知，普通直流电动机的机械特性无法满足汽车对驱动动力的要求。因此，车用电动机多具有复杂的控制系统。一般而言，直流电动机的控制可以通过两种方法实现，即电枢控制和励磁控制。当直流电动机电枢电压减小时，电枢电流和电动机转矩就会降低，由此引起电动机转速降低。反之，当直流电动机电枢电压增加时，电动机转矩就会增加，由此也会引起电动机转速增加。由于电枢的最大允许电流不变，且磁场是固定的，所以通过电枢电压的控制可在任何转速下保持最大转矩不变。然而，由于电枢电压不能超过其额定值，这种控制方法只适于直流电动机的工作转速低于额定转速（基速）的场合。另外，当电枢电压值恒定，直流电动机的励磁电压减弱时，电动机的感应电动势就会降低。由于电枢电阻很小，电枢电流增大的程度比磁场减弱的程度要大，因此，电动机转矩增加，电动机转速也随之增大。由于电枢的最大允许电流是常数，当电枢电压保持不变时，无论转速多大，感应电动势都是恒定的。因此，电动机所允许的最大功率恒定，允许的最大转矩随电动机转速的变化而逆向变化。

为使电动汽车的直流电动机有较宽的转速控制范围，电枢控制必须和励磁控制相结合。当电动机转速在零与额定转速之间时，励磁电流保持在额定值，采用电枢控制。当电动机转速超过额定转速时，电枢电压保持在额定值，采用励磁控制。采用电枢控制和励磁控制后电动机的转矩和功率随转速的变化如图 3-7 所示。但对于不同的汽车驱动系统而言，实际电动机的机械特性曲线形状可以是不同的，串励直流电动机的转矩、功率和转速的关系如图 3-8 所示。

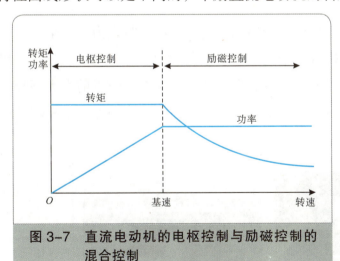

图 3-7 直流电动机的电枢控制与励磁控制的混合控制

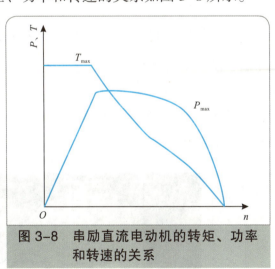

图 3-8 串励直流电动机的转矩、功率和转速的关系

串励直流电动机几乎没有等功率部分，他励直流电动机的等功率部分也非常近似。

六、直流电动机的特点

直流电动机的优点如下：

1）起动性能好。直流电动机具有较大的起动力矩，适用于重负载下起动的机械，用于驱动车辆。

2）恒功率范围大。直流电动机用于驱动车辆时可保证车辆的高速行驶能力。

3）调速性能好。直流电动机可实现均匀平滑的无级调速，且具有较宽的调速范围。

4）控制比较简单。直流电动机易于建模，输入/输出具有线性关系，可以单独控制励磁绕组电流和转子绕组电流来调节电动机转速和转矩。

5）技术成熟，生产规模大，价格便宜。

6）直流电动机维修成本低。

7）直流电动机更节能环保。

直流电动机的缺点如下：

1）换向器和电刷的存在，引起转矩波动，并限制转速的升高。

2）电刷带来摩擦与射频干扰。

3）由于磨损和断裂，换向器和电刷需定期维护。

单元三　交流异步电动机

一、交流异步电动机简介

交流异步电动机的定子绕组通入交流电产生旋转的磁场，转子绕组切割磁力线产生感应电流，并受到电磁转矩而旋转。交流异步电动机具有结构简单、坚固耐用、运行可靠、转矩平稳及转速高等优点。交流电动机矢量控制技术目前已比较成熟，逆变器成本也较以前大大下降，因此，交流异步电动机现在是高速电动车辆驱动电动机的主要类型。特斯拉 MODEL S 配备的交流异步电动机如图 3-9 所示。

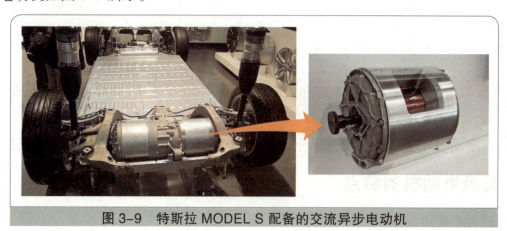

图 3-9　特斯拉 MODEL S 配备的交流异步电动机

二、交流电动机的结构

交流异步电动机也称为交流感应电动机，主要由定子、转子及一些附件构成，定子与转子之间有一很小的气隙。定子、转子间的气隙对异步电动机的性能影响很大。气隙大则磁阻大，产生同样大小的磁场所要求的励磁电流就大，消耗的磁动势增大，导致电动机的功率因数降低。从这一角度来考虑，气隙应小一些，但电动机运行时，转轴有一定的挠度，气隙太小，就可能发生定、转子铁芯相擦的现象。气隙一般为机械上所允许达到的最小值，中小型异步电动机一般为 0.2 ~ 2 mm。图 3-10 为典型的交流异步电动机结构。

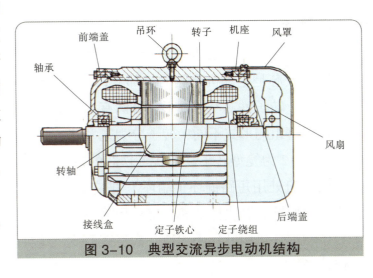

图 3-10　典型交流异步电动机结构

1. 定子

定子主要由定子铁芯、定子绕组、机座、端盖等组成。

定子铁芯是主磁路的一部分，由于异步电动机的磁场是交变的，铁芯中易产生涡流损耗和磁滞损耗，为了减少损耗，定子铁芯由 0.35 ~ 0.5mm 厚的相互绝缘的硅钢片叠压而成，如图 3-11 所示。铁芯内圆有均匀分布的槽口，用来嵌放定子绕组。小容量的电动机一般利用硅钢片的表面氧化层来达到片间的绝缘，而容量较大的电动机所用的硅钢片必须涂绝缘漆。

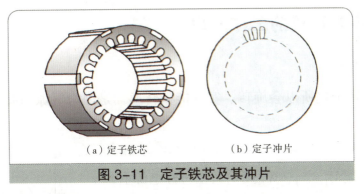

图 3-11　定子铁芯及其冲片

定子绕组是电动机的电路部分。三相异步电动机有三相绕组，通入三相对称电流时，就会产生旋转磁场。三相绕组由 3 个彼此独立的绕组组成，每个绕组为一相，在空间上相差 120°电角度。每个绕组又由若干线圈连接而成。线圈由绝缘铜导线或绝缘铝导线绕制，再按一定规律嵌入定子铁芯槽内。中、小型三相电动机多采用圆漆包线，大、中型三相电动机的定子绕组则用较大截面的绝缘扁铜线或扁铝线绕制而成。定子绕组可以接成星形或三角形。

机座也是主磁路的组成部分。定子铁芯固定在机座内，机座起着固定定子铁芯的作用，机座应有足够的强度和刚度，以承受使用中产生的各种作用力，同时还要满足通风散热的需要。当电动机安装方式和冷却方式不同时，机座结构也不同。小型电动机一般采用铸铁机座，中型电动机除采用铸铁机座外,也有的采用钢板焊接的机座,大型电动机的机座都是用钢板焊接成的。

端盖装在机座两端,起着保护电动机铁芯和绕组端部的作用,在中小型电动机中还与轴承一起支撑转子。

2. 转子

转子主要由转子铁芯、转子绕组、转轴和轴承组成。

转子铁芯是电动机磁路的一部分,是用 0.5 mm 厚的硅钢片叠压而成的,套压在转轴或转子支架上。转子铁芯呈圆柱形,外圆有均匀分布的槽,用于嵌放转子绕组。

按照绕组的形式不同,转子分为笼型转子和绕线转子两种。

图 3-12 为笼型转子。在转子铁芯的每一个槽中插入一根根部未包绝缘的铜条,在铁芯两端槽的出口处用短路铜环(端环)把它们连接起来,这种转子称为铜排转子。笼型转子绕组自成闭合回路,若去掉铁芯,绕组形状像一个笼子,故称笼型绕组。也可用铸铝的方法,将转子导条和端环风扇叶片用铝液一次浇铸而成,这种转子称为铸铝转子。中小型电动机一般采用铸铝转子。

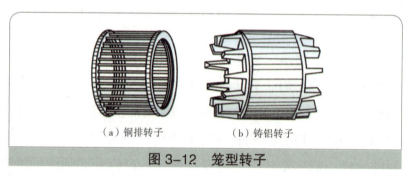

(a)铜排转子　　(b)铸铝转子

图 3-12　笼型转子

三、交流异步电动机的工作原理

1. 旋转磁场的产生

交流异步电动机转子之所以会旋转、实现能量转换,是因为气隙内有一个旋转磁场。下面讨论旋转磁场的产生。

若三相绕组连接成星形,在空间彼此相隔 120°,末端 U_2、V_2、W_2 相连,首端 U_1、V_1、W_1 接到三相对称电源上,则在定子绕组中通过三相对称的电流 i_U、i_V、i_W。若电源的相序为 U、V、W,U 的初相角为零,则三相交流电波形如图 3-13 所示。

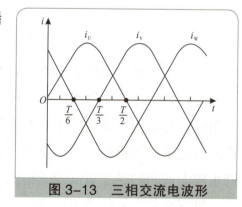

图 3-13　三相交流电波形

$t=0$ 时刻,U 相绕组无电流,V 相绕组电流为负值,电流从 V_2 流向 V_1,W 相绕组电流为正值,电流由 W_1 流向 W_2。根据右手螺旋定则确定合成磁场,如图 3-14(a)所示,其有一对磁极(上面为 S 极,下面为 N 极)。

$t=T/6$ 时刻,U 相绕组电流由 U_1 流向 U_2,V 相绕组电流未变,W 相绕组没有电流。合成磁场如图 3-14（b）所示，同 t=0 瞬间相比，合成磁场沿顺时针方向旋转了 60°。

t=T/3 时刻，合成磁场沿顺时针方向又旋转了 60°，如图 3-14（c）所示。t=T/2 时刻与 t=0 时刻相比，合成磁场共旋转了 180°。当电流变化一个周期时，磁场在空间转过 360°（一圈）。可见，对称三相电流通入对称三相绕组所形成的合成磁场是一个随时间变化的旋转磁场。

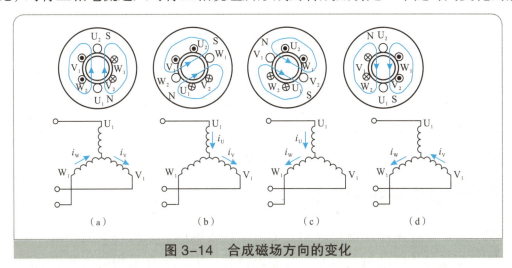

图 3-14 合成磁场方向的变化

以上分析针对的是电动机产生一对磁极的情况，当定子绕组连接形成的是两对磁极时，运用相同的方法可以分析出电流变化一个周期，磁场只转动了半圈，即转速减慢一半。由此类推，当旋转磁场具有 P 对磁极时，交流电每变化一个周期，旋转磁场就在空间转动 1/P 转。因此，三相交流电动机定子旋转磁场的转速 n（r/min）与交流电频率 f（Hz）及磁极对数 P 之间的关系为

$$n = \frac{60f}{P}$$

2. 交流异步电动机的转动原理

图 3-15 为三相交流异步电动机的转动原理示意图。三相交流电通入定子绕组后，便在气隙形成了一个旋转磁场。旋转磁场的磁力线被转子导体切割，根据电磁感应原理，转子导体产生感应电动势。转子绕组是闭合的，转子导体有电流流过。设旋转磁场按顺时针方向以转速 n_1 旋转，且某时刻上面为 N 极，下面为 S 极。旋转磁场顺时针旋转，等效于磁场不动，转子导体逆时针方向切割磁力线。根据右手定则，上半部转子导体的电动势和电流方向由里向外，下半部则由外向里。由于载流导体在磁场中要受到力的作用，用左手定则确定上、下转子导体所受电磁力的方向如图 3-15 所示。电磁力对转轴形成的电磁转矩的作用方向与旋转磁场方向一致。如此，转子便按与旋转磁场相同的方向转动起来，转速为 n_1。

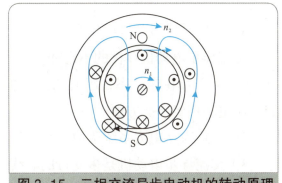

图 3-15 三相交流异步电动机的转动原理

转子转速 n_1 总是小于旋转磁场转速 n_2，即 $n_1 < n_2$。这是因为如果 $n_1 = n_2$，绕组与旋转磁

场之间没有相对运动，也不切割磁力线，转子绕组导体中不产生感应电动势和电流，也不存在电磁力和电磁转矩，转子就不能继续旋转。$n_1 < n_2$是交流异步电动机工作的必要条件，"异步"的名称也由此而来。

转差率 s 定义为旋转磁场转速与转子转速之差与同步转速之比，表示为

$$s = \frac{n_2 - n_1}{n_2}$$

转差率是异步电动机的一个基本参数，对分析电动机的运转特性有重要意义。在电动机起动瞬间，$n_1=0$，$s=1$；当电动机转速达到同步转速（理想空载转速，实际运行不可能达到）时，$n_1=n_2$，$s=0$。由此可见，异步电动机在运行状态下，转差率总在 0 和 1 之间，即 $0 < s < 1$。一般情况下，在额定状态下运行时，$s=0.01 \sim 0.05$。

四、交流异步电动机的控制

在电动汽车上，一般采用发电机或动力电池组作为电源，交流异步电动机不能直接使用直流电源，另外，交流异步电动机具有非线性输出特性。因此，在采用交流异步电动机时，需要用逆变器中的功率半导体交换器件，将直流电变换为频率和幅值都可以调节的交流电，以实现对异步电动机的控制。

在电动汽车上，通常功率电路有交－直－交逆变器系统、交－交变频器系统和直－交逆变器系统。在某些装有交流发电机的 HEV 上，根据动力系统的结构模型的要求，可采用前两种系统，第三种系统普遍应用在 EV 和 FCEV 上。

五、交流异步电动机的特点

交流异步电动机的优点如下。

1）结构简单，体积小，质量轻。在相同功率的条件下，交流异步电动机的质量约为直流电动机的一半。

2）运行可靠，维护方便，使用寿命长。

3）效率高于有刷直流电动机。

4）由于技术成熟、应用广泛，目前已有大规模生产，故成本较低。

交流异步电动机存在的不足如下。

1）由于存在转差率，因而调速性能较差，在要求有较宽的平滑调速范围的使用场合，不如直流电动机经济、方便。

2）运行时从电力系统吸取无功功率以建立磁场，因此功率因数较低。

3）交流异步电动机是多变量的非线性系统，控制比较复杂。

单元四　永磁电动机

永磁电动机是指定子是永磁体，只有转子是线圈的直流电机。根据输入电动机接线端的交流波形，永磁交流电动机分为永磁同步电动机和无刷直流电动机。永磁同步电动机输入的是交流正弦电流，无刷直流电动机输入的是交流方波电流。近年来，电动汽车上应用较多的是无刷直流电动机。

一、永磁同步电动机

1. 结构与工作原理

永磁同步电动机主要由定子、转子及一些相关附件组成，图3-16为永磁同步电动机的结构。其定子结构与交流异步电动机的定子类似，由定子铁芯和定子绕组构成。

其转子结构与交流异步电动机的转子有很大不同，除了包含铁芯外，用永磁体取代了电枢绕组。永磁材料常用铁氧体、铝镍钴及钕铁硼等。根据永磁体在转子上的安装位置不同，转子结构又分为表面式转子和内置式转子。

图3-16　永磁同步电动机

（1）表面式转子

如图3-17所示，表面式转子结构又分为凸出式和嵌入式两种。永磁体通常呈瓦片形，并位于转子铁芯的外表面上，永磁体提供磁通的方向为径向。

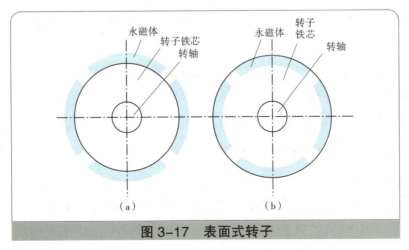

图3-17　表面式转子

（a）凸出式；（b）嵌入式

表面式转子的转速低，气隙均匀且有效值大，同步电抗小，电枢反应小，呈现隐极式同步电动机的特点。由于转子磁链为常数，电动机基本运行在恒励磁状态，处于恒转矩区域，其弱磁调速范围很小。调电磁转矩是通过控制定子绕组相电流的幅值来实现的。

（2）内置式转子

内置式转子被牢牢地镶嵌在转子铁芯内部，可保持高速运行时的转子的机械完整性，故适用于高速运行场合。按永磁体提供磁通的方向，内置式转子又可分为径向式、切向式和混合式，如图3-18所示。内置式永磁同步电动机的有效气隙较小，同步电抗均较大，电枢反应磁势较大，故存在相当大的弱磁空间。

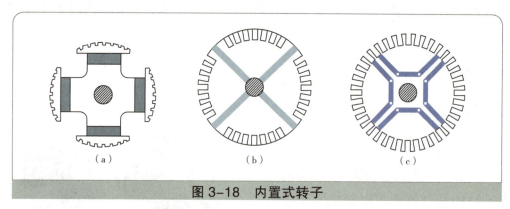

图3-18 内置式转子

（a）径向式；（b）切向式；（c）混合式

永磁同步电动机的工作原理：定子三相绕组采用正弦绕组，逆变器向定子绕组提供三相对称电流，在电动机内部产生旋转磁场，该磁场与转子的永磁体相互作用，使转子产生电磁转矩，拖动永磁转子跟着旋转磁场同步旋转。定子的通电频率及由此产生的旋转磁场转速取决于转子的实际位置和转速，转子的实际位置和转速由光电式编码器或旋转变压器获得。

2. 永磁同步电动机的特点

永磁同步电动机具有以下优点。

1）采用永磁体转子而省去了绕组线圈、集电环和电刷，结构简单，运行可靠。

2）转子无绕组，无铜损，定子电流和铜损较小，故电动机效率高。

3）电动机转速与磁场保持同步，控制电源频率就能控制电动机的转速，电动机的调速范围宽。

4）具有较硬的机械特性，对于因负载变化而引起的电动机转矩扰动具有较强的承受能力，适用于负载转矩变化较大的场合。

5）体积小，质量轻。永磁材料的应用使得永磁同步电动机的功率密度得到提高，与同容量的异步电动机相比，体积和质量都有大幅减少。

6）结构多样化，应用范围广。转子有多种结构，不同结构有不同的性能、特点和适用环境。

目前，永磁同步电动机还存在永磁体成本较高及起动难度大等不足。

总体上，永磁同步电机具有体积小、质量轻、转动惯量小、功率密度高、损耗小、效率高等优点，这些优点有利于它在电动车辆有限空间内布置。另外，永磁同步电动机的转矩/惯量比大、过载能力强、低转速时输出转矩大等特点，使其适合于电动车辆的起动加速。因此，永磁同步电动机在电动车辆上的应用日益广泛。

二、无刷直流电动机

1. 无刷直流电动机的引入

直流电动机内部电磁过程的特点是定子侧为静止的主极励磁磁势，转子侧由外部电刷的直流电源供电，内部绕组电流及感应的电动势为交流。换向器和电刷完成上述逆变过程的转换。电刷是电枢电流的分界线，其位置决定了电枢电流的换流时刻，可见，电刷与换向片配合起到了检测转子位置的作用。尽管转子在不停地旋转，但由于电刷相对主极静止不动，因此电枢磁势与主极磁势相对静止，并且它们在空间互相垂直，确保了直流电动机可以产生最大的电磁转矩。

但是，电刷的磨损与维护及换向火花的存在，使直流电动机难以实现高速运行，限制其应用场合。如果交换永磁直流电动机的定子和转子，即将永磁体磁极放在转子上，而将原来的永磁体定子换成绕组，为使定子绕组中的电流方向能随其线圈边所在处的磁场极性交替变化，将定子绕组与电力电子器件构成的逆变器连接，并安装转子位置检测器，以检测转子磁极的空间位置，根据转子磁极的空间位置控制逆变器中功率开关器件的通断，从而控制电枢绕组的导通情况及绕组电流的方向，替代有刷直流电动机的换向功能，使电枢绕组产生的磁势与主极磁势保持一定角度以产生电磁转矩。采用以上措施的电动机称为无刷直流电动机，它通过电力电子式逆变器完成直流到交流的转换，通过位置传感器检测转子位置完成换向片与电刷的作用以决定换流时刻。

2. 无刷直流电动机结构

图 3-19 为无刷直流电动机实物图。无刷直流电动机主要由定子、转子、电子换相器和转子位置传感器组成。与永磁同步电动机定子类似，无刷直流电动机的定子也是由定子铁芯和绕组构成的，但输入的是方波电流，而永磁同步电动机输入的是三相正弦交流电。

无刷直流电动机转子包括铁芯和永磁体，永磁体采用表面式，呈隐极式结构，一般用环氧树脂黏结在转子表面。

图 3-19　无刷直流电动机

电子换向器是由功率开关和位置信号处理电路构成的，主要用来控制定子各绕组通电的顺序和时间。图 3-20 为一无刷直流电动机电子换向器电路。换向电路每次触发两个晶体管导通时，接通两相定子绕组，每隔 60° 电角度换向一次，每个晶体管导通 120° 电角度。导通顺序为 $V_6V_1 \rightarrow V_1V_2 \rightarrow V_2V_3 \rightarrow V_3V_4 \rightarrow V_4V_5 \rightarrow V_5V_6$，每转 60° 电角度进行一次换向，一个循环通电状态完成后，转子转过一对磁极，对应于 360° 电角度，一个循环需进行 6 次换向，相应地，定子绕组有 6 种导通状态，而在每个 60° 区间都只有两相绕组同时导通。在一个周期内，三相定子绕组在空间共产生 6 个定子合成磁势，在这 6 个连续跳变的定子合成磁势作用下，转子永磁磁势随转子旋转。尽管定子合成磁势是跳变的，但其平均转速与转子转速保持同步，即在平均意义上转子磁势与定子磁势相对静止，从而保证了有效电磁转矩的产生，而且转子转速为同步转速。电枢磁势在与转子磁极轴线垂直的±60°电角度范围内变化，即使两者之间的夹角在60°～120°范围内变化。这样，无论是在开关器件导通过程中还是在换流瞬间，转子磁势与定子磁势之间的夹角在平均意义上接近90°。

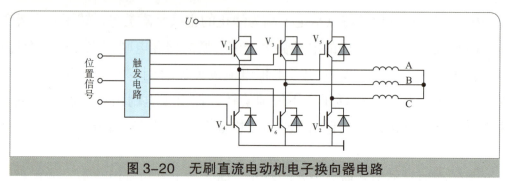

图3-20　无刷直流电动机电子换向器电路

位置传感器是无刷直流电动机的重要组成部分，用来检测转子磁极的空间位置，并发出相应的信号控制晶闸管元件的通断，使定子绕组产生的磁势与转子主极磁势之间呈一定角度，产生电磁转矩使转子产生连续转动。常见的位置传感器有电磁式、光电式和霍尔式。

3. 无刷直流电动机的特点

无刷直流电动机具有以下优点。

1）效率高：一般的直流无刷电机的效率能够达到96%以上，而传统的直流电机的效率一般在75%左右；效率高，达到能量的转换高，电能转化成电机的转动机械能就高，直接表现就是节能，比传统电机节能20%以上。

2）体积小，质量轻，比功率大，用于电动车辆时可有效减轻质量、节省空间。

3）运行转速范围宽，由于没有换向器和电刷造成的换向火花和电磁干扰，电动机可高速运行。

4）具有低转速下转矩大的特性，起动性能好，符合车辆对起步加速的转矩特性要求。

5）发热集中于定子，易于散热，转子采用永磁体，无绕组、无铜损，电动机效率高。

6）控制方法比交流异步电动机简单。

单元五　开关磁阻电动机

一、开关磁阻电动机简介

开关磁阻电动机是一种新型调速电动机，调速系统兼具直流、交流两类调速系统的优点，是继变频调速系统、无刷直流电动机调速系统的最新一代无级调速系统。开关磁阻电动机的定子和转子都是凸极结构（图3-21），只在电动机的定子上安装有简单的集中励磁绕组，励磁绕组的端部较短，没有相间跨接线，磁通量集中于磁极区，通过定子电流来励磁。各组磁路的磁阻随转子位置不同而变化，转子的运转依靠磁引力来实现，转速可以达到15 000 r/min，在较宽的转速范围和较宽的转矩范围内效率可以达到85%～93%，比三相感应电动机要高，其转矩—转速特性好，在较宽的转速范围内，转矩、转速可灵活控制，调速控制较简单，并可实现四象限运行。开关磁阻电动机适用于恶劣环境，非常适合作为电动汽车的驱动电动机使用。开关磁阻电动机如图3-22所示。

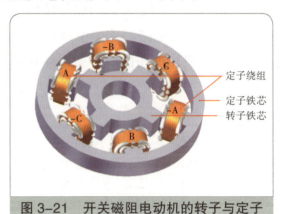

图3-21 开关磁阻电动机的转子与定子

图3-22 开关磁阻电动机

二、开关磁阻电动机的结构

开关磁阻电动机是近20年来开发出来的一种新型电动机，它的结构和工作原理与其他类型电动机有很大的不同。开关磁阻电动机主要由定子、转子、功率开关构成，如图3-23所示。

图3-23 开关磁阻电动机的主要部件

定子和转子均为成对的凸极结构，由硅钢片叠压而成。为了避免转子单边受磁拉力，转子和定子都必须径向对称，因此它们的凸极的个数都为偶数。定子凸极有集中绕组，径向相对的两个绕组串联成一个两级磁极，形成一相绕组。转子上无绕组。

开关磁阻电动机可以有多种不同的相数结构，如单相、二相、四相及多相等，且定子和转子的极数可有多种不同的搭配，如表3-1所示。定子相数多，有利于减小转矩脉动，但结构复杂，且开关器件多，成本增加。应用较多的是四相8/6极和三相6/4极。

表 3-1 定子和转子的极数搭配

相数	3	4	5	6	7	8	9
定子极数	6	8	10	12	14	16	18
转子极数	4	6	8	10	12	14	16
步进角/(°)	30	15	9	6	4.28	3.21	2.5

定子和转子的凸极数不相等，但应尽量接近，原因是当定子和转子极数相近时，就可能加大定子相绕组电感随转角的平均变化率，这是提高电动机功率的重要因素。转子凸极数一般比定子凸极数少两个。功率开关由晶体管和续流二极管组成，作用是为电动机系统提供能源，按一定次序接通或断开定子绕组电路，保证电动机产生预期的转矩。功率开关的电路结构与定子凸极的数量应该相对应。图 3-24 为四相开关磁阻电动机功率开关电路。这个电路的每相绕组只用一个功率开关和一个续流二极管，但它的电源电压为电动机相电压的两倍，致使开关元件的电压定额成倍提高。

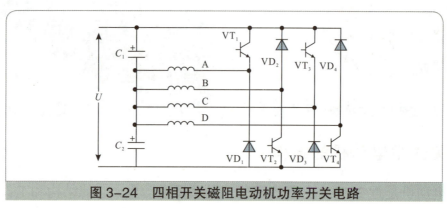

图 3-24 四相开关磁阻电动机功率开关电路

三、开关磁阻电动机的工作原理

开关磁阻电动机的工作遵循磁通总是沿磁阻最小路径闭合的原理。当定子、转子凸极中心线不重合时，所产生的磁场的磁力线是扭曲的，此时磁阻不是最小的，这时磁场就会产生磁拉力，形成磁阻转矩，试图使相近的转子凸极旋转到与定子凸极中心线对齐，即磁阻最小的位置。图 3-25 是开关磁阻电动机原理图，定子绕组有 A、B、C、D 四相，但只画出了其中的 A 相绕组。当只对 B 相绕组通电时，产生以 BB' 为轴线的磁场，此时转子凸极 2 与定子凸极 B 不对齐，磁阻并不是最小的，为使磁路的磁阻最小，转子受磁阻转矩的作用而顺时针旋转，直到凸极 2 与定子极 B 相对。然后，切断绕组 B 的电流，只给绕组 A 通电流，产生以 AA' 为轴线的磁场，为使磁路磁阻最小，磁场产生的磁阻转矩使转子凸极 1 顺时针旋转至与定子凸极 A 相对。如此，若定子绕组按 BADC 的顺序依次通电，转子将以顺时针的方向旋转；若定子绕组按

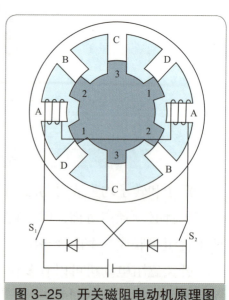

图 3-25 开关磁阻电动机原理图

BCDA的顺序依次通电，转子将以逆时针方向旋转。可见，当向定子各相绕组中依次通入电流时，电动机转子将持续地沿着通电相序相反的方向转动。如果改变定子各相的通电次序，电动机也改变转向。但改变相电流的通流方向不会影响转子的转向。

四、开关磁阻电动机的特点

开关磁阻电动机的优点如下：

1）电动机结构简单、成本低。由于转子上没有绕组，定子线圈的端部又很短，不但制造方便，而且线圈的发热量小、容易散热，其电磁负荷可以提高，电动机利用系数高，电动机制造成本大大降低。

2）功率变换电路简单可靠。开关磁阻电动机的转矩是靠凸极效应产生的，与绕组所通电流极性无关，通入每相绕组中的是单向电流，不需要交变。这样不但可使功率开关元件数量减半，还可避免一般逆变器中最危险的上、下桥臂元件直通的故障，显著降低功率变换装置的成本，也提高了系统的安全可靠性。

3）高起动转矩，低起动电流。由于起动过程中电流冲击小，电动机和控制器发热量比连续额定运行时还小，故适用于频繁起停、正反换向运行的场合。

4）可控参数多，调速性能好。可通过控制相导通角、相切断角、相电流幅值、相绕组电压等参数来控制电动机转速和转矩。

5）由于转子无线圈，转动惯量小，具有较高的转矩/惯量比，故适合于高速运行。

开关磁阻电动机目前还存在以下不足：

1）转矩脉动现象较严重。当电感增加时，产生电动机驱动转矩，反之则产生负转矩即制动转矩。每相只在半极距内产生正转矩，易产生转矩波动，增加电动机相数可减小转矩波动。

2）振动和噪声较大，特别是在负载运行的时候。

3）电动机的绕组出线头较多，另外还有位置检测器的出线端。

4）功率开关元件关断时会在电动机定子绕组端部及开关器件上产生较高的电压尖峰。

思考与练习

一、填空题

1. 电动机是将_____转化为_____的一种电力机器。用于驱动车辆的电动机称为_____。
2. 直流电动机通过_____产生磁场,向_____通入直流电,并用_____对绕组内的电流在适当时候进行_____,使转子绕组始终受到固定方向的_____。
3. 交流异步电动机的定子绕组通入交流电产生_____,_____切割磁力线产生_____,并受到_____而旋转。
4. 交流异步电动机具有_____、_____、_____、_____及_____等优点。
5. 根据输入电动机接线端的交流波形,永磁交流电动机分为永磁_____和永磁_____。
6. 开关磁阻电动机的定子和转子都是_____,由_____叠压而成。

二、问答题

1. 电动汽车对驱动电动机的基本要求有哪些?

2. 简述直流电动机的工作原理。

3. 交流异步电动机有哪些优点和缺点?

4. 简述永磁同步电动机的结构和工作原理。

5. 开关磁阻电动机作为车用驱动电动机有何优势?

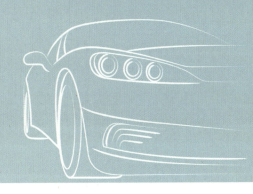

课题四

纯电动汽车

学习目标

1. 了解纯电动汽车的定义及组成；
2. 熟悉纯电动汽车的关键技术；
3. 掌握纯电动汽车的组成和布置形式；
4. 掌握动力电池管理系统的主要功能和工作模式；
5. 熟悉纯电动汽车的充电要求及充电模式。

单元一 纯电动汽车概述

一、纯电动汽车简介

纯电动汽车广义上可理解成由电动机驱动的车辆，电动机的驱动电能来源于车载储能装置（如蓄电池、超级电容、飞轮储能装置等），它包括在道路上行驶的电动车辆，低速的工业用电瓶车，机场、码头、仓库用的电动运输车和电动叉车，电动观光游览车，电动巡逻车及各种电动专用车等。纯电动汽车狭义上指的是从车载储能装置获得电能，由电动机驱动，同时满足道路安全法规对汽车的各项要求，允许在正规道路行驶的车辆。总的来说，纯电动汽车是涉及机械、电子、电力、微机控制等多学科的高科技技术产品，是与燃油汽车相对应的。特斯拉纯电动汽车如图4-1所示。

图 4-1　特斯拉纯电动汽车

二、纯电动汽车动力系统的组成

典型的纯电动汽车结构如图4-2所示。蓄电池组输出电能驱动电动机，从而推动车辆行驶。蓄电池的电能通过充电系统在车辆行驶一定里程后进行补充。如图4-3所示，纯电动汽车主要由电力驱动控制系统、车载电源控制系统和辅助控制系统构成。电力驱动控制系统包括中央控制单元、驱动控制器、电动机、机械传动装置；车载电源控制系统包括充电控制器（能量源）、蓄电池（能量单元）及能量管理单元；辅助控制系统包括助力转向单元、辅助装置和辅助动力源等。

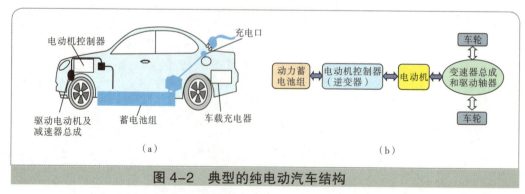

图 4-2　典型的纯电动汽车结构

（a）纯电动汽车的布置方式；（b）纯电动汽车的动力流程

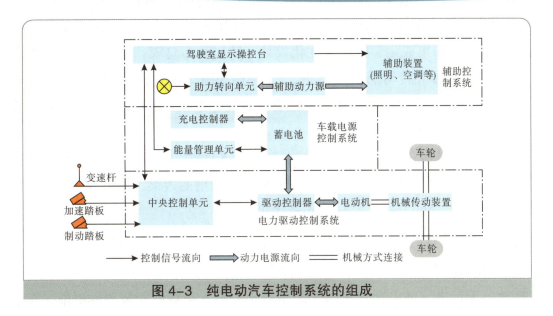

图4-3 纯电动汽车控制系统的组成

三、纯电动汽车的关键技术

1. 电池技术

电池是电动汽车的动力源,也是一直制约电动汽车发展的关键因素。要使电动汽车能与燃油汽车相竞争,关键是要开发出比能量高、比功率大、使用寿命长、成本低的高效电池。但目前还没有任何一种电池能达到纯电动汽车普及的要求。

电池组性能直接影响整车的加速性能、续驶里程以及制动能量回收的效率等。电池的成本和循环使用寿命直接影响车辆的成本和可靠性,所有影响电池性能的参数必须得到优化。

电动汽车的电池在使用中发热量很大,电池温度影响电池的电化学系统的运行、循环使用寿命、充电可接受性、功率、能量、安全性和可靠性等。所以,为了达到最佳的性能和寿命,需将电池包的温度控制在一定范围内,减小包内不均匀的温度分布以避免模块间的不平衡,以此避免电池性能下降,且可以消除相关的潜在危险。

2. 整车控制技术

新型纯电动汽车整车控制系统是两条总线的网络结构,即驱动系统的高速CAN总线和车身系统的低速总线。高速CAN总线每个节点为各子系统的ECU,低速总线按物理位置设置节点,基本原则是基于空间位置的区域自治。

实现整车网络化控制,其意义不只是解决汽车电子化中出现的线路复杂和线束增加问题,网络化实现的通信和资源共享能力成为新的电子与计算机技术在汽车上应用的一个基础,同时也为X-by-Wire技术提供有力的支撑。

3. 整车轻量化技术

整车轻量化技术始终是汽车技术重要的研究内容。纯电动汽车由于布置了电池组,整车质量增加较多,轻量化问题更加突出,可以采用以下措施减轻整车质量。

1)通过对整车实际使用工况和使用要求的分析,对电池的电压、容量、驱动电动机功率、转速、转矩、整车性能等车辆参数进行整体优化，合理选择电池和电动机参数。

2）通过结构优化和集成化、模块化优化设计，减轻动力总成、车载能源系统的质量。这里包括对电动机及驱动器、传动系统、冷却系统、空调和制动真空系统的集成化和模块化设计，使系统得到优化；通过对电池、电池箱、电池管理系统、车载充电机组成的车载能源系统进行合理集成和分散，实现系统优化。

3）积极采用轻质材料，如电池箱的结构框架、箱体封皮、轮毂等采用轻质合金材料。

4）利用CAD技术对车身承载结构件（如前后桥、新增的边梁、横梁等）进行有限分析研究，用计算和试验相结合的方式，实现结构最优化。

四、纯电动汽车的特点

纯电动汽车具有以下优点：

1）零排放，无污染。纯电动汽车的能源来自预先输入车载储能装置的电能，车辆行驶时不产生任何的排放污染，这对提高城市空气质量极为有利。

2）整车的能量效率高，电能来源多样化。与燃油汽车相比，纯电动汽车的能量效率更高，并可通过再生制动回收部分制动能量进一步提高能量的利用率。车载储能装置的能源来自电网，电网的电能可来自火力发电、水力发电、风能、太阳能、核电等多种途径，减小了对石油的依赖度。

3）舒适性好。车内的振动很大一部分源自动力装置，与燃油汽车的内燃机相比，纯电动汽车的电动机振动造成的激励力大幅度减小，故纯电动汽车的驾乘舒适性要优于燃油汽车。

4）动力系统布置灵活。纯电动汽车的动力部件主要包括电池、电动机及机械传动装置，电池与电动机之间没有机械连接，各部件的布置具有很大的灵活性，可形成多种动力系统布置形式。

纯电动汽车目前存在的不足是电池的一些性能还没完全达到预期：充电时间较长，使用不够方便；循环使用寿命不长，增加了车辆的使用成本；价格较高，造成整车价格居高不下。但随着电动汽车整车和电池等关键部件技术的不断进步，电动汽车今后必将取代燃油汽车成为主导车辆。

单元二　纯电动汽车的驱动系统

一、驱动系统简介

纯电动汽车的驱动系统将动力电池输出的电能转换为车轮上的机械能，驱动电动汽车行驶，并能够在汽车减速制动时,将车轮的动能转化为电能充入动力电池,是电动汽车的关键组成部分。驱动系统以驾驶人的操作(主要是以加速踏板位置的操作)为输入,经过驱动系统中央控制单元的变换后,输出转矩给定值提供给驱动控制器,驱动控制器控制驱动电动机的输出转矩,从而使电动汽车以驾驶人预期的状态行驶。当中央控制单元同时收到制动信号和加速信号时,以制动信号优先。其中,最关键的是驱动控制器,驱动控制器的主要功能是调节动力电动机和动力电池之间的电流频率和幅值,使其匹配,将动力电池的直流电逆变成交流电提供给驱动电动机,将电能转换成机械能,电动机输出的转矩经传动系统驱动车轮,使电动汽车行驶。纯电动汽车驱动系统的工作原理如图4-4所示。

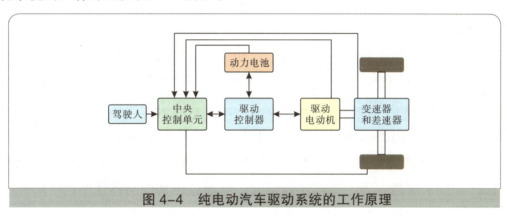

图4-4 纯电动汽车驱动系统的工作原理

二、纯电动汽车驱动系统的组成

纯电动汽车驱动系统的组成如图4-5所示,它主要由中央控制单元、驱动控制器、驱动电动机、机械传动装置等组成。为适应驾驶人的传统操纵习惯,纯电动汽车仍保留了加速踏板、制动踏板及有关操纵手柄或按钮等。不过在电动汽车上是将加速踏板、制动踏板的机械位移量转换为相应的电信号输入中央控制单元来对汽车的行驶实行控制的。对于挡位变速杆,为遵循驾驶人的传统习惯,一般仍需保留,除传统的驱动模式外,只有前进、空挡、倒退3个挡位,并且以开关信号传输到中央控制单元来对汽车进行前进、停车、倒车控制。

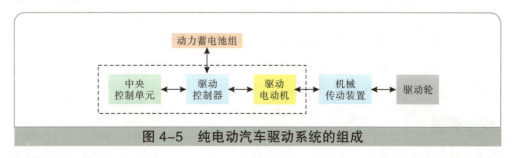

图4-5 纯电动汽车驱动系统的组成

1. 中央控制单元

中央控制单元不仅是驱动系统的控制中心,还要对整辆纯电动汽车的控制起到协调作用。它根据加速踏板与制动踏板的输入信号,向驱动控制器发出相应的控制指令,对驱动电动机进行起动、加速、减速、制动控制。在纯电动汽车减速和下坡滑行时,中央控制单元配合车载电源模块的能源管理系统进行发电回馈,使蓄电池反向充电。对于与汽车行驶状况有关的速度、功率、电压、电流及有关故障诊断等信息，还需传输到辅助模块的驾驶室显示操纵台进行相应的数字或模拟显示，也可采用液晶屏幕显示来提高其信息量。另外，如果驱动系统采用轮毂电动机分散驱动方式，当汽车转弯时，中央控制单元也需与辅助模块的动力转向单元配合，即控制左右轮毂电动机来实现电子差速转向。为减少纯电动汽车各个控制部分间的硬件连线，提高可靠性，当代汽车控制系统已较多地采用了微机多CPU总线控制方式，特别是对于采用轮毂电动机进行4WD前后四轮驱动控制的模式，更需要运用总线控制技术来简化纯电动汽车内部线路的布局，提高其可靠性，也便于故障诊断和维修，并且采用该模块化结构，一旦技术成熟，其成本也将随批量的增加而大幅下降。

2. 驱动控制器

驱动控制器的功能是按中央控制单元的指令和驱动电动机的速度、电流反馈信号，对驱动电动机的速度、驱动转矩和旋转方向进行控制。驱动控制器与驱动电动机必须配套使用，目前对驱动电动机的调速主要采用调压、调频等方式，这主要取决于所选用的驱动电动机的类型。由于动力蓄电池组以直流电方式供电，所以对于直流电动机主要通过DC/DC转换器进行调压、调速控制，对于交流电动机需通过DC/AC转换器进行调频、调压矢量控制，对于磁阻电动机通过控制其脉冲频率来进行调速。当汽车倒车时，需通过驱动控制器使驱动电动机反转来驱动车轮反向行驶。当纯电动汽车减速和下坡滑行时，驱动控制器使驱动电动机运行于发电状态，驱动电动机利用其惯性发电，将电能通过驱动控制器回馈给动力蓄电池组，所以驱动控制器与动力蓄电池组电源的电能流向是双向的。

3. 驱动电动机

驱动电动机在纯电动汽车中承担电动机和发电机的双重功能，即在正常行驶时发挥其主要的电动机功能，将电能转化为机械能，而在减速和下坡滑行时又被要求进行发电，将车轮的惯性动能转换为电能。对驱动电动机的选型一定要根据其负载特性来进行。由对汽车行驶时的特性分析可知，汽车在起步和上坡时要求有较大的起动转矩和相当的短时过载能力，并有较宽的调速范围和理想的调速特性，即在起动低速时为恒转矩输出，在高速时为恒功率输出。驱动电动机与驱动控制器所组成的驱动系统是纯电动汽车中最为关键的部件，纯电动汽车的运行性能主要取决于驱动系统的类型和性能，它直接影响着汽车的各项性能指标，如汽车在各工况下的行驶速度、加速与爬坡性能及能源转换效率。

4. 机械传动装置

纯电动汽车机械传动装置的作用是，将驱动电动机的驱动转矩传输给汽车的驱动轴，从而带动汽车车轮行驶。由于驱动电动机本身具有较好的调速特性，其变速机构可被大大简化，较多的是为放大驱动电动机的输出转矩仅采用一种固定的减速装置。又因为驱动电动机可带负载直接起动，省去了传统内燃机汽车的离合器。由于驱动电动机可以容易地实现正反向旋转，所以也无须通过变速器中的倒挡齿轮组来实现倒车。对驱动电动机在车架上合理布局，即可省去传动轴、万向节等传动部件。当采用轮毂电动机分散驱动方式时，又可以省去传统汽车的驱动桥、机械差速器、半轴等一切传动部件，所以该驱动方式也被称为"零传动"方式。

三、纯电动汽车驱动系统的布置

由于纯电动汽车是单纯用蓄电池作为驱动能源的汽车，采用合理的驱动系统布置形式来充分发挥电动机驱动的优势是尤其重要的。纯电动汽车驱动系统布置的原则是，符合车辆动力学对汽车重心位置的要求，并尽可能降低车辆质心高度。特别是对于采用轮毂电动机驱动实现"零传动"方式的纯电动汽车，不仅去掉了发动机、冷却系统、排气消声系统和油箱等相应的辅助装置，还省去了变速器、驱动桥及所有传动链，既减轻了汽车自重，也留出了许多空间，其结构可以说发生了"脱胎换骨"的变化。车辆的整个结构布局需重新设计并全面考虑各种因素。

如图 4-6 所示，纯电动汽车驱动系统的布置形式目前主要有 4 种基本典型结构，即传统驱动方式、电动机-驱动桥组合式驱动方式、电动机-驱动桥整体式驱动方式、轮毂电动机分散驱动方式。

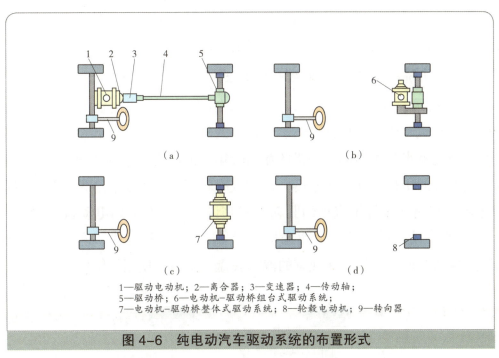

1—驱动电动机；2—离合器；3—变速器；4—传动轴；
5—驱动桥；6—电动机-驱动桥组台式驱动系统；
7—电动机-驱动桥整体式驱动系统；8—轮毂电动机；9—转向器

图 4-6　纯电动汽车驱动系统的布置形式

（a）传统驱动方式；（b）电动机-驱动桥组合式驱动方式；
（c）电动机-驱动桥整体式驱动方式；（d）轮毂电动机分散驱动方式

1. 传统驱动系统布置形式

如图 4-6（a）和图 4-7（a）所示，该驱动系统仍然采用内燃机汽车的驱动系统布置方式，包括离合器、变速器、传动轴和驱动桥等总成，只是将内燃机换成电动机，属于改造型电动汽车。这种布置方式可以提高纯电动汽车的起动转矩，增加低速时纯电动汽车的后备功率。

传统驱动系统布置形式有电动机前置-驱动桥前置（F-F）、电动机前置-驱动桥后置（F-R）等驱动模式。但是，这种驱动系统布置形式结构复杂、效率低，不能充分发挥驱动电动机的性能。在此基础上，还有一种简化的传统驱动系统布置形式，如图 4-7（b）所示，采用固定速比减速器，去掉离合器，这种驱动系统布置形式可减少机械传动装置的质量，缩小其体积。

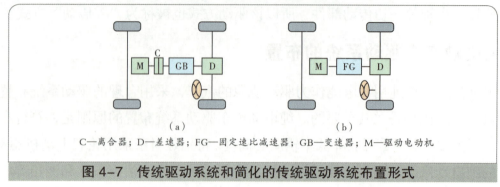

C—离合器；D—差速器；FG—固定速比减速器；GB—变速器；M—驱动电动机

图 4-7 传统驱动系统和简化的传统驱动系统布置形式

（a）传统驱动系统布置形式；（b）简化的传统驱动系统布置形式

传统驱动系统布置形式的工作原理类同于传统汽车，离合器用来切断或接通驱动电动机到车轮之间传递动力的机械装置，变速器是一套具有不同速比的齿轮机构，驾驶人按需要来选择不同的挡位，使得低速时车轮获得大转矩、低转速，而高速时车轮获得小转矩、高转速。由于采用了调速电动机，其变速器可相应简化，挡位一般有两个就够了，倒挡也可利用驱动电动机的正反转来实现。驱动桥内的机械式差速器使得汽车在转弯时左右车轮以不同的转速行驶。这种模式主要用于早期的纯电动汽车，省去了较多的设计，也适于对原有汽车的改造。

2. 电动机-驱动桥组合式驱动系统布置形式

如图 4-6（b）所示，这种驱动系统布置形式即在驱动电动机端盖的输出轴处加装减速齿轮和差速器等，电动机、固定速比减速器、差速器的轴互相平行，一起组合成一个驱动整体。它通过固定速比减速器来放大驱动电动机的输出转矩，但没有可选的变速挡位，也就省掉了离合器。这种布置形式的机械传动机构紧凑，传动效率较高，便于安装。但这种布置形式对驱动电动机的调速要求较高。按传统汽车的驱动模式来说，可以有驱动电动机前置-驱动桥前置（F-F，图 4-8）或驱动电动机后置-驱动桥后置（R-R）两种方式。这种驱动系统布置形式具有良好的通用性和互换性，便于在现有的汽车底盘上安装，使用、维修也较方便。

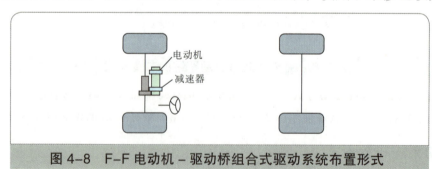

图 4-8 F-F 电动机-驱动桥组合式驱动系统布置形式

3. 电动机-驱动桥整体式驱动系统布置形式

如图 4-6（c）和图 4-9 所示，这种驱动系统布置形式与发动机横向前置-前轮驱动的内燃机汽车的布置形式类似，把电动机、固定速比减速器和差速器集成为一个整体，两根半轴连接驱动车轮。电动机-驱动桥整体式驱动系统布置形式有同轴式 [图 4-9（a）] 和双联式 [图 4-9（b）] 两种。

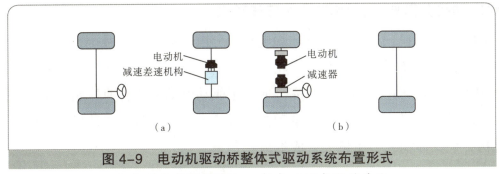

图 4-9　电动机驱动桥整体式驱动系统布置形式

(a) 同轴式驱动系统；(b) 双联式驱动系统

1) 如图 4-10 所示，同轴式驱动系统的电动机轴是一种特殊制造的空心轴，在电动机左端输出轴处的装置有减速齿轮和差速器，再由差速器带动左、右半轴，左半轴可直接被带动，而右半轴通过电动机的空心轴来带动。

2) 如图 4-11 所示，双联式驱动系统也称为双电动机驱动系统，由左、右两台永磁电动机直接通过固定速比减速器分别驱动两个车轮，左、右两台电动机由中间的电控差速器控制，每个驱动电动机的转速可以独立地调节控制，便于实现电子差速，不必选用机械差速器。

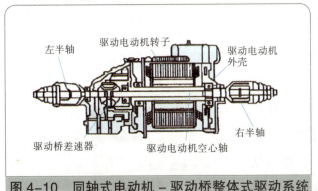

图 4-10　同轴式电动机-驱动桥整体式驱动系统

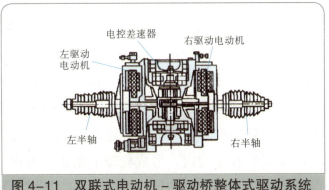

图 4-11　双联式电动机-驱动桥整体式驱动系统

3) 汽车转弯时，可采用图 4-12 所示的机械式差速器和电控差速器。电控差速器的优点是体积小、质量轻，在汽车转弯时可以实现精确的电子控制，提高纯电动汽车的性能。其缺点是由于增加了驱动电动机和功率转换器，增加了初始成本，而且在不同条件下对两个驱动电动机进行精确控制的可靠性需要进一步发展。同样，电动机-驱动桥整体式驱动系统在汽车上的布局也有电动机前置-驱动桥前置（F-F）和电动机后置-驱动桥后置（R-R）两种驱动模式。该电动机-驱动桥构成的机电一体化整体式驱动系统，具有结构更紧凑、传动效率高、质量轻、体积小、安装方便的特点，并具有良好的通用性和互换性，在小型电动汽车上应用较普遍。

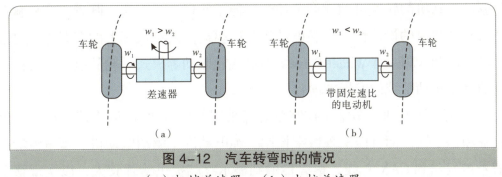

图 4-12　汽车转弯时的情况

(a) 机械差速器；(b) 电控差速器

4. 轮毂电动机分散驱动式驱动系统布置形式

1）如图4-13所示，内定子外转子轮毂电动机分散驱动式驱动系统布置形式采用低速内定子外转子电动机，其外转子直接安装在车轮的轮缘上，可完全去掉变速装置，驱动电动机转速和车轮转速相等，车轮转速和车速控制完全取决于驱动电动机的转速控制。由于不通过机械减速，通常要求驱动电动机为低速大转矩电动机。低速内定子外转子电动机结构简单，需要齿轮变速传动机构，但其体积大、质量大、成本高。

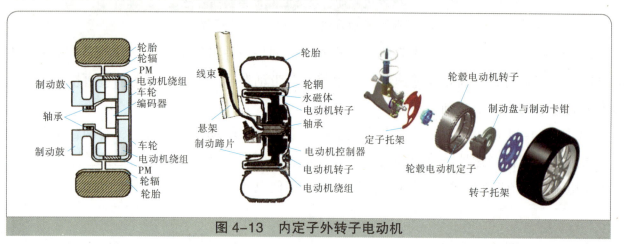

图4-13 内定子外转子电动机

2）如图4-14所示，内转子外定子轮毂电动机分散驱动式驱动系统布置形式采用一般的高速内转子外定子电动机，其转子作为输出轴与固定减速比的行星齿轮变速器的太阳轮相连，而车轮轮毂通常与其齿圈连接，它能提供较大的减速比，以放大其输出转矩。驱动电动机装在车轮内，形成轮毂电动机，可进一步缩短从驱动电动机到驱动轮的传递路径；采用高速内转子电动机（转速约10 000 r/min），需装固定速比减速器来降低车速，一般采用高减速比行星齿轮减速装置，安装在电动机输出轴和车轮轮缘之间，且输入轴和输出轴可布置在同一条轴线上。高速内转子电动机具有体积小、质量轻和成本低的优点，但需要加行星齿轮变速机构。

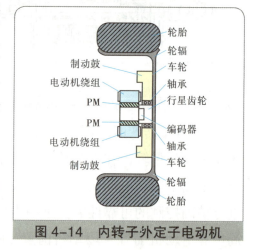

图4-14 内转子外定子电动机

采用轮毂电动机驱动可大大缩短从驱动电动机到驱动车轮的传递路径，不仅能腾出大量的有效空间便于总体布局，而且相对于内定子外转子结构，也大大提高了对车轮的动态响应控制性能。每台驱动电动机的转速可独立调节控制，便于实现电子差速，既省去了机械差速器，也有利于提高汽车转弯时的操控性。轮毂电动机分散驱动方式在汽车上的布置方式可以有双前轮驱动、双后轮驱动和4WD（4 Wheel Drive）前后四轮驱动等模式。轮毂电动机分散驱动方式应是未来纯电动汽车驱动系统的发展方向。

目前，较主流的纯电动汽车整车控制系统都采用CAN总线通信连接，这样不仅大大提高了控制的效率和稳定性，而且能实现数字控制。纯电动汽车驱动电动机、蓄电池等执行动力部分的状态信号被发送到CAN总线，最终传输到显示终端提供给驾驶人，以实现整车控制。新的电子控制系统在传统汽车上应用不多,但其对纯电动汽车的工作有着重要影响。与国外相比,目前我国还有一定的差距,但是随着电动机驱动系统的发展及各种新技术、新材料的应用,国内外在这方面的差距将越来越小。

单元三 纯电动汽车动力电池管理系统

一、动力电池管理系统简介

由于动力电池能量和端电压的限制,电动汽车需要采用多块电池进行串、并联组合,但是由于动力电池特性的非线性和时变性,以及复杂的使用条件和苛刻的使用环境,在电动汽车行驶过程中,要使动力电池工作在合理的电压、电流、温度范围内,需对电动汽车上的动力电池进行有效管理,对于镍氢电池和锂离子电池,有效的管理尤其需要,如果管理不善,不仅可能会显著缩短动力电池的使用寿命,还可能引起着火等严重安全事故,因此,动力电池管理系统(Battery Management System,BMS)成为电动汽车的必备装置。

二、动力电池管理系统的主要功能

动力电池管理系统与电动汽车的动力电池紧密结合在一起,时刻对动力电池的电压、电流、温度进行检测,同时还进行漏电检测、热管理、电池均衡管理、报警提醒,计算剩余容量、放电功率,报告 SOC、SOH(State of Health,性能状态,也称健康状态),还根据动力电池的电压、电流及温度用算法控制最大输出功率以获得最大行驶里程,以及用算法控制充电机进行最佳电流的充电,通过 CAN 总线接口与车载总控制器、电动机控制器、能量控制系统、车载显示系统等进行实时通信。如图 4-15 所示,常见动力电池管理系统的功能主要包括数据采集、数据显示、状态估计、热管理、数据通信、安全管理、能量管理(包括动力电池电量均衡功能)和故障诊断,其中前 6 项为动力电池管理系统的基本功能。数据采集是动力电池管理系统所有功能的基础,需要采集的数据信息有电池组总电压、电流、电池模块电压和温度;电池状态估计包括 SOC 估计和 SOH 估计,SOC 提供电池剩余电量的信息,SOH 提供电池健康状态的信息,目前的动力电池管理系统都实现了 SOC 估计功能,SOH 估计技术尚不

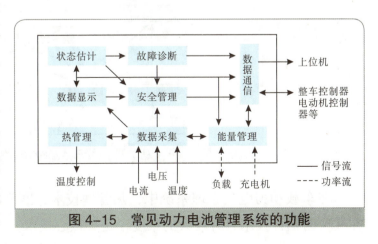

图 4-15 常见动力电池管理系统的功能

成熟；热管理指动力电池管理系统根据热管理控制策略进行工作，以使电池组处于最优工作温度范围；数据通信是指动力电池管理系统与整车控制器、电动机控制器等车载设备及上位机等非车载设备进行数据交换的功能；安全管理指动力电池管理系统在电池组的电压、电流、温度、SOC 等出现不安全状态时给予及时报警并进行断路等紧急处理；能量管理是指对电池组充放电过程的控制，其中包括对电池组内单体或模块进行电量均衡；故障诊断是指使用相关技术及时发现电池组内出现故障的单体或模块。

动力电池管理系统最基本的功能是监控与动力电池自身安全运行相关的状态参数（动力电池的电压、电流和温度）、预测动力系统优化控制有关的运行状态参数（SOC、SOH）和相应的剩余行驶里程、进行与工作环境适应性有关的热管理等，进行动力电池管理以避免出现过放电、过充、过热和单体电池之间电压严重不平衡现象，最大限度地提高动力电池存储能力和循环使用寿命。动力电池管理系统的主要任务及相应的传感器输入和输出控制如表 4-1 所示。

表 4-1　动力电池管理系统的主要任务及相应的传感器输入和输出控制

任务	传感器输入信号	执行器件
防止过充	动力电池电压、电流和温度	充电器
避免深放	动力电池电压、电流和温度	电动机控制器
温度控制	动力电池温度	热管理系统
动力电池组件电压和温度的均衡	动力电池电压和温度	均衡装置
预测动力电池的 SOC 和剩余行驶里程	动力电池电压、电流和温度	显示装置
动力电池诊断	动力电池电压、电流和温度	非在线分析装置

通常在车辆运行过程中，能够通过传感器直接测量得到的参数仅有动力电池端电压 U、动力电池工作电流 I、动力电池的温度 T，而车辆动力系统控制需要用到的物理量包括电池当前的 SOC、电池当前的 SOH、最大可充放电功率等。动力电池管理系统内部各物理量之间的关系如图 4-16 所示。

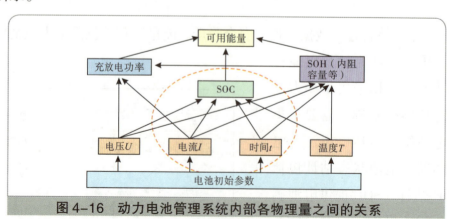

图 4-16　动力电池管理系统内部各物理量之间的关系

在车载动力电池管理系统中，热管理技术、准确的荷电状态（SOC）和性能状态（SOH）在线实时估计技术具有较大的难度，是其核心技术。

三、动力电池管理系统的组成及工作模式

动力电池管理系统一般包括动力电池组、动力电池管理系统控制单元（MCU）、动力电池单体电压和温度信号采集模块（BMU 模块）、总电流及总电压信号采集模块（UI 模块）、整车通信模块（模块 1）、高压电安全系统（高压接触器、熔断器）及电流均衡模块（模块 2）、热管理系统和检测单元（电流传感器、电压传感器和温度传感器）等组成。图 4-17 所示为两种典型的动力电池管理系统方案。如图 4-18 所示，高压接触器包括 B+ 接触器、B- 接触器、预充接触器、直流转换器（用于向低压电池及车载低压设备供电）接触器及车载充电器接触器。均衡功能包括电池单体电压及温度均衡两个方面，附带有监测并响应碰撞及电池渗漏的功能，当监测到影响安全的信号时，管理系统立即切断高压电供给。BMU 主要用于采集电池单体的电压及温度信息，通过相应接口传至高压接触器控制及电流均衡模块，经过控制策略算法，实现各接触器的动作，从而使动力电池管理系统进入不同的工作模式。动力电池管理系统可工作于下电模式、准备模式、放电模式、充电模式和故障模式 5 种工作模式下。

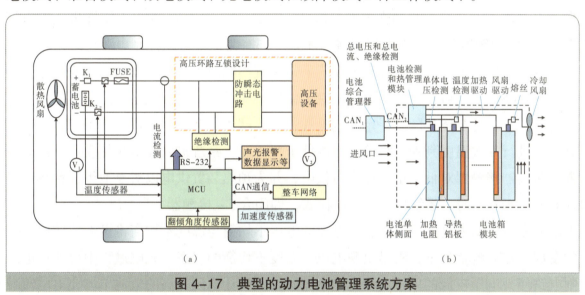

图 4-17 典型的动力电池管理系统方案

（a）方案 1；（b）方案 2

1. 下电模式

下电模式是整个系统的低压与高压部分处于不工作状态的模式。在下电模式下，动力电池管理系统控制的所有高压接触器均处于断开状态，低压控制电源处于不供电状态。下电模式属于省电模式。

2. 准备模式

在准备模式下，系统所有的接触器均处于未吸合状态。在该模式下，系统可接收外界的点火开关、整车控制器、电动机控制器、

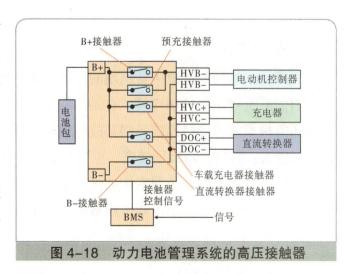

图 4-18 动力电池管理系统的高压接触器

充电插头开关等部件发出的硬线信号或 CAN 报文控制的低压信号来驱动控制各高压接触器，从而使动力电池管理系统进入所需工作模式。

3. 放电模式

当动力电池管理系统监测到点火开关的高压上电信号（Key-ST 信号）后，系统首先闭合 B-接触器，由于电动机是感性负载，为防止过大的电流冲击，B- 接触器闭合后即闭合预充接触器进入预充电状态；当预充电容两端电压达到母线电压的 90% 时，立即闭合 B+ 接触器并断开预充接触器进入放电模式。目前轿车常用低压电源由 12 V 的铅酸蓄电池提供，不仅可为低压控制系统供电，还需为助力转向电动机、刮水器电动机、安全气囊及后视镜调节电动机等提供电源。为保证低压蓄电池能持续为整车控制系统供电，低压蓄电池需有充电电源，而开启直流转换器接触器即可满足这一需求，因此，当动力电池系统处于放电状态时，B+ 接触器闭合后即闭合直流转换器接触器，以保证低压电源持续供电。

4. 充电模式

当动力电池管理系统检测到充电唤醒信号（Charge Wake Up）时，系统即进入充电模式。在该模式下 B- 接触器与车载充电器接触器闭合，同时为保证低压控制电源持续供电，直流转换器接触器仍需处于工作状态。在充电模式下，系统不响应点火开关发出的任何指令，充电插头提供的充电唤醒信号可作为充电模式的判定依据。对于磷酸铁锂电池，由于其低温下不具备很好的充电特性，甚至还伴随有一定的危险性，因此基于安全考虑，还应在系统进入充电模式之前对系统进行一次温度判别。当电池温度低于 0 ℃时，系统进入充电预热模式，此时可通过接通直流转换器接触器对低压蓄电池进行供电，并为预热装置供电以对电池组进预热；当电池组内的温度高于 0 ℃时，系统可进入充电模式，即闭合 B- 接触器。

无论在充电状态还是在放电状态，电池的电压不均衡与温度不均衡将极大地妨碍动力电池性能的发挥。在充电状态下，极易出现电压、温度不均衡的状态，充电过程中可通过电压比较及控制电路使得电压较低的单体电池充电电流增大，而让电压较高的电池单体充电电流减小，进而实现电压均衡的目的。温度的不均匀性会大大降低动力电池组的使用寿命，因此，当电池单体温度传感器监测出各单体电池温度不均衡时，可选择强制风冷的方式，实现电池组内气流的循环流动，以达到温度均衡的目标。

5. 故障模式

故障模式是控制系统中常出现的一种状态。由于车用动力电池的使用关系到用户的人身安全，因而系统对于各种相应模式总是采取"安全第一"的原则。动力电池管理系统对于故障的响应还需根据故障等级而定：当其故障级别较低时，系统可采取报错或者发出报警信号的方式告知驾驶人；而当故障级别较高，甚至伴随有危险时，系统将采取断开高压接触器的控制策略。

低压蓄电池是整车控制系统的供电来源，无论是处于充电模式、放电模式还是故障模式，闭合直流转换器接触器都可使低压蓄电池处于充电模式，从而保证低压控制系统工作正常。

四、动力电池组的均衡充电管理和热管理

由于电动汽车动力电池组中众多动力电池之间存在制造工艺、材质、使用环境、接线方式等差异，单个电池之间存在容量、端电压和内阻不一致在所难免，使用充电机直接为电池组进行整体充电，必然导致单个电池之间不一致性的加剧，出现个别电池的过电压充电。同样，单个电池间的不一致性也会导致电池组放电过程中的个别电池过放电。在车上的布置分散、动力电池单体的使用环境不同，导致电池组单体间不一致性的积累和恶化，严重影响动力电池组的使用寿命。因此，对电池组的均衡充电以及有效的热管理是蓄电池管理系统的主要功能。

1. 动力电池组均衡充电管理

动力电池组均衡充电具有以下3种方式。

1）充电结束后实现单体电池间的自动均衡，工作原理如图4-19所示，当1号电池的端电压高于2号电池的端电压值，且控制开关处于如图4-19（a）所示连接位置时，1号电池向电容器充电，使电容器的端电压与电池的端电压相等。然后，控制开关动作，切换到如图4-19（b）所示连接位置，这时，电容器向2号电池充电，使2号电池的端电压增大趋向于电容器的端电压，待电容器的端电压与2号电池的端电压相平衡后，再控制开关动作，切换到如图4-19（a）所示连接位置，如此反复几次，1号电池的端电压和2号电池的端电压就达到了均衡。同样，当2号电池的端电压高于1号电池的端电压时，开关按如上所述反复动作几次后，也能使两电池的端电压达到平衡。

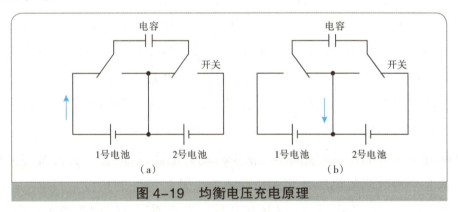

图4-19 均衡电压充电原理

2）充电过程中实现单体电池间的自动均衡，主要有3种方案，如图4-20所示，充电器均衡充电控制实现了对串联电池组中单个电池的并联充电或独立充电，在完全统一的充电模式和充电策略保证下，可以完全实现电池组的均衡充电，但系统组成比较复杂。

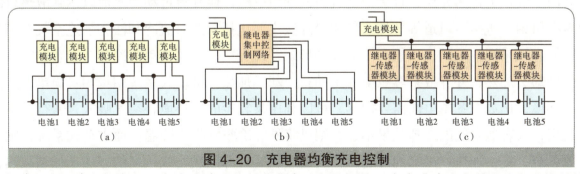

图4-20 充电器均衡充电控制

（a）单电池配单充电模块；（b）集中充电模块集中继电器控制；（c）集中充电模块继电器控制模块

3）采用辅助管理装置，对单个电池的电流进行调整。如图4-21所示，电池均衡充电过程可描述如下：按照既定的充电模式和充电策略，根据实测的串联电池组总电压，充电器输出一定的充电电流I，当所有电池的端电压均低于充电截止电压时，均衡管理模块不起作用；若有个别电池首先达到充电截止电压，此时该电池的均衡模块起作用，分流一部分电流i，则通过该电池的电流减为$I-i$，避免了对该电池的过电压充电；当所有电池的端电压均达到充电截止电压时，充电器转为恒电压充电，充电电流逐渐减小，通过电池均衡模块的电流也逐渐减小，直至所有电池均充满电。均衡模块是该均衡充电模式的关键部件，包括功耗型和能量回收型两类，功耗型对通过均衡模块的电流以热耗的方式散掉，能量回收型通过特殊的元件，如陶瓷储能器，将通过均衡模块的电流反馈到充电主回路中。

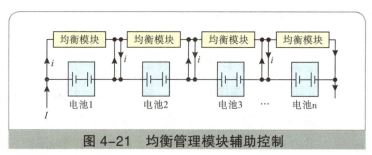

图4-21 均衡管理模块辅助控制

2. 动力电池组的热管理

由于动力电池的充放电特性在很大程度上取决于电池电解液的温度，所以动力电池管理系统的一个重要作用是在动力电池的充放电过程中将电池组的温度保持在正常的工作温度范围内。

动力电池的充放电过程是典型的电化学过程，其伴生的反应热很容易引起动力电池组内部的温升及一定的温差，如果不及时散热，对动力电池的安全性、可靠性及动力电池寿命都有很大的影响。因此在热管理方面主要面临的问题如下：①充放电时产生的反应热如何散出；②电池组模块内部单体之间的温度如何均衡；③寒冷环境下，如何将电池预热到设定的温度范围。影响动力电池热管理的因素主要包括产热率、电池形状、冷媒类型、冷媒流速、流道厚度等。目前车载动力电池主要考虑外部散热结构，很少将动力电池内部传热与外部散热过程耦合分析，因此无法从根本上控制电池散热所带来的负面影响。从控制性的角度，目前的动力电池组热管理系统可以分为主动式、被动式两类，从传热介质的角度看，热管理系统主要包括气体冷却法、液体冷却法、相变材料冷却法、热管冷却法及带加热功能的热管理系统。

（1）气体冷却法

采用空气作为传热介质，直接把空气引入动力电池，使其流过动力电池以达到散热目的，一般需有风扇、进出口风道等部件。气体冷却法主要包括自然对流冷却法和强迫空气对流冷却法。根据进风来源的不同，一般有以下几种形式：外界空气通风被动式冷却、乘客舱空气通风被动式冷却/加热、外界或乘客舱空气主动式冷却/加热。被动式系统结构相对简单，直接利用现有环境，例如，冬季电池需要加热，可以利用乘客舱的热环境将空气吸入，若行驶中电池温度过高，乘客舱空气的冷却效果不佳，则可将外界冷空气吸入降温。而主动式系统，则需建立单独系统，提供加热或冷却的功能，一般通过安装局部散热器或风扇的方法来强制散热，有的还利用辅助的或汽车自带的蒸发器来提供冷风,根据电池状态独立控制,这也增加了整车能源消耗和成本。不同系统的选择主要取决于电池的使用要求。图4-22所示为几种典型的气体冷却方式。

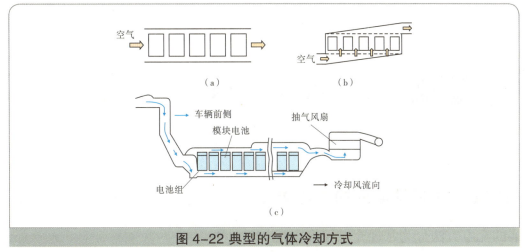

图4-22 典型的气体冷却方式

(a)串行通风;(b)并行通风;(c)丰田公司纯电动汽车用电池组冷风系统结构

(2)液体冷却法

以液体为介质的传热,需在动力电池组与液体介质之间建立传热通道,如水套,以对流和导热两种形式进行间接式加热和冷却,传热介质可以采用水、乙二醇,甚至制冷剂,也有的把动力电池组沉浸在电介质的液体中直接传热,但必须采用绝缘措施以免发生短路。液体冷却法主要采用被动式液体冷却系统和主动式液体冷却系统。被动式液体冷却系统一般通过液体-环境空气换热后再将其引入动力电池进行二次换热,而主动式液体冷却则通过发动机冷却液-液体介质换热器,或者电加热/燃油加热实现一级加热,以乘客舱空气空调制冷剂-液体介质实现一级冷却。图4-23所示为一种典型的液体冷却系统的构成。

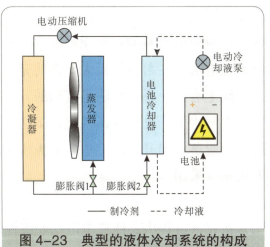

图4-23 典型的液体冷却系统的构成

(3)相变材料冷却法

近年来在国外和国内出现采用相变材料(Phase Change Memory,PCM)冷却的动力电池热管理系统,针对动力电池在充电时吸热、放电时放热的特点,在全封闭的动力电池单体之间填充相变材料,靠相变材料的融化或凝固来工作。利用相变材料进行动力电池冷却的原理如下:当动力电池进行大电流放电时,相变材料吸收动力电池放出的热量,自身发生相变(融化),而使动力电池温度迅速降低,此过程是系统把热量以相变热的形式储存在相变材料中;在动力电池进行充电时,特别是在比较冷的天气环境下(亦即大气温度远低于相变温度),相变材料把热量排放到环境中去。相变材料用于动力电池热管理系统中不需要在动力电池连接处插入额外的冷却元件,也不需要动力电池组间的冷却通道或封装外部流体循环的冷却系统,更不需要耗费动力电池额外能量,同时对于寒冷环境下给动力电池进行加热也有借鉴作用。

（4）热管冷却法

T.P.Cotter 等人提出了微型热管和小型热管的动力电池热管理理论，M.S.Wu 曾用带一个延展板的冷凝管来使镍氢电池组或锂离子电池得到有效散热。

单元四　纯电动汽车的充电

一、纯电动汽车蓄电池的充电方法

蓄电池的充电方法分为常规充电和快速充电两大类。

1. 蓄电池的常规充电方法

（1）恒定电流充电法

在充电过程中，使充电电流始终保持不变的方法，称为恒定电流充电法，简称恒流充电法或等流充电法。在充电过程中，由于蓄电池电压逐渐升高，充电电流逐渐下降，为保持充电电流不致因蓄电池端电压升高而减小，充电过程必须逐渐升高电源电压，以维持充电电流始终不变，这对充电设备的自动化程度要求较高，一般简陋的充电设备是不能满足恒流充电要求的。恒流充电法，在蓄电池最大允许的充电电流情况下，充电电流越大，充电时间就可以缩短。若从时间上考虑，采用此法是有利的。但在充电后期，若充电电流仍不变，这时由于大部分电流用于电解水上，电解液出气泡过多而显沸腾状，这不仅消耗电能，而且容易使极板上的活性物质大量脱落，温升过高，造成极板弯曲，容量迅速下降而导致极板提前报废。所以，这种充电方法很少采用。

（2）恒定电压充电法

在充电过程中，使充电电压始终保持不变的方法，称为恒定电压充电法，简称恒压充电法或等压充电法。由于从恒压充电开始至后期，电源电压始终保持一定，所以在充电开始时充电电流相当大，大大超过正常充电电流值。但随着充电的进行，蓄电池端电压逐渐升高，充电电流逐渐减小。当蓄电池端电压和充电电压相等时，充电电流减至最小，甚至为零。由此可见，采用恒压充电法的优点在于，可以避免充电后期充电电流过大而造成极板活性物质脱落和电能损失。其缺点是，在刚开始充电时，充电电流过大，电极活性物质体积收缩太快，影响活性物质的机械强度，致使其脱落；而在充电后期充电电流又过小，使极板深处的活性物质得不到充电反应，形成长期充电不足，影响蓄电池的使用寿命。所以这种充电方法一般只适用于无配电设备或充电设备较简陋的特殊场合，如汽车上蓄电池的充电，1号至5号干电池式的小蓄电池的充电均采用恒定电压充电法。采用恒定电压充电法给蓄电池充电时，所需电源电压：酸性蓄电池每个单体电池为 2.4 ~ 2.8 V，碱性蓄电池每个单体电池为 1.6 ~ 2.0 V。

（3）有固定电阻的恒定电压充电法

有固定电阻的恒定电压充电法是为弥补恒定电压充电法的缺点而采用的一种方法，即在充电电源与电池之间串联一个电阻，这样充电初期的电流可以调整。但有时最大充电电流受到限制，因此随着充电过程的进行，蓄电池电压逐渐上升，电流却几乎呈直线衰减。有时使用两个电阻值，约在 2.4 V 时，从低电阻转换到高电阻，以减少出气量。

（4）阶段等流充电法

综合恒定电流充电法和恒定电压充电法的特点，蓄电池在充电初期用较大的电流，经过一段时间改用较小的电流，至充电后期改用更小的电流，即不同阶段内以不同的电流进行恒流充电的方法，叫做阶段等流充电法。阶段等流充电法，一般可分为两个阶段进行，也可分为多个阶段进行。

阶段等流充电法所需充电时间短，充电效果也好。由于充电后期改用较小电流充电，这样减少了气泡对极板活性物质的冲刷，减少了活性物质的脱落。这种充电法能延长蓄电池的使用寿命，并节省电能，充电又彻底，所以是当前常用的一种充电方法。一般蓄电池第一阶段以 10 h 率电流进行充电，第二阶段以 20 h 率电流进行充电。对于各阶段充电时间的长短，各种蓄电池的具体要求和标准不一样。

（5）浮充电法

间歇使用的蓄电池或仅在交流电停电时才使用的蓄电池，其充电方式为浮充电法。一些特殊场合使用的固定型蓄电池一般均采用浮充电法对蓄电池进行充电。浮充电法的优点主要在于能减少蓄电池的析气率，并可防止过充电，同时由于蓄电池同直流电源并联供电，用电设备大电流用电时，蓄电池瞬时输出大电流，这有助于稳定电源系统的电压，使用电设备用电正常。浮充电法的缺点是个别蓄电池充电不均衡和充不足电，所以需要进行定期均衡充电。

2. 蓄电池的快速充电方法

（1）定电流定周期快速充电法

这种方法的特点是，以电流幅度恒定和周期恒定的脉冲充电电流对蓄电池充电，两个充电脉冲之间有一放电脉冲进行去极化，以提高蓄电池的充电接受能力。在充电过程中，充电电流及其脉宽不受蓄电池充电状态的影响。因此，它是一种开环式脉冲充电。这种充电方法易使蓄电池充满容量，但如果不增加防止过充电的保护装置，容易造成强烈的过充电，影响蓄电池的使用寿命。在这种充电方法中，虽然整个充电过程均加有去极化措施，但是这种固定的去极化措施难于适合充电全过程的要求。

（2）定电流脉冲快速充电法

这种充电方法的特点是，在整个充电过程中，充电电流脉冲的幅值和蓄电池的出气率始终保持不变。充电过程初期，充电电流略低于蓄电池的初始接受电流。在充电过程中，由于蓄电池可接受的电流逐渐减小，所以经过一段时间后，充电电流将超过蓄电池的可接受电流，因而蓄电池内将产生较多的气体，出气率显著增加。此时，气体检测元件能够及时发出控制信号，迫使蓄电池停止充电，进行短时放电。这样蓄电池内部的极化作用很快消失，因而出气率可以始终保持在较低的预定值内。目前，国外有这样的方案。国内因缺少气体敏感元件，对这种方法很少研究。

（3）定电流定电压脉冲快速充电法

这种充电方法的特点是，以恒定大电流充电，待充到一定电压（相当于蓄电池出气点的电压）时，停止充电并进行大电流（或小电流）放电去极化，然后再以恒定大电流充电，依此，充放电过程交替地进行。放电脉冲的频率随充入电量的增加而增加，充电脉冲的宽度随充入电量的增加而减少。当充电量和放电量基本相等时，表示蓄电池已充满电，应立即结束充电。

根据这种方法，国内外都有多种方案来实现蓄电池快速充电。采用这种方法，充电初期无去极化措施。在加有去极化措施后充电脉冲宽度不断减小，使得充电电流平均值下降较快，延长了充电时间。

（4）定电流提升电压脉冲去极化充电法

这种方法是定电流定电压脉冲快速充电法的改进。它是以恒定电流（如 IC）充电，当蓄电池电压达到充电出气点电压后（单格电池电压 2.35～2.5 V）时，停止充电并进行放电（如放电电流 2～3 C，脉冲宽度为 1 ms），然后再充电。从加有放电去极化脉冲以后，用积分器件阶梯形跟踪调高充电控制电压（提升出气点电压），以加快充电速度和提高充饱和度。

（5）定电压定频率脉冲去极化充电法

这种方法的特点是，充电脉冲的电压幅值保持恒定，随着充电过程的进行，蓄电池电动势逐渐上升，充电电流幅值逐渐减小，充电脉冲电流的频率恒定，在两个充电脉冲之间加有放电去极化脉冲。

（6）端电压和充放电频率脉冲去极化充电法

这种方法的特点是，根据蓄电池充电过程中的极化情况选择充放电脉冲的频率，并在充电后期将蓄电池端电压限定在预选的数值，使出气率限制在一定的容许值。

（7）适应全过程去极化脉冲去极化充电法

这种方法的特点是，在充电全过程都适时加有去极化的放电脉冲，在放电脉冲后充电电流恢复之前，均进行去极化效果检测，达到一定去极化效果再转回充电，否则再次进行去极化放电，直至达到去极化要求的效果才转回充电，这样，可使去极化措施适应全过程。这种方法能有效地将气体析出量抑制在很小的数值内。

二、纯电动汽车对充电的要求

随着纯电动汽车技术的不断进步以及逐步向产业化和实用化推进，纯电动汽车对充电要求也不断提高，主要体现在以下几方面。

1. 充电的快速化

当前动力电池的比能量等性能指标还不够理想，纯电动汽车还存在一次充电续驶里程不够长的问题。因此，在动力电池不能直接提供更多续驶里程的情况下，如果能够实现电池充电快速化，从某种意义上也就弥补了纯电动汽车续驶里程不够的弱点。

2. 充电的通用化

在多种类型动力电池、多种电压等级共存的市场背景下，用于公共场所的充电装置必须具有适应多种类型电池系统和适应各种电压等级的能力，即充电系统需要具有充电广泛性，具备多种类型电池的充电控制算法，可与各类电动汽车上的不同电池系统实现充电特性匹配，能够针对不同的电池进行充电。因此，在电动汽车商业化的早期，应该制定相关政策措施，规范公共场所用充电装置与电动汽车的充电接口、充电规范和接口协议等。

3. 充电的智能化

电池的性能与应用水平是影响纯电动汽车推广与普及的关键问题之一。充电智能化的目标是要实现电池的无损充电、电池放电状态的监控，避免过充放电现象，从而达到延长电池的使用寿命和节能的目的。智能化充电的内容包括建选智能化的充电机和充电站，智能化的电池电量计算、监测和管理，以及智能化的电池故障诊断和维护。

4. 电能利用的高效化

纯电动汽车的能耗指标与其运行成本紧密相关。降低纯电动汽车的运行能耗，提高其使用经济性，是普及纯电动汽车的关键因素之一。应优先选择电能转换效率高、成本低的充电装置。

5. 充电的集成化

充电集成化是指将系统的小型化和多功能化的要求、电池可靠性和稳定性要求的提高、纯电动汽车充电系统的发展方向与能量管理系统集成为一个整体，综合电流检测和反向放电保护等功能，不需要外部组件即可实现体积小、集成化高的充电解决方案，为电动汽车其余部件增加布置空间。另外，集成化的充电系统还可有效减少充电站的设备占地面积，提高充电站单位土地面积的充电服务效率。

三、纯电动汽车充电机

对于一辆纯电动汽车，充电机是不可缺少的装置，它的功能是将电网电能转化为车载电池的化学能。

1. 充电机的类型

纯电动汽车充电机有不同的分类方法。

（1）按充电机安装位置分类

充电机按其安装位置可分为车载充电机和非车载充电机。

① 车载充电机

车载充电机指安装在电动汽车上的充电机，电压升降装置和整流装置安装在车内，充电时只要有合适的市电和匹配的插件即可。由于纯电动汽车总质量和布置空间的限制，车载充电机一般设计得体积小、质量轻，并便于利用内部线路与电池管理系统进行通信。这种充电机的充电方式（电压、电流和控制方式）是预先定义好的，不能改变，并且充电电流小，充电时间长。

图4-24为一款车载充电机。

② 非车载充电机

非车载充电机指固定安装在电动汽车外并与交流电网连接，为电动汽车动力电池提供直流电能的充电机。非车载充电机可以像公共加油站一样设计成公共充电站形式，布置在合适的路口道旁，也可以设计成家用充电站，布置在车库内。前者不受质量和体积的限制，充电功率大，充电时间短；后者受使用空间限制，充电功率小，充电时间长，但使用方便。

图4-24 车载充电机

非车载充电机按结构可分为一体式直流充电机和分体式直流充电机两种。

1）一体式直流充电机将直流充电模块与充电操作终端布置在同一箱体内，从交流电输入，适用于环境相对较好的集中式布置的场所。一体式直流充电机安装较为简单，与分体式相比，可以节省充电模块机柜的安装空间，但在户外条件下使用时，对防护等级要求较高；在满足防护等级要求的同时，不利于充电机本体的散热，且使用寿命也将缩短。图4-25为一体式直流充电机。

2）分体式直流充电机将直流充电模块与充电操作终端分别独立布置。常规做法是将充电机柜安装于配电室内（户内），充电操作终端安装于充电车位旁。将直流充电模块集中布置于配电室内可以满足并联大功率输出的需求，充电模块扩展较为方便，比较适合目前的电动汽车电池的发展水平。图4-26为分体式直流充电机。

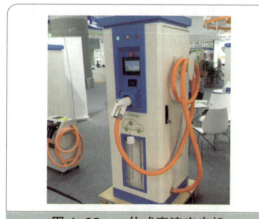

图4-25 一体式直流充电机

图4-26 分体式直流充电机

（2）按能量转换方式分类

充电机按能量转换方式可分为接触式充电机和感应式充电机。

1）接触式充电机将交流电经过整流器转换为直流电，再向电动汽车的动力电池直接充电，它有类似于一般电源和用电设备间的有线连接关系，将一根带插头的电缆线插到电动汽车的插座，如图4-27所示。接触式充电机技术成熟，结构简单，使用方便，价格便宜，但安全性和通用性存在一定的限制，为了使它满足严格的安全充电标准，必须在电路上采用许多措施使充电设备能够在各种环境下安全充电。

2）感应式充电机采用的是感应充电技术，通过非接触的方式进行能量传输，如图4-28所示。它利用电磁感应原理实现电能的短距离传输，一次线圈输入一定频率的交流电，通过电磁感应在二次线圈产生一定的电流，从而将能量从输入端转移到接收端。电动汽车感应式充电机的一次线圈安装在地面，二次线圈安装在电动汽车上，当电动汽车行驶到地面一次线圈装置上时，二次线圈产生感应电流，经整流后即可对电池进行充电。

图4-27 接触式充电机

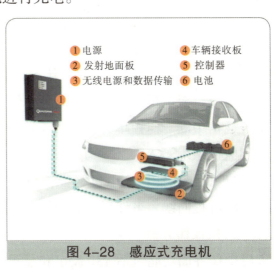

图4-28 感应式充电机

感应式充电机在工作时，电源部分与用电装置之间不存在电线的连接，可以有效地减少接触火花和机械磨损等造成的危害，即使在极端的工作条件下，如雨雪天等场合，给电池充电也不会发生触电的危险，提高了充电的安全性。图4-29所示为电动方程式锦标赛中采用无线充电系统的宝马i8电动车。

图4-29 宝马i8电动车

2. 充电机的组成

一个典型的充电机由高频开关电源模块、监控单元、人机操作界面、与电动汽车的电气接口、计量系统和通信接口等组成，下面主要介绍高频开关电源模块、监控单元及人机操作界面。

（1）高频开关电源模块

高频开关电源模块的主要功能是将交流电源变换为高品质的直流电源，通常采用脉冲宽度调制方式。模块由全波整流及滤波器、高频变换及高频变压器、高频整流滤波器等组成。

每个高频开关电源模块内部具有监控功能，显示输出电压/电流值，当监控单元发生故障或不工作时，高频开关电源模块应停止输出电压。正常工作时，模块应与直流充电机监控单元通信，接收监控单元的指令。

高频开关电源模块具有交流输入过电压保护、交流输入欠电压报警、交流输入断相报警、直流输出过电压保护、直流输出过电流保护、限流及短路保护、模块过热保护及模块故障报警功能。任何异常信号都会被传递到监控单元。

高频开关电源模块还具有带电插拔更换和软起动功能，以防开机电压冲击。

（2）监控单元

监控单元应具有完善的监控功能，至少包括以下功能。

1) 模拟量测量显示功能：测量显示充电机交流输入电压、充电机输出电压/电流、各个高频电源模块输出电流等。

2) 控制功能：监控单元应能适应充电机各种运行方式，可控制充电机自动进行恒流限压充电—恒压充电—停止充电运行状态。

3) 警告功能：充电机交流输入异常、电源模块警告/故障、直流输出过/欠电压、直流输出过电流、充电机直流侧开关跳闸/熔断器熔断、充电机故障、充电机监控单元与充电站监控系统通信中断、监控单元故障时，监控单元可发出声光报警，并应以硬接点形式通过通信口输出到监控系统。

4) 事件记录功能：充电机警告、充电开始/结束时间等均应有事件记录，应能保存一定数量的充电过程曲线，事件记录和曲线具有掉电保持功能。

（3）人机操作界面

人机操作界面功能包括充电设定和显示输出两大类。

充电设定可分为自动设定方式和手动设定方式两种：自动设定方式是指在充电过程中，充电机依据蓄电池管理系统提供的数据动态调整充电参数，执行相应动作，完成充电过程；手动设定方式是指由操作人员设置充电机的充电方式、充电电压、充电电流等参数，在电动汽车与充电机连接正常且充电参数不应超过电动汽车蓄电池管理单元最大许可范围时，充电机根据设定参数执行相应操作，完成充电过程。

显示输出功能应显示下列信息：电池类型、充电电压、充电电流、充电功率、充电时间、电能量计量和计费信息；在手动设定过程中应显示人工输入信息；在出现故障时应有相应的提示信息；可根据需要显示电池最高温度和最低温度。

四、纯电动汽车充电设施

1. 纯电动汽车的充电模式

目前纯电动汽车主要有慢充、快充和换电池3种模式。

（1）慢充方式

慢充方式以较小电流对电池进行充电，充电时间通常为6～10 h，有利于提高充电效率和延长电池的使用寿命，充电机的安装成本也较低。慢充方式一般利用晚间进行充电，晚间低谷电价有利于降低充电成本，但这种充电方式难以满足紧急使用需求。慢充一般采用220 V/16 A单相交流电源，通过车载充电机对电动汽车进行充电。车载充电机可采用标准三口插座，基本不存在接口匹配的问题。

慢充是最基本的充电方式，适用于设计续驶里程较大、可满足一天的行驶需要并利用晚间停车时间来充电的运行车辆。现阶段技术条件下，电动汽车的续驶里程约为200 km，私家车、市内环卫车、工程车、公务车、企业商务车等车辆日均行驶里程基本上在续驶里程范围内，可采用慢充方式。

慢充方式由于充电电流小，充电条件易于满足，只需提供普通市电或较小电流的直流电即可，可在充电站、停车场、路边充电桩甚至在家庭车库进行充电。

（2）快充方式

快充方式以较大直流电流对车载电池提供短时充电（20 min ~ 1 h），一般充电电流为150 ~ 400 A。快充方式充电时间短，在十几分钟内就可充70% ~ 80%的电量，可以解决续驶里程不足时电能的补给问题。但是快充对电池寿命有影响，充电电流较大，对技术安全性要求也较高。

充电机的充电效率降低，安装成本较高。目前这种充电方式的充电插口针脚定义、电压值、电流值、控制协议等均无统一标准，已投入使用的充电机和电池充电插口的规格由各生产企业自定。

快充方式适用情况为车辆的日平均里程大于车辆最大续驶里程，需要车辆运行间隙进行快速补充电来满足行驶需要的运行车辆。公交车和出租车是典型的采用快充方式的车型。

快充由于充电电流大，对公用电网会产生负面影响，因而一般在充电站中进行。

（3）换电池方式

换电池方式通过直接更换车载电池的方式补充电能。换电池方式的优点是操作时间短，仅需几分钟；电池可与整车分开，便于以租赁方式运营，大幅降低车辆价格；由专业服务机构负责运营，有利于电池性能的保持和废旧电池的回收；可在低谷时段集中充电，有利于降低运行成本；在能源利用方面，能起到错峰填谷的作用。

换电池模式的缺点是换电站建设成本目前较高，是普通充电站的1.5 ~ 2倍；目前尚未实现动力电池的标准化、模块化和电池安装位置的标准化，电池规格差别很大；涉及电池租赁、充电配送、计量更换等多个环节，由多家企业分工完成，运作复杂。

换电池方式适用于每天运行时间长、行驶路程长的车辆，如公交车、出租车及各类社会运营车辆。换电池方式只能在专业的换电站进行。

2. 纯电动汽车的充电设施

根据电动汽车充电方式的不同，纯电动汽车的充电设施可以分为充电桩、充电站、换电站3种类型。以下主要介绍充电桩和充电站。

（1）充电桩

① 充电桩的组成与类型

充电桩是充电机为电动汽车充电的终端辅助设备，如图4-30所示，具有占地面积较小、布点灵活的特点。它提供充电接口、人机接口等功能，并对电动汽车的充电进行控制，实现充电开停机、通信、计费等功能。充电桩由桩体、电气模块、计量模块等部分组成。

图4-30 充电桩实物图

按照输出电流的类型，充电桩可分为直流充电桩与交流充电桩两种。直流充电桩指的是固定安装在电动汽车外并与交流电网连接，为电动汽车动力电池提供小功率直流电源的供电装置。直流充电桩可与充电机交互，向充电机发送控制指令、开关机信号，控制充电机的起动与停止，获取充电机工作状态信息。交流充电桩指的是固定安装在电动汽车外并与交流电网连接，为电动汽车车载充电机提供交流电源的供电装置。

按照安装位置，充电桩分为室内充电桩和室外充电桩。室内充电桩应根据现场的情况，选用落地式或壁挂式。落地式充电桩采用电缆下进线方式，壁挂式充电桩可采用下进线方式，也可采用侧进线方式。室外充电桩应采用电缆下进线方式。

② 充电桩的设置

为加快普及纯电动汽车，满足其使用要求，必须设置一定数量的充电桩以便于车辆的能量补充。在新建建筑物、居住小区等场所的配建停车场以及社会公共停车场，可设置供电动汽车停放的专用停车区并配置一定数量的充电桩；对于已建的飞机场、火车站、酒店、医院、商场超市、会议中心和旅游胜地等地点的公用停车场，也可通过技术改造措施，设置电动汽车专用停车区；另外，办公、生产等场所的停车场可按照停车位数量设置一定比例的充电桩。

充电桩的设置应满足以下要求：电动汽车专用停车区应靠近临近的配电站；充电桩宜实行"一位一桩"，即一个电动汽车停车位设置一个充电桩，以便于使用和管理；充电桩通常以成组的形式进行设置，以提高其利用率；室外充电桩应安装在距地面至少 200 mm 以上的基础上，其基础底座四周应采取封闭措施，防止小动物从底部进入箱体，以满足防雨、防积水要求；室外的充电桩外壳应具备一定防护等级，外壳宜选用绝缘材料。

（2）充电站

① 充电站的组成与功能

充电站是具有特定控制功能和通信功能的将电能量传送到电动汽车的设施总称，它能够以快充或慢充方式对电动汽车进行充电。电动汽车充电站如图 4-31 所示。

充电站主要由供配电设施、充电机、监控系统、安全防护设施和其他配套设施等组成，公共充电站还应包括营业场所。其中，供配电设施由高压开关

图 4-31　电动汽车充电站

柜、变压器、低压开关柜及其电力、控制线路等组成；充电机通过一定规格接口与电动汽车进行连接，为电动汽车提供一定规格的电源；监控系统用于对充电机、配电设备等进行监控，并对站内视频监视、火灾报警及其他设备进行管理。

充电站的基本功能应包括供配电、充电、充电过程和配电设备监控、计量、站内设备管理和通信，扩展功能包括计费。

充电站可分为公共充电站和专用充电站。公共充电站为社会电动汽车提供充电服务，专用充电站为特定范围的专用电动汽车提供充电服务。

② 充电站的布置

充电站总体布置应满足便于电动汽车的出入和充电时停放，保障站内人员及设施的安全。具体有以下要求：充电区的入口和出口应至少有两条车道与站外道路连接，充电站应设置缓冲距离或缓冲地带，便于电动汽车的停发和进出；充电区单车道宽度不应小于 3.5 m，双车道宽度不应小于 6 m；转弯半径不应小于 9 m，道路坡度不应大于 6%，且坡向站外；充电设施应靠近充电区停车位设置，电动汽车在停车位充电时不应妨碍站内其他车辆的充电与通行；充电区应考虑安装防雨设施，以保护站内充电设施，方便进站充电的电动汽车驾乘人员。

充电站的电气设备布置应遵循安全、可靠、适用的原则，并便于安装、操作、搬运、检修、试验。具体有以下要求：充电机、监控室、营业厅应布置在建筑物首层，高压开关柜、变压器、低压开关柜等宜布置在建筑物首层；变压器、高压开关柜、低压开关柜、充电机及监控装置宜安装在各自的功能房间，以利于电气设备的运行，便于维护管理；当成排布置的低压开关柜长度大于 6m 时，柜后应有两个出口通道。当两个出口之间的距离大 15 m 时，其间应增加出口；当受到条件限制时，低压开关柜与充电机可安装在同一房间，或将变压器与低压开关柜设置在同一房间，但变压器应选用干式。当受到条件限制时，变配电设施与充电机可设置在户外组合式成套配电站中，其基础应适当抬高，以利于通风和防水；变压器室不宜与监控室紧邻布置或位于正下方，不满足此要求时应采取防止电磁干扰的措施。

单元五　纯电动汽车制动能量的回收

制动能量回收是电动汽车节能、降耗的关键之一。怎样合理有效地回收能量，如何提高回收效率是当前全世界车辆控制策略研究的重要课题。而且车辆的制动性能对整车的安全、稳定性也起着至关重要的作用，因此如何将电制动和传统的机械摩擦制动有机地结合起来，也是车辆控制技术的一个重要研究方向。其要求在最大限度地提高再生制动功率的同时，确保回馈制动与摩擦制动的协调控制，以保证汽车制动力的要求。

一、制动能量回收的路径和控制方式

1. 制动能量回收路径

制动能量回收由车轮转速的变化经差速器传递到变速器，再由电动机把机械能转化为电能回收到动力电池。图 4-32 所示为制动能量回收时的能量传递路径。

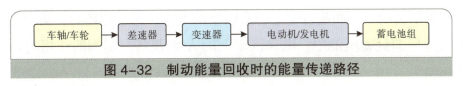

图 4-32　制动能量回收时的能量传递路径

2. 制动能量回收控制方式

在图4-33所示的制动能量回收控制方式中，制动踏板提供制动信号，信号传到整车控制单元，整车控制单元根据车辆运行状况及其他电控单元的状态，决定是否进行制动能量回收，并分配制动能量回收时辅助制动力矩的大小。车辆在高速滑行或下坡滑行时，具有极大的动能，许多情况下驾驶人都会通过踩下制动踏板对车辆实现机械制动，达到缩短滑行距离或限制车速的目的，但这部分动能以热量的形式被散失掉了。采用图4-33所示的控制方式，可方便地实现车辆处于滑行状态时减速能量的回收。

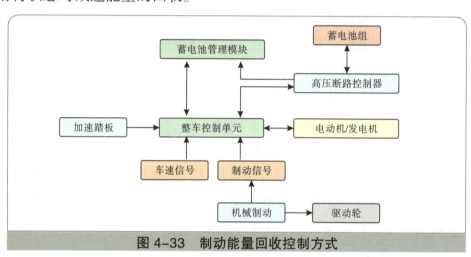

图4-33　制动能量回收控制方式

🚗 二、电动汽车制动能量回收系统的结构

电动汽车的制动系统同传统燃油汽车一样，是为汽车减速或停车而设置的，通常由摩擦制动和再生制动两个子系统组成，它可以利用驱动电动机的控制电路实现电动机的发电运行，使减速制动时的能量回馈给动力电池充电，从而得到再生利用。尽管各种制动能量回收系统的原理都基本相同，即都是将车辆制动时的动能转化为电能，并给动力电池充电，但具体的装置及其工作特点有所不同。电动汽车制动能量回收系统按照有无独立的发电机，可分为无独立发电机的制动能量回收系统和有独立发电机的制动能量回收系统。

1. 无独立发电机的制动能量回收系统

通过控制系统，在车辆需要减速时，将驱动电动机转化为发电机工作，在为车辆减速的同时，带动发电机发电，将动能转化为电能回收到动力电池。一般有两种制动能量回收系统：前轮驱动制动能量回收系统和全轮驱动制动能量回收制动系统。

（1）前轮驱动制动能量回收系统

图4-34所示为前轮驱动制动能量回收系统的构成，制动能量回收只在前轮，前轮的制动力矩大小与电动机制动系统产生的再生制动力矩和机械制动系统产生的摩擦制动力矩有关。踩下制动踏板后，电动泵使制动液增压产生所需的制动力，制动控制与电动机控制协同工作，确定电动汽车上的再生制动力矩和前后轮上的液压制动力矩。再生制动时，再生制动控制模块回收再生制动能量并回馈到蓄电池中，电动汽车上的ABS及其控制阀的作用与传统燃油车上的

相同,其作用是产生最大的制动力。其原理是在制动时将汽车行驶的惯性能量通过传动系统传递给电动机,电动机以发电方式工作,电动机转子轴上的动能将转变为电能,此能量经过逆变器的反向二极管回馈到直流侧,为蓄电池充电,实现能量的再生利用。与此同时,产生的电动机制动力矩又可通过传动系统对驱动轮施加制动,产生制动力。电动机内部将发生以下变化过程:电动机转子的旋转速度超过给定频率下的同步转速,也即超过电动机内部同步旋转磁场的转速,造成转子切割磁力线的方向反向,转子导体上感应电势及感应电流的方向反向。由于转子电流中的励磁分量不会发生变化(电动机不可能使励磁电流反向,因为它需要从变频器侧吸收励磁电流以建立电动机内部磁场,维持电动机的运转),所变化的只是转子电流中的转矩分量,而转子电流转矩分量的变化又引起了定子电流转矩分量的变化。其结果是,定子电流的合成量(即平时所说的定子电流)和电动机的转矩反向,能量由电动机侧回馈至变频器直流环节。

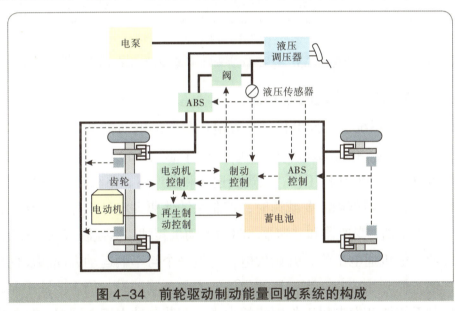

图 4-34 前轮驱动制动能量回收系统的构成

(2)全轮驱动制动能量回收系统

图 4-35 所示为全轮驱动制动能量回收系统,该制动能量回收系统由通常的液压制动系统调节控制。由于驱动电动机在较低车速下无法回收能量,因此该系统在车速低于 5 km/h 时不起作用,此时只有通常的液压制动系统工作。当车速高于 5 km/h 时,若驾驶人踩下制动踏板,制动主缸中的压力传感器产生一个与制动系统压力成正比的电信号,当制动系统压力未上升到计量阀导通压力时,电信号输入驱动电动机的电控单元(ECU),主 ECU 触发旁通阀导通,此时,ECU 制动能量回收系统将每个车轮的驱动电动机变成发电机,产生与传感器信号值成正比的反扭矩,阻止车轮运转。驾驶人通过调节制动踏板力来调节控制转矩及车速。这时汽车处于"电力制动"状态。随着制动踏板力的增大,系统最后达到最大制动能量回收状态,这时压力增大到一个值,使计量阀开启,制动液进入液压制动系统中,液压制动和电力制动共同作用。当汽车减速至 5 km/h 以下时,ECU 切断旁通管路,断开制动能量回收系统,液压制动系统以全压力工作,此时为纯液压制动。制动踏板放松,ECU 不再起作用。

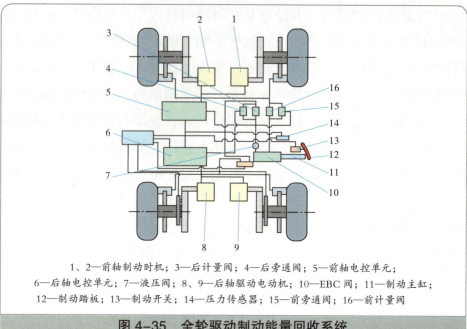

1、2—前轴制动时机；3—后计量阀；4—后旁通阀；5—前轴电控单元；6—后轴电控单元；7—液压阀；8、9—后轴驱动电动机；10—EBC阀；11—制动主缸；12—制动踏板；13—制动开关；14—压力传感器；15—前旁通阀；16—前计量阀

图4-35 全轮驱动制动能量回收系统

2. 有独立发电机的制动能量回收系统

如图4-36所示，该系统带有发电机，且发电机与驱动电动机是分别独立安装的，即将独立的发电机连接到电动汽车的驱动系统中（图4-36中忽略了液压制动系统）。其工作及特点如下：当车辆行驶时，驱动电动机工作，通过变速器和差速器、驱动轴、驱动轮驱动车辆行驶，这时发电机空转不工作；当车辆需要减速时，控制系统使驱动电动机停止工作，这时车辆的惯性动能拖动车轮、驱动轴、变速器和差速器、驱动电动机转动，也强制带动连接的发电机转动；此时，控制系统使发电机通电工作，开始发电，产生一个与车辆运动方向相反的电磁力矩，作用于运动系统，使车辆开始减速。当车辆速度较低或紧急制动时，仍需要液压制动。在上述过程中，可通过控制系统调节发电机工作电流的大小来调节制动力矩，同时，把发电机所发电能回收入动力电池，这样就完成了制动能量的有效回收。

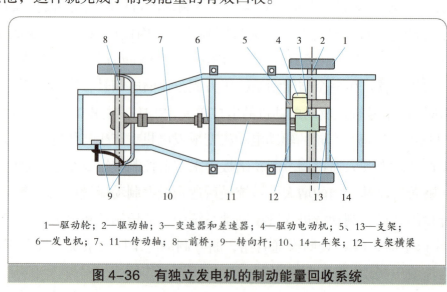

1—驱动轮；2—驱动轴；3—变速器和差速器；4—驱动电动机；5、13—支架；6—发电机；7、11—传动轴；8—前桥；9—转向杆；10、14—车架；12—支架横梁

图4-36 有独立发电机的制动能量回收系统

三、电动汽车电动机的制动原理

电动机的运行状态分为电动状态和制动状态。在电动状态，电动机电磁转矩和转动方向相同，电源向电动机输入电能，转换成机械能带动负载；在制动状态，电动机电磁转矩和转动方向相反，电动机吸收机械能转换成电能，消耗在电枢回路电阻上或回馈到电源。电动机制动的目的是使电力拖动系统停车或减速，或者使位能性负载稳定下放。

电动机的电气制动分为能耗制动、反接制动和再生制动。下面以他励直流电动机和交流异步电动机为例，对电动机的制动原理予以介绍。

1. 他励直流电动机的制动

（1）能耗制动

能耗制动时电路如图4-37所示。电动机的原状态是带动负载 T_L 稳定运行于电动状态 A 点。现采用能耗制动停车，方法是将开关切换，电枢脱离电源，同时在电枢回路串入制动电阻 R_B。由于惯性，电枢保持原来方向继续旋转，电动势 E_a 方向不变。由 E_a 产生的电枢电流 I_a 的方向与电动状态时的方向相反，对应的电磁转矩方向相反，为制动性质，电动机处于制动状态。处于正向电动状态时，电动机运行在第一象限，机械特性为图4-38的线1位置，能耗制动运行于第二象限，机械特性为图4-38的线2位置。在开关切换瞬间，由于转速不能突变，电动机工作点从 A 转到 B，电磁转矩方向改变，与转速反向，与 T_L 同向，在制动电磁转矩与 T_L 的共同作用下，系统沿特性曲线 BO 减速。随着转速下降，反电动势 E_a 不断减小，电枢电流和电磁转矩也减小，转到 O 点，电动机停止。

在能耗制动过程中，电动机变成了一台与电源无关的直流发电机，把系统的动能转换成电能，消耗在电枢回路的电阻上，系统的动能消耗完，电动机就停止工作。

（2）反接制动

所谓反接制动就是在需要制动时，把正向运行的他励直流电动机的电枢电源电压反接，反向的电枢电流产生反向的电磁转矩，从而产生很强的制动作用。为了限制过大的制动电流，需要在电枢回路串入反接制动电阻。反接制动的机械特性如图4-39所示。在

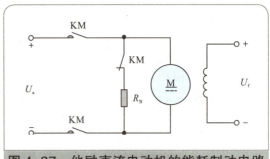

图4-37 他励直流电动机的能耗制动电路

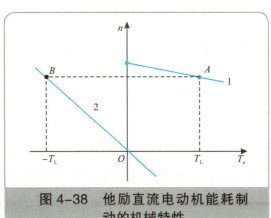

图4-38 他励直流电动机能耗制动的机械特性

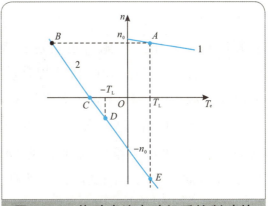

图4-39 他励直流电动机反接制动的机械特性

电源反向切换瞬间，由于转速不能突变，电动机工作点从 A 转到 B，电磁转矩方向改变，与转速反向，与 T_L 同向，在制动电磁转矩与 T_L 的共同作用下电动机减速，电枢电动势减小，电枢电流和电磁转矩也下降，直至 C 点电动机停转。但是在 C 点，电枢电流和电磁转矩并不为零，此时电磁转矩大于负载 T_L，电动机将反转。故若要电动机停车，需要及时切断电流。

反接制动时，电动机从电网吸收电能，又从转轴上吸收机械能，变成电能消耗在电枢回路的电阻上，制动的能量损耗比较大，适用于要求快速停车的拖动系统。

（3）再生制动

当电动机运行转速 n 高于同步转速 n_0 时，$E_a>U_a$，电枢电流 I_a 反向，电磁转矩也反向，变成制动转矩。电动机处于发电状态，这种状态称为再生制动状态。再生制动时的机械特性方程与电动状态相同，只是运行在曲线上的不同区段而已。再生制动分为正向再生制动和反向再生制动。正向再生制动时机械特性位于第二象限，反向再生制动时机械特性位于第四象限。

① 正向再生制动

正向再生制动为出现在第二象限的减速过程，如图 4-40 所示。假定电动机采用调压调速，设电动机原工作在特性 A 点，当电压突降为 U_1 时，转速来不及变化，反电动势不变，电动机工作点从 A 转到 B，此时 $n_B>n_{01}$，电枢感应电动势 $E_a>U_1$，电枢电流与电磁转矩反向，而转速为正，故电磁转矩为制动转矩。在电磁制动转矩和负载 T_L 共同作用下，转速沿特性曲线 BC 迅速下降到 n_{01}，此时电磁转矩为 0，制动过程结束。进入第一象限后，电磁转矩变回正向，但小于负载 T_L，系统沿特性曲线 CD 继续减速，直到 D 点时电磁转矩与 T_L 平衡，电动机以较低的转速 n_D 稳定运行。电动机在 BC 期间，由于 $n>n_{01}$，电动机属于再生制动状态。

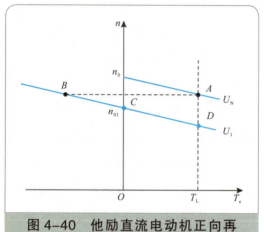

图 4-40 他励直流电动机正向再生制动的机械特性

② 反向再生制动

反向再生制动适用于重物的稳定下放。如图 4-41 所示，电动机原工作在 A 点，以 n_A 提升重物。将电源反接，并串入电阻，进行反接制动。工作点由 $A→B→C$，在 C 点 $n=0$，停止提升重物。此时如不及时切除电源，电动机就会在电磁转矩和负载转矩的共同作用下反向起动，经反向电动状态到 $n=-n_0$、$T_e=0$ 后，电动机在 T_L 作用下继续加速，使 $-n>-n_0$，$E_a>U_N$，I_a 与 E_a 同方向，进入第四象限，电动机运行于反向再生制动状态，直到 D 点，以 n_D 转速下放重物。

电动机在再生制动时，电动机将转轴上的机械能

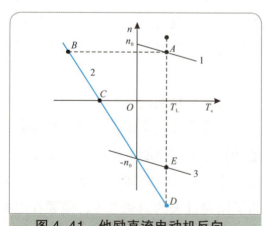

图 4-41 他励直流电动机反向再生制动的机械特性

转变为电能,一部分消耗在电枢回路的电阻上,大部分回馈到电源。

2. 交流异步电动机的制动

（1）能耗制动

能耗制动电路如图 4-42 所示。将 KM_1 断开，KM_2 接通，定子绕组通入直流励磁电流。转子由于惯性继续旋转时，切割定子绕组产生的恒定磁场而在转子绕组中感应电动势和电流，转子载流导体在磁场中受到电磁力的作用，产生与转向相反的转矩，电动机进入制动状态。随着转速降低，制动转矩也随之减少，到 $n=0$ 时，$T_e=0$，故可用于准确停车。

机械特性如图 4-43 所示。由于是制动状态，特性曲线在第二象限，且通过原点。如果励磁电流不变，加大转子电路所串电阻，特性斜率增大，但 T_m 不变，如图 4-43 中曲线 3 所示；如果电阻不变，加大励磁电流，则如图 4-43 中曲线 2 所示，T_m 增大。对于绕线型异步电动机，可以增大转子回路电阻来增大初始制动转矩。对于笼型异步电动机，可以增大直流励磁电流来增大初始制动转矩。

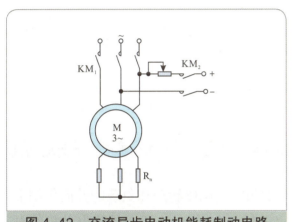

图 4-42　交流异步电动机能耗制动电路

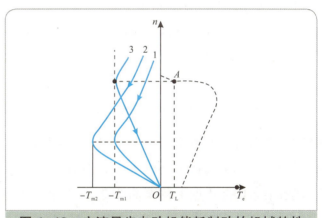

图 4-43　交流异步电动机能耗制动的机械特性

（2）反接制动

将电动机定子两相反接可使旋转磁场与转速相反，实现反接制动。对于绕线式电动机，为限制过大的反接制动电流，常常在转子电路中串接较大电阻，对于笼型电动机，可在定子回路中串入电阻。绕线式电动机反接制动原理如图 4-44 所示，机械特性如图 4-45 所示。

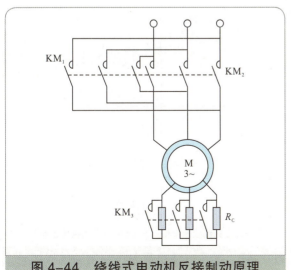

图 4-44　绕线式电动机反接制动原理

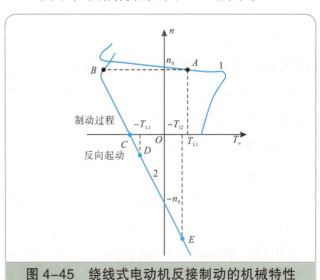

图 4-45　绕线式电动机反接制动的机械特性

当KM_1、KM_3闭合时,电动机在曲线1的A点稳定运行;反接制动时,KM_1、KM_3断开,KM_2闭合,改变了电源相序,转子回路串入电阻,为反接制动状态。反接制动后,电动机运行点从曲线1的A点平移到反相序机械特性曲线2的B点,电动机的电磁转矩为$-T_e$。在$-T_e$和负载转矩共同作用下,电动机转速急速下降,从运行点B沿曲线2降到C点,转速为零。$B \rightarrow C$的运行过程称为反接制动。对于反抗性负载,如要停车,应立即切断电源,否则电动机将反方向起动。对于位能性负载,工作点由$A \rightarrow B \rightarrow C$(反转)$\rightarrow -n_0$(开始再生制动)$\rightarrow E$。

反接制动时,转子回路消耗了从电源输入的电磁功率和负载送入的机械功率,数值很大,在转子回路中必须串入较大的外串电阻,保护电动机不致由于过热而损坏。

(3)再生制动

异步电动机再生制动分正向再生制动和反向再生制动。

① 正向再生制动

正向再生制动是指电动机在正向电动状态运转时,超过同步转速而进入第二象限的再生制动状态。正向再生制动一般发生在电动机正向运行时降低定子电流频率或增加定子绕组的极对数等情况下。如图4-46所示,电动机初始在A点上运行。若降低定子电流频率,同步转速由n_0降为n_{01},机械特性由曲线1变为曲线2。由于惯性,电动机转速不能突变,且$n_A>n_{01}$,运

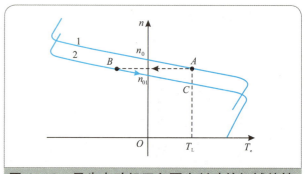

图4-46 异步电动机正向再生制动的机械特性

行点从曲线1的A点平移至曲线2的B点,电磁转矩变负。在电磁转矩和负载的共同作用下,电动机减速,沿$B \rightarrow n_{01} \rightarrow C$运行,最终在$C$点稳定运行。在$B \rightarrow n_{01}$段,异步电动机的电磁转矩为负,转速为正,且$n_A>n_{01}$,属于正向再生制动状态。

再生制动过程中,转子侧送来的电磁功率除了转子绕组上的铜损耗外,其余的传送给定子,通过定子回馈给电源。这时异步电动机相当于一台发电机,它把系统的动能转变为电能送回电源。

② 反向再生制动

反向再生制动适用于重物的稳定下放。如图4-47所示,电动机起初运行于特性曲线1的A点。将定子两相反接,定子旋转磁场的同步转速变为$-n_0$,电动机运行的特性曲线变为2。经过反接制动过程后,在负载作用下反向加速并超过同步转速$-n_0$,直到B点保持稳定运行。此时,电动机高速运行于第四象限,电磁转矩为正,转速为反向,$n>-n_{01}$,处于反向再生制动状态。

反向再生制动时,电动机的功率关系与正向

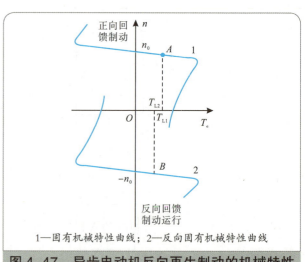

1—固有机械特性曲线;2—反向固有机械特性曲线

图4-47 异步电动机反向再生制动的机械特性

回馈制动过程是一样的,电动机是一台发电机,它把从负载位能减少而输入的机械功率转变为电功率,然后回送给电网。从节能的观点看,反向回馈制动下放重物优于能耗制动下放重物。

四、再生制动的控制策略

1. 制动能量回收系统控制方式

制动过程中,制动能量回收系统的制动控制 ECU 通过检测传感器信号识别出驾驶人的制动意图及所期望的制动强度,并从整车控制器 VMS 接收车速、蓄电池荷电状态(SOC)等信息;再生制动控制策略会根据当前的电动机状态、动力电池状态和车辆状态计算出最佳的再生制动力和摩擦制动力,根据分配得到的摩擦制动力调节液压控制单元,将分配得到的再生制动力发送给电动机控制器(MCU),控制逻辑如图 4-48 所示。

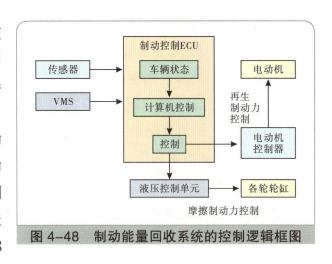

图 4-48 制动能量回收系统的控制逻辑框图

2. 制动力的分配

制动力分配是制动能量回收控制策略中最为核心的部分。制动力分配直接关系到汽车制动能量回收和制动效能。

从制动能量回收的角度,越多的再生制动力参与制动则可回收的制动能量就越多;但前、后制动力分配线偏离理想制动力分配线(图 4-49 中 l 线)也会越多。因此,制动力分配既要保证汽车的制动效能还要尽可能多地回收制动能量会受到很多限制,主要的是电功率限制、ECE 法规限制和 f 线(图 4-49)限制。

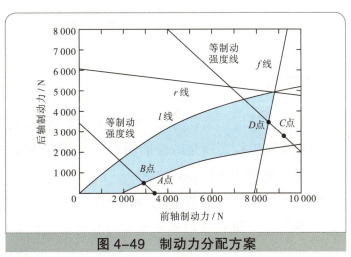

图 4-49 制动力分配方案

(1)电功率限制

理论上,汽车完全由再生制动力进行制动,便可实现最大限度地回收制动能量。但是,电动机的发电能力和动力电池的充电能力都是有限的,因此,电动机的发电功率和动力电池的充电功率共同限制了可回收制动功率,也就等同于限制了再生制动力的最大值。

(2) ECE 法规限制

由于再生制动力只能施加在前轴,当再生制动力较大时很容易使前、后制动力分配线超过 ECE 法规线。因此,为了保证制动时汽车方向的稳定性和足够的制动效能,必须对制动力分配添加 ECE 法规的约束。

由以上的分析可以得出制动力分配的过程,如图 4-49 所示,具体步骤如下。

1)由于不改变驾驶人的制动踏板感觉,因此制动控制 ECU 可根据传感器信号实时计算出驾驶人当前的制动需求和制动减速度,进一步得到车辆前、后轴的载荷,得出当前状态下 f 线和 ECE 法规线的临界值,同时,根据动力电池储能系统的状态、车辆状态并结合电功率限制,计算出当前最大的再生制动力。

2)比较制动需求和最大再生制动力,若制动需求小于最大再生制动力,则初步分配完全由再生制动力实施制动,但仍需 ECE 法规和 f 线进行检验。

若制动需求在图 4-49 所示阴影区域外,则重新分配以满足 ECE 法规要求,如 A 点至 B 点。

若制动需求在图 4-49 所示阴影区域内,则继续实施初步分配方案。

3)制动需求大于最大再生制动力,初步分配再生制动力取最大值,其余的制动需求由前、后摩擦制动力按照一定的比值分担。

若制动力分配点在图 4-49 所示阴影区域外,则需重新分配,如 C 点至 D 点。

若制动力分配点在图 4-49 所示阴影区域内,则继续实施初步分配方案。

单元六 增程式电动汽车

一、增程式电动汽车简介

纯电动汽车在行驶时完全没有任何污染物排放,但目前的电量存储技术还不能保障车辆自身具有足够的电力储备,因此续航里程短就是致命的弱点。为了弥补这一弱点,为电动汽车提供更为持续的电力供应,增程式电动车(Extended Range Electric Vehicle,EREV)应运而生。增程式电动汽车是以电动机为主,发动机为辅。发动机的唯一作用是发电,为电池充电,以带动电动机做功,从而驱动车辆前进。增程式电动车是一种配有车载供电功能的纯电动车辆。

增程式电动车具有较长续驶里程,仅凭纯电模式也能驾驶数千米路程。由于动力源为电动机,所以,其起步的加速动力很足,电动机低速转矩大,所以加速快。在电池电量消耗殆尽后,还可以依靠自带的内燃机发电,给动力电池充电,这样即便纯电动汽车出现没电的状况,也不至于将车尴尬地停在路边，依靠内燃机发电，增程式电动车完全可以行驶和传统汽车一样的续驶里程。雪佛兰沃蓝达增程式电动汽车如图4-50所示。

图4-50 雪佛兰沃蓝达增程式电动汽车

二、增程式电动汽车的基本组成

增程式电动汽车是在纯电动汽车的基础上增加增程器而成。它主要由增程器、动力电池、驱动电动机及传动系统组成，如图4-51所示。增程器通常由发动机和发电机组成，当动力电池电量不足时，通过增程器发电为驱动电动机提供电能。动力电池和驱动电动机的类型与其池纯电动车一致，动力电池电量充足时，为驱动电动机提供电能。传动系统中可以是各种变速装置。M12高性能增程器如图4-52所示。

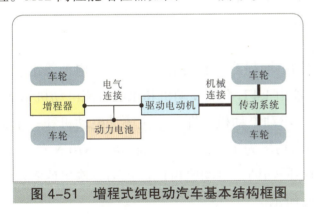

图4-51 增程式纯电动汽车基本结构框图

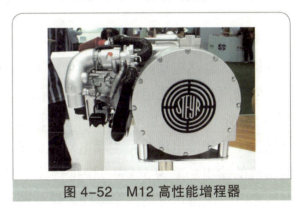

图4-52 M12高性能增程器

三、增程式电动汽车的基本工作模式

不考虑停车和充电过程，增程式电动汽车的基本工作模式分为纯电动模式和增程模式。

1. 纯电动模式

纯电动模式属于电量消耗阶段。根据动力电池最佳工作区间特性，预先设计一个SOC最低阈值，当电池SOC值处于这个阈值以上时，增程式电动汽车处于纯电动模式。在纯电动模式，车辆与纯电动汽车一样，由动力电池提供能量，由驱动电动机提供行驶动力。

2. 增程模式

增程模式属于电量维持阶段。随着车辆在纯电动模式下运行，电池 SOC 逐渐降低，当低于设定阈值时，如果再继续使用电池，将会减少电池的使用寿命。这时，应当起动增程器，利用增程器发出的电能提供驱动电动机行驶，同时，多余的部分电能为电池充电，使电池 SOC 略微增加至预定阈值，并保持 SOC 处于前述两个阈值之间，直至停车充电，将电池充满，之后车辆行驶时，又进入纯电动模式。

某增程式纯电动汽车电池 SOC 的仿真时间历程如图 4-53 所示。从图中可以明显看出前期 SOC 的下降趋势，此时车辆处于纯电动模式，后期 SOC 处于波动状态，表明处于增程模式。

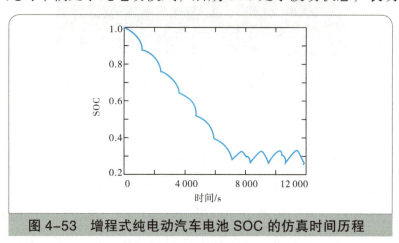

图 4-53 增程式纯电动汽车电池 SOC 的仿真时间历程

四、沃蓝达增程式电动汽车的结构及工作模式

1. 结构组成

雪佛兰沃蓝达电动汽车为紧凑型轿车，其结构由增程器、驱动电动机、动力电池等组成，沃蓝达电动汽车的结构组成如图 4-54 所示。增程器由 1.4 L 汽油发动机和永磁直流电动机组成，如图 4-55 所示。沃蓝达电动汽车配备了两个电力驱动电动机，即一个主驱动电动机和一个辅助电动机（兼作发电机）：主动电动机的最高输出功率为 111 kW，最大转矩为 370 N·m；辅助电动机的输出功率为 55kW。根据行驶工况的不同辅助，电动机可以进行动力输出或者反转为电池充电。沃蓝达电动汽车驱动系统如图 4-56 所示。

图 4-54 沃蓝达电动汽车结构组成

图 4-55 沃蓝达电动汽车结构组成

（a）发动机；（b）电动机

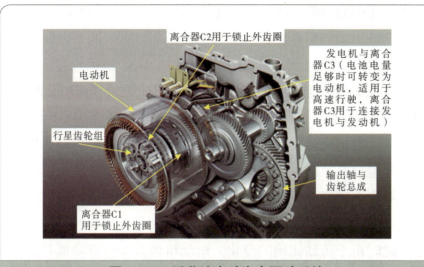

图 4-56 沃蓝达电动汽车驱动系统

2. 工作模式

在动力系统方面，沃蓝达电动汽车由一台 1.4 L 的阿特金森发动机、一台发电机（可转换成电动机）、一台电动机 3 个单元组成。它们通过一组行星齿轮组与 3 个电控离合器连接，发动机通过离合器 C3 连接发电机，发电机通过离合器 C2 连接行星齿轮外齿圈，而电动机则刚性连接在行星齿轮的太阳轮，其中离合器 C1 并不连接任何单元，用于锁止行星齿轮的外齿圈，而行星齿轮组中的行星架则刚性连接着输出轴，传动比例为 7：1。通过离合器的控制可以完成 4 种驱动模式的转换，这 4 种工作模式在纯电动模式与纯燃油模式各有两种，它们分别为纯电动低速单一电动机行驶模式、纯电动高速双电动机行驶模式、纯燃油低速单一电动机行驶模式、纯燃油高速双电动机行驶模式。总体而言，它的工作状态分为以下 4 种。

（1）纯电动工作模式：低速单一电动机行驶模式

在此模式中，离合器 C1 接合如图 4-57 所示，C2 和 C3 分离，行星齿轮齿圈锁止。发动机处于关闭状态，离合器 C1 锁止行星齿轮外齿圈，离合器 C2 与 C3 都处于分离状态，此时电池输出电量至电动机驱动行星齿轮的太阳轮，由于行星齿轮的外齿圈锁止，所以全部动力均输出至行星架，通过行星架输出至输出轴再到车轮。发动机和发电动机不工作，主驱动电动机提供所有车辆所需的驱动力矩。这是沃蓝达电动汽车最为重要的行驶模式，也是沃蓝达电动汽车区别于混合动力车型的要点。在该模式下，车辆只由主电动机驱动，这时候的沃蓝达电动汽车是一台不折不扣的电动车，在路况良好的情况下，电池的续驶里程大约为 80 km。

这种传动方式非常简单，由于没有任何变速机构，所以车速与电动机的转速有直接关系，当车辆达到较高时速时，电动

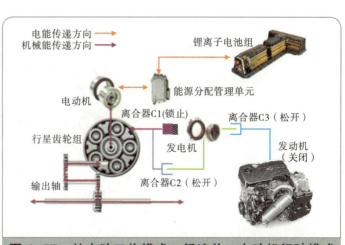

图 4-57 纯电动工作模式：低速单一电动机行驶模式

机也只能被迫进入高转速的低能效工况，针对这种情况，工程师设计了高速双电动机行驶模式。

（2）纯电动工作模式：高速双电动机行驶模式

在此模式中，离合器C2接合，C1和C3分离，如图4-58所示。在该种工况下，发动机依然处于关闭状态，系统会锁止离合器C2，从而把发电机（可转换成电动机）与行星齿轮的外齿圈连接，然后再松开离合器C1，此时电子系统会把发电机转换成小电动机，然后电池组供电给电动机与小电动机（发电机转换而成）分别驱动太阳轮以及外齿圈，以达到共同驱动行星架的目的。发电机变为电动机，与主驱动电动机共同为整车提供驱动力，这种方式提高了整个驱动系统的效率，能够在车辆高速行驶时提供更多的行驶里程。为了应付高速巡航的需求，两台电动机同时带动车辆前进。这样做的好处是让单台电动机的负荷减少，提高用电效率，减少用电量，增加航程。此时由于传动比例的变化，电动机可以大幅度降低转速，协同小发电机一同工作而不用担心改变齿比后转矩与功率的不足。在高速行驶模式下，该种工况可以比单一的电动机驱动工况让沃蓝达电动汽车多跑 1.6~3.2 km 的里程。

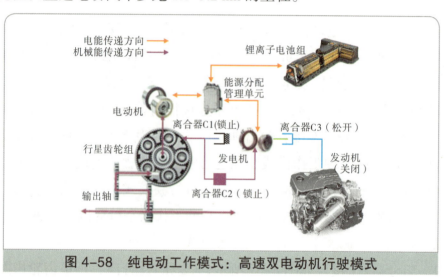

图 4-58　纯电动工作模式：高速双电动机行驶模式

（3）纯燃油工作模式：低速单一电动机行驶模式

当SOC低于预定阈值时，整车进入增程模式，在车速较低时，离合器C1、C3接合，C2分离，如图4-59所示。

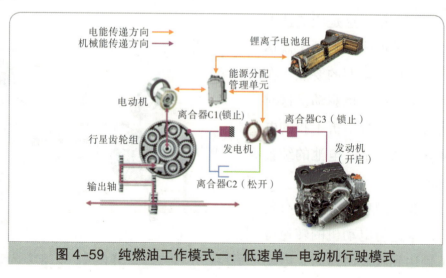

图 4-59　纯燃油工作模式一：低速单一电动机行驶模式

此时发动机处于起动状态，这种工况大致如同电动模式下的单一电动机行驶模式，唯一的区别是锁止的离合器 C3 连接了发动机，从而进行发电，产生的电量供给能源管理模块后会再次供给电动机驱动整部车辆。此模式下，只有主驱动电动机提供整车行驶动力。发动机带动发电机发电，维持电池 SOC 处于最小荷电状态，待停车后使用电网为电池充电，增程器和动力电池共同为主驱动电动机提供电能。这时候的车辆由主驱动电动机驱动，发电机只负责为电池充电。这种模式只能用于电动机中低负荷的运转，毕竟发电量有限。

（4）纯燃油工作模式：高速双电动机行驶模式

在纯燃油下的双电动机模式，离合器 C1 分离，从而让行星齿轮的外齿圈可以被驱动，待电动机转速降低、发电动机转速上升之后，也可以说整个系统的转速在行星齿轮组得到匹配之后，离合器 C2、C3 接合，如图 4-60 所示，进而把发动机、电动机都锁止在外齿圈上，此时 3 个动力系统的单元都被刚性连接，均可以输出动力到车轮，但此时电动机依然是主要做功机构，发动机主要带动发电机产生电能，以及输出少量的动能到齿轮组驱动车轮，但由于整个行星齿轮组系统拥有配速功能，所以发动机的转速与车轮转速可以没有直接关系。与混合动力汽车不同的是，如果没有主驱动电动机参与驱动，发动机是不能直接驱动车辆的。这时候的发动机和电动机一起承担了驱动车辆的任务，同时也为电池充电。

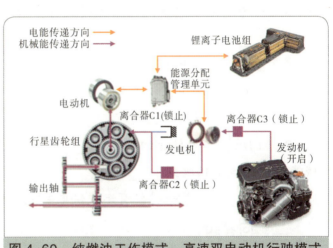

图 4-60　纯燃油工作模式：高速双电动机行驶模式

该种模式主要应对纯燃油模式在高速行驶时的工况，3 个单元同时介入可以让其比单一电动机工况能源效率提升 10%～15%，这套系统虽然非常复杂，但是能够获得这样的能源收益绝对是不错的设计。

五、增程式电动汽车的特点

增程式电动汽车具有以下特点：

1）可以纯电动模式运行，所需电池容量小，造价低且不会发生缺电抛锚现象。

2）电池充电功率小，不必建设大型充电设施。

3）电池充放电可以浅充浅放，有利于延长电池寿命。

4）具有外接充电方式，能利用夜间的低价低谷电充电。

5）结构简单，电机直驱，易于维修与保养，易于实现产业化。

6）节能：发动机一直处于最佳工作状态，效率高，排放小。

7）减排：综合节油率高，现有技术可节油 50% 以上。

课题四 纯电动汽车

思考与练习

一、填空题

1. 蓄电池组输出电能驱动_____，从而驱动车辆行驶。
2. 要使电动汽车能与燃油汽车相竞争，关键是要开发出_____、_____、_____、_____的高效电池。
3. _____与电动汽车的动力电池紧密结合在一起，时刻对动力电池的_____、_____、_____进行时刻检测。
4. 常见动力电池管理系统的功能主要包括_____、_____、_____、_____、_____、_____和故障诊断。
5. 动力电池管理系统的工作模式可分为_____、_____、_____、_____和_____等。
6. 蓄电池的充电方法分为_____和_____两大类。
7. 在充电过程中，使充电电流始终保持不变的方法，叫做_____。
8. 目前纯电动汽车主要有_____、_____和_____3种模式。
9. 回收由车轮转速的变化经_____传递到_____，再由_____把_____机械能转化为电能回收到_____。
10. _____是一种配有车载供电功能的纯电动车辆。

二、问答题

1. 纯电动汽车的优点和缺点都有哪些？

2. 动力电池管理系统最基本的功能是什么？

3. 什么是恒定电压充电法？有何优劣？

4. 简述纯电动汽车制动能量回收系统的结构。

5. 简述什么是增程式电动汽车。

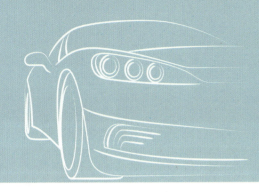

课题五
混合动力汽车

学习目标

1. 熟悉混合动力汽车的特点与分类；
2. 掌握混合动力电池管理系统的组成及功用；
3. 掌握串联式混合动力汽车的结构原理；
4. 掌握并联式混合动力汽车的结构原理；
5. 掌握混联式混合动力汽车的结构原理；
6. 掌握插电式混合动力汽车的结构原理。

单元一　混合动力汽车概述

一、混合动力汽车简介

混合动力汽车的能量与动力的传递应同时具有以下特点：

1）传递到驱动轮来推进车辆的能量至少来自两种不同的能量转换装置，这其中有一个为电动机。

2）这些能量转换装置可从至少两种能量储能装置获取输入能量，其中至少有一种能量储能装置提供的是电能。

3）能量储能装置也可以吸收电能。

目前，最常见的混合动力汽车是同时带有内燃机和电动机两种能量转换装置的车辆，俗称油—电混合动力汽车。这类车辆的储能装置其中一个是汽油或者柴油燃油箱为汽油机或柴油机提供能量，另一个是能够充电的储能装置，可以是蓄电池、超级电容电池、飞轮电池等，它们为电动机提供电能来驱动车辆，在必要时还可以吸收发动机多余能量和制动能量转换过来的电能。混合动力汽车如图 5-1 所示。

图 5-1　混合动力汽车

二、混合动力汽车的分类

混合动力汽车有多种动力部件，根据不同的用途可对它们进行不同的组合配置，以满足于各种使用场合的需求。混合动力汽车有多种分类方式。

1. 按动力系统的传输路线分类

混合动力汽车以动力传输路线分类，可分为串联式、并联式和混联式 3 种。

单元一 混合动力汽车概述

（1）串联式混合动力汽车（Series HEV）

车辆驱动系统的驱动力只来源于电动机的混合动力汽车称为串联式混合动力汽车。其典型结构特点是发动机带动发电机发电，电能通过功率变换器输送给电动机，由电动机驱动车辆行驶。动力电池也可以单独向电动机供电能驱动车辆行驶。另外，发电机和电池也可以共同向电动机提供电能驱动车辆。串联式混合动力汽车的结构如图5-2所示。

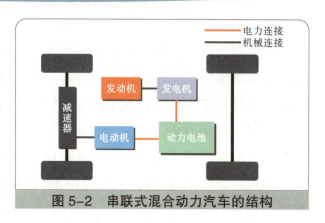

图 5-2　串联式混合动力汽车的结构

（2）并联式混合动力汽车（Parallel HEV）

车辆驱动系统的驱动力由发动机及电动机单独或共同提供的混合动力汽车称为并联式混合动力汽车。其典型结构特点是发动机和电动机都和驱动轮有机械连接，即各有独立的动力传动路线，车辆可以单独使用发动机或电动机作为动力源，也可以同时使用发动机和电动机作为动力源驱动车辆行驶。并联式混合动力汽车的结构如图5-3所示。

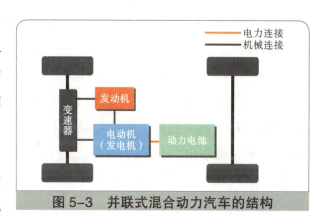

图 5-3　并联式混合动力汽车的结构

（3）混联式混合动力汽车（Combined HEV）

具备串联式和并联式两种混合动力系统结构的混合动力汽车称为混联式混合动力汽车。其结构特点是可以在串联式模式下工作，也可以在并联式模式下工作，兼有串联式和并联式两种混合动力系统的结构特点。混联式混合动力汽车的结构如图5-4所示。

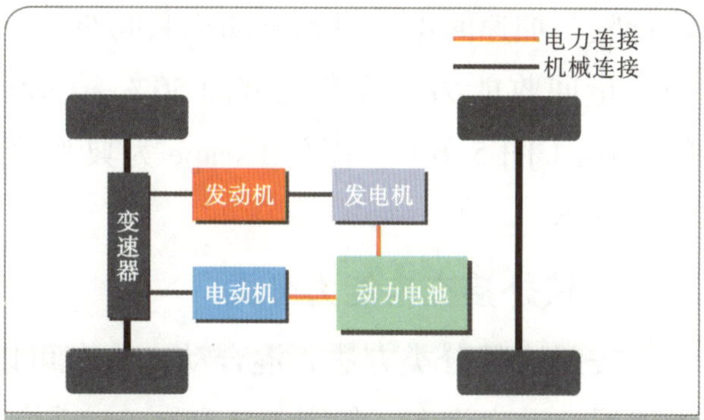

图 5-4　混联式混合动力汽车的结构

2. 按混合度分类

混合度是电动机的功率与发动机和电动机功率之和的比值，可以反映在整个驱动动力中电驱动所占的比例大小。按照混合动力从小到大，混合动力汽车可分为以下几种。

（1）微混合动力汽车（Micro HEV）

微混合动力汽车的电池容量很小，驱动能量中依靠电池的比例极小。车辆的行驶功率中电动机功率占的比例很小，发动机功率比例很大，混合度小于10%。

电动机仅作为发动机的起动机/发电机使用，电动机控制策略是短暂停车时发动机熄火，当车辆再行驶时，电动机作为起动机立即起动发动机；制动时电动机以发电机模式发电，向电池充电，实现制动能量回收。微混合动力车辆行驶时，一般仅由发动机驱动，电动机不提供行驶的辅助力矩。微混合动力汽车可实现5%～15%的节油效果。

(2) 轻度混合动力汽车（Mild HEV）

轻度混合动力汽车的电池容量较大，驱动能量中依靠电池的比例较大。与微混合系统相比，车辆的行驶功率中电动机功率占的比例增大，发动机功率的比例减小，混合度一般大于 10%。

与微混合动力汽车相比，轻度混合动力汽车的电动机可以辅助发动机驱动，但不能单独驱动车辆，具有制动能量回收、起动发动机等功能。轻度混合可实现 20%～25% 的节油效果。本田 Insight（图 5-5）和 Civic Hybrids 是典型的轻度混合动力汽车。

图 5-5　本田 Insight

(3) 全混合动力汽车（Full HEV）

全混合动力汽车也称为重度混合动力汽车，电池容量大，驱动能量中依靠电池的比例大。车辆的行驶功率中电动机功率占的比例大，发动机功率的比例减小，混合度一般大于 30%。

电动机和发动机可以各自独立或共同驱动车辆。在低速、起步和倒车等情况下，车辆可全电动行驶，加速时电动机和发动机共同驱动，有制动能量回收能力，可实现节油 50%～56%。丰田 Prius（图 5-6）、福特 Escape 为典型全混合动力汽车。

图 5-6　丰田 Prius

3. 按外接充电能力分类

按照这种分类方法，混合动力汽车可以分为插电式混合动力汽车（Plug-in HEV）和非插电式混合动力汽车，如图 5-7 和图 5-8 所示。

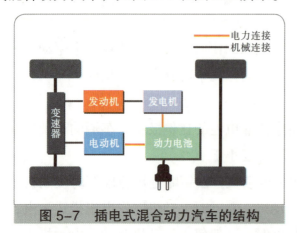

图 5-7　插电式混合动力汽车的结构　　图 5-8　非插电式混合动力汽车的结构

在正常情况下可以从非车载装置中获取电能的混合动力汽车称为插电式混合动力汽车。应注意的是，仅用作储能装置的不定期电量调节或维护目的非用作常规的车外电能补充，即使有车外充电能力，也不认为是插电式混合动力汽车。非插电式混合动力汽车是在正常情况下只能从燃料获取能量的混合动力汽车。

另外，混合动力汽车还可以按照储能装置、驱动装置、技术特征、燃料类型、功能结构和车辆用途等其他方法进行分类。

三、混合动力汽车面临的问题和技术

在混合动力汽车上，热力发动机又被叫做混合动力单元。为提高燃料经济性，对混合动力单元必然提出更多的要求，如要求混合动力单元能够快速起动和关闭等。目前对混合动力单元的研究主要集中于：①燃烧系统优化；②尾气的处理技术，主要研究高效尾气催化系统；③代用燃料。

目前，混合动力汽车需要解决的问题包括以下几个方面：

1）进行动力分配装置和能量管理系统研究。

2）开发具备高比能量和高比功率经济实用电池。

3）混合动力系统的结构复杂，制造成本高，维修比较困难，售价相对较高。

4）建立更先进驱动系统数学模型，进行计算机仿真分析。

具体来说需要进行下面几项关键技术的研究。

1. 控制策略技术

混合动力汽车产品开发中最为关键的环节是根据不同的混合动力驱动系统制定和优化控制策略，国外通过系统建模仿真来对此进行了大量的匹配理论研究。开发控制系统首先要根据采集到的速度和负荷等数据，计算出对应要求输出功率：计算出以最高效率为基点的分配到内燃机与电动机上的功率值，即实现内燃机与电动机之间最优功率分配比；然后，根据功率分配比，计算出驱动电动机的功率值和其他有关数据，给出内燃机的控制参数和电动机的控制参数。同时，驱动执行器还要完成这两个层次的工作控制。在执行器的设计中，功率分配装置设计及其与变速器的一体化设计是关键的部件设计工作。因为它要根据控制器的指令，正确地进行内燃机功率向驱动车辆功率和驱动发电机功率的分解。

2. 能量存储技术

在电动汽车上，蓄电池开发和充放电特性的研究是关键。现在，镍氢电池和锂离子电池已可达到混合动力汽车的使用要求，但仍有价格高或寿命不长等缺陷。从发展看，能量储存装置研究应该包括以下几个方面：一是研究电池内部的连接、检测、监控。二是从电池设计和制造方面进行改进，降低制造成本，改善电池的性能和提高寿命。适用于混合动力汽车的电池需要有较高的比功率，要达到的目标是，功率与能量比值大于 20 W/（W·h），使用寿命达到 10 年，至少循环使用 12 万次。三是电池热能管理及剩余电量管理。此外，电池的剩余电量直接影响混合动力汽车的经济性和排放，因此需要有效的测试方法和控制装置。

四、混合动力汽车的特点

1. 混合动力汽车的优点

与纯电动汽车相比，混合动力汽车具有以下优点：

1）电池的容量减小，使整车自重减小、成本有所降低。

2）续驶里程和动力性可达到内燃机汽车的水平。

3）不需要建设庞大的充电设施，不需要每天充电维护。

与传统内燃机汽车相比，混合动力汽车具有以下优点：

1）可使发动机在最佳的工作区域稳定运行，降低发动机的油耗、排放污染和噪声。

2）可实现纯电动模式，在居民区、市中心等人员密集的地区，关闭发动机，实现零排放。

3）通过电动机回收制动时的能量，提高能量利用率，进一步降低汽车的能量消耗和排放污染。

2. 混合动力汽车的缺点

混合动力汽车具有以下缺点：

1）与燃油汽车相比，混合动力汽车的最大缺点是动力性和加速性差一些。

2）有两套动力，再加上两套动力的管理控制系统，结构复杂，技术较难，维修与保养费用相对较高。

3. 混合动力汽车的节油方式

混合动力汽车的节油方式如下：

1）短暂停车时可关闭发动机，再行驶时利用电动机迅速地重起发动机，大大减少甚至消除了发动机怠速。

2）制动时利用电动机的发电机模式来回收制动能量，而传统汽车的机械制动中这些能量转化为热量散发。

3）设计时，混合动力汽车发动机功率可选得比传统汽车小，发动机设置在高效率区稳定工作，加速、爬坡的峰值功率由电动机提供。

单元二 混合动力汽车电池组管理系统

一、混合动力汽车电池组管理系统简介

混合动力汽车的整车性能很大程度上依赖于动力蓄电池，高性能、高可靠性的电池管理系

统能使电池在各种工作条件下获得最佳的性能，通过电池组管理系统来实时监测电池状态，如电池电压、充放电电流等，预测电池最大允许充放电电流，以提升电池性能和寿命，提高混合动力汽车的可靠性和安全性。

根据电动车辆所采用的电池的类型和动力电池组的组合方法，电池组管理系统主要包括热（温度）管理子系统、电池组管理子系统、线路管理子系统，如图5-9所示。

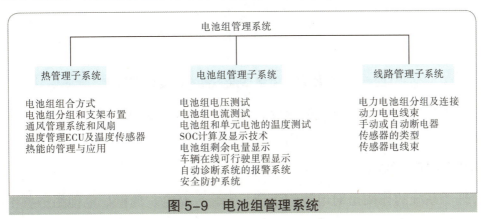

图5-9 电池组管理系统

1. 热管理子系统

温度是直接影响电池性能和寿命的关键性因素，混合动力汽车上使用的动力电池组在工作时都会有发热现象，不同的蓄电池的发热程度各不相同，有的蓄电池通过自然通风即可满足电池组的散热要求，但有的蓄电池则必须通过强制通风来进行冷却，才能保证电池组正常工作并延长蓄电池的寿命。另外，在混合动力汽车上，由于动力电池组的各个蓄电池或各个分电池组布置在车架不同的位置上，各处的散热条件和周围环境都不同，这些差别也会对蓄电池的充放电性能和蓄电池的使用寿命造成影响。为了保证每个蓄电池都能有良好的散热条件和环境，将混合动力汽车的动力电池组装在一个强制冷却系统中，使各个蓄电池的温度保持一致或相接近，以及使各个蓄电池的周边环境条件相似。

根据动力电池组在电动车辆上的布置，在动力电池组的热管理子系统中，为便于动力电池组或其分组的安装，首先应合理安排动力电池组的支架，要求能够实现机械化装卸，便于各种电线束的连接。在动力电池组的支架位置和形状确定后设计通风管道、风扇、动力电池组ECU和温度传感器等，混合动力汽车上水平布置的温度管理系统如图5-10所示，垂直布置的温度管理系统如图5-11所示。

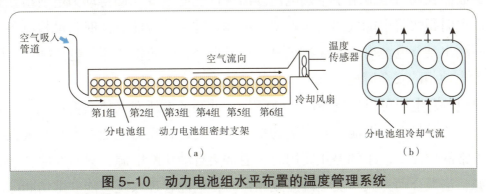

图5-10 动力电池组水平布置的温度管理系统

（a）动力电池组的强制通风系统及动力电池组分组布置；（b）分电池组的局部通风

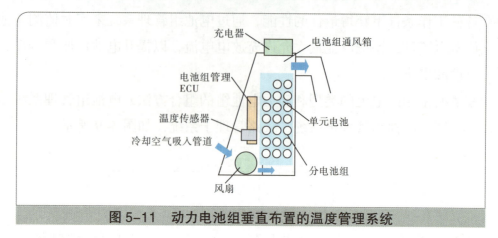

图 5-11　动力电池组垂直布置的温度管理系统

某些蓄电池工作时，会产生较高的温度，这时，可以充分利用其产生的热量用于取暖和给挡风玻璃除霜等，使热量得到管理与应用。

2. 电池组管理子系统

电池组管理子系统的作用是对电池的组合、安装、充电、放电、电池组中各个电池的不均衡性、电池的热管理和电池的维护等进行监管，使电池组能够提高工作效率，保证正常运转并达到最佳状态，避免发生电池的过充电和过放电，可以有效延长电池的寿命，以及对动力电池组的安全管理和保洁等。电池组管理子系统主要包括以下几个方面。

（1）电池的技术性能

不同类型、不同型号、不同使用程度的电池具有不同的性能，包括电池的容量、工作电压、终止电压、质量、外形尺寸和电池特性（包括记忆特性）等，因此，要对动力电池组建立技术档案，实际上即使是同一型号、同一批量的电池，由于制造原因、电解质的浓度差异和使用情况的不同，性能也不尽相同；如果将性能差异较大的电池组合在一起，会给整个动力电池组的性能带来影响。因此，在安装电池组之前，应对每个电池进行认真检测，将性能差异不大的电池组成动力电池组。

（2）电池状态的管理

混合动力汽车的动力电池组由多个单节电池组成，其基本状态包括在充电和放电时双向作业的电压、电流、温度、SOC 的比例等。在正常情况下，动力电池组的电压、电流、温度、SOC 的比例等应能够进行双向计算和显示。

由于多种原因在动力电池组中个别电池会出现性能的改变，使得动力电池组在充电时不能充足，而在放电时很快将电能放尽，这就要求电池管理系统应能够及时自动检测各个单节电池的状态，当检测出某节电池出现损坏状态时，及时报警，以便将"坏"电池剔出、更换。

（3）动力电池组的安全管理

动力电池组的总电压可以达到 90 ~ 400 V，如此高的电压对人体会造成危害，应采取有效的隔离措施，一般是将动力电池组与车辆的乘坐区分离，将动力电池组安装在地板下面或车架的两侧，在正常的情况下，车辆停止使用时，通常会自动切断电源，只有在混合动力汽车起动时才接通电源，当混合动力汽车发生碰撞或倾覆时，电池管理系统应能立即切断电源，防止高压电引起的人身事故和火灾,并防止电解液造成的伤害,以保证人身安全。

3. 线路管理子系统

动力电池组是由很多节单节电池串联组成的,铅酸电池需要 8～32 节 12 V 的单节电池串联起来,其他电池需要用更多单节电池串联而成,为了能够分别安装在混合动力汽车的不同位置处,通常将动力电池组分为多个小的电池组进行分散布置,这样有利于电池组的机械化安装、拆卸和检修。

线路管理子系统管理电池与电池、电池组与电池组之间的线路。当动力电池组的总电压较高时,导线的截面积比较小,有利于电线束的连接和固定,但高电压要求有更可靠的防护,当动力电池组的总电压较低时,电流比较大,线路损耗也很大,需要的导线截面积也比较大,安装较不方便。在各个电池组之间还需要安装连接导线将各个电池组串联起来,一般在电池组与电池组之间装有手动或自动断电器,以便在安装、拆卸和检修时切断电流。另外,在电池管理系统中还有各种传感器线路等,因此在混合动力汽车上有尺寸很长的各种各样的电线束,要求电线之间可靠绝缘,并能快速连接。

二、动力电池组管理系统的功能及组成

动力电池组管理系统承担着动力电池组的全面管理工作,一方面要保证动力电池组正常运作,显示动力电池组的动态响应并及时报警,以便使驾驶人随时能掌握动力电池组的情况;另一方面要对人身和车辆进行安全保护,避免因电池引起的各种事故。

1. 动力电池组管理系统的基本功能

动力电池组管理系统采用先进的微处理器进行控制,通过标准通信接口和控制模块对动力电池组进行管理,一般有以下几个方面。

（1）动力电池组管理

监视动力电池组的双向总电压和电流、动力电池组的温升,并通过液晶屏幕动态地显示出总电压、电流、温升的变化,避免动力电池组过充电或过放电,使动力电池组不会受到人为的损坏。

（2）单节电池管理

对动力电池组中的单节电池进行管理,可以监测单节电池的电状态,对单节电池的动态电压和温度的变化进行实时监测,以便及时发现单节电池存在的问题,并采取有效的预防措施。

（3）荷电状态的估计和故障诊断

动力电池组管理系统应具有对荷电状态的估计和故障诊断的功能,能够有效地反映和显示SOC。目前对 SOC 的估计误差一般控制在 10% 左右,配备故障诊断专家系统,可以早期预报动力电池组的故障和隐患。

2. 动力电池组管理系统的组成

综合动力电池组管理系统的各种功能,动力电池组管理系统的基本组成如图 5-12 所示。

带有温度测量装置的动力电池组管理系统的基本组成如图5-13所示，带有温度测量装置的动力电池组管理系统利用损坏的电池在充电过程中电池的温度高于正常电池温度的原理，用温度传感器来测定和监控每一个电池在充电过程中的温度是否在允许的范围内。如果发现某个电池的温度处于异常状态，SOC显示也不正常时，即刻向动力电池组管理系统反馈某个电池在线的响应信息，并由故障诊断系统预报动力电池组的故障。

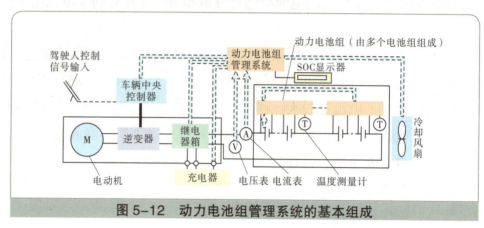

图 5-12　动力电池组管理系统的基本组成

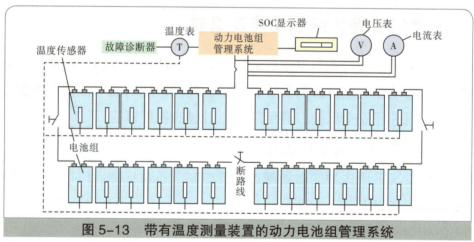

图 5-13　带有温度测量装置的动力电池组管理系统

三、蓄电池的放电管理

1.蓄电池放电过程中的硫化现象

蓄电池在放电过程中，两极活性物质均转化为硫酸铅。充电不足或者充足电量的蓄电池因过量放电，譬如在 ACC 状态下长时间使用音响设备等，使电解液中存在大量的硫酸铅，如果车辆长期放置不用，硫酸铅就会从电解液中析出，极板上会逐渐生成一层白色的粗晶粒的硫酸铅，这种物质很难在正常充电时溶解还原成活性物质（称为硫酸铅硬化）。同时这种物质会堵塞极板的孔隙，阻碍电解液的渗入，导致容量下降，内电阻增大，起动和充电性能明显下降。充电时，充电电压和电解液温度会异常升高，并过早产生气泡；放电时，电压下降很快，严重影响蓄电池的寿命。

2.ACC/ON 电源状态下的自充电方法

传统汽车在 ACC/ON 电源状态下，如果长时间使用音响等电器，由于发动机没有工作，因

单元二 混合动力汽车电池组管理系统

此交流发电机无法给蓄电池及时充电,很容易使蓄电池过度放电,如果车辆再长时间停放,蓄电池就会出现极板硫化的现象,影响蓄电池的使用。

在混合动力车型中,由于采用智能起动系统,通过 PS 模块(或者 HCU)实时检测蓄电池的电压,当蓄电池电压下降到所允许的下限值时自动起动充电系统,就可以防止蓄电池出现过度放电的现象,从而避免蓄电池出现极板硫化的问题。

图 5-14 所示是某混合动力车型蓄电池自充电系统拓扑图,该系统主要由无钥匙起动系统(PS)、整车控制器(HCU)、电池组管理系统(BMS)和电机控制器(PEU)组成(PEU 内含 DC/DC 功能),可以将直流 288 V 的动力电源转换成低压直流电源给 12 V 蓄电池充电。

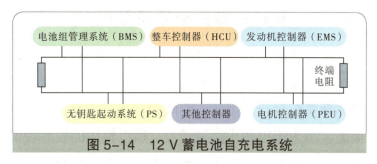

图 5-14　12 V 蓄电池自充电系统

3. 蓄电池自充电系统的工作过程

1)整车电源处于 ACC 或 ON 状态时,由于较长时间内使用音响等电器,使蓄电池电压有所降低,当 PS 模块内部电源监测电路检测到电压低于设定值时,开始进入自行充电模式。

2)PS 模块控制相应的电路闭合,并向 HCU 提出充电请求。

3)HCU 进行诊断,确认进入 READY 的条件满足,则接通主继电器,使 PEU、BMS、EMS 进入工作状态,并起动 DC/DC 转化,如果同时检测到动力电池 SOC 值低于设定值,则起动发动机充电。

4)动力电池的 SOC 值充电到设定值时,停止发动机充电,保持 READY 状态,以备随时行车需要。

5)如不需使用电器,可按 PS 模块上的 POWER 开关退出,使电源回到 OFF 状态。

根据上面所述的工作过程,将其转化成如图 5-15 所示的蓄电池自充电流程。

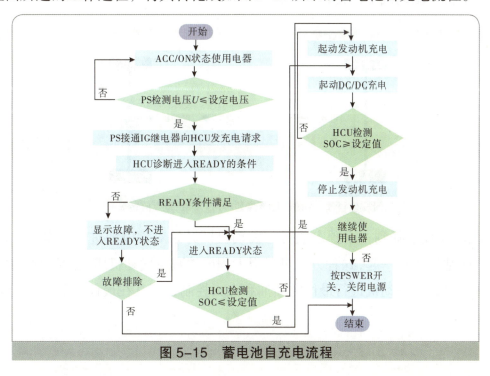

图 5-15　蓄电池自充电流程

单元三　串联式混合动力汽车

一、串联式混合动力汽车简介

串联式混合动力（SHEV）汽车是混合动力汽车的一种，主要用于客车。串联式混合动力汽车的发动机起动后持续工作在高效区，通过发电机给电池发电，而驱动电机作为整车的动力源驱动整车运行。因此，串联混合动力技术，需要将机械能转化为电能，然后将电能转化为机械能，因为需要两次能量转换，所以整体的效率较低，同时需要驱动电机用来代替传统的发动机达到牵引的目的，所以电池容量、发电机及驱动电机的功率都不能太小，因此串联式混合动力汽车大多数为大型车。

二、串联式混合动力汽车的结构原理

串联式混合动力汽车的动力系统主要由发动机、发电机、电池、电动机、整流交换器几大主要部件总成组成，结构布置如图5-16所示。发动机带动发电机发电，且两者通常组合在一起称为辅助动力单元（Auxiliary Power Unit，APU）。APU输出的电能可通过整流交换器为电池充电，也可以供给电动机驱动车辆。另外，电池也可以放电向电动机提供驱动功率。电动机是驱动串联式混合动力汽车的唯一动力装置，而发动机与驱动轮无机械连接，发动机的运行工况可以设置成与车辆行驶工况脱离关系。发动机带动发电机所产生的电能和电池输出的电能，共同输出到电动机来驱动汽车行驶。

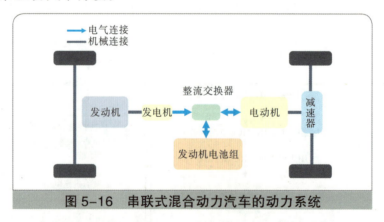

图5-16　串联式混合动力汽车的动力系统

当蓄电池的SOC下降到一个预定值时，发动机即开始对蓄电池进行充电。发动机与驱动系统并没有机械地连接在一起，这种方式可以很大程度地减少发动机所受到的车辆的瞬态响应。瞬态响应的减少可以使发动机进行最优的喷油和点火控制，使其在最佳工况点附近工作。

三、串联式混合动力汽车的工作模式

根据车辆行驶工况的不同,串联式混合动力汽车可以有多种工作模式。汽车在行驶过程中,通过选择最优的工作模式,可以达到提高燃油经济性、减少排放的目的,如表 5-1 所示。

表 5-1　汽车的串联式混合动力工作模式

工作模式	动力流向图
纯电动模式,当电池 SOC 较高、汽车的需求功率不能使发动机运行在高效率区或者汽车起动时,为了避免发动机运行在低效区,发动机关闭,仅由电池供电	发动机—发电机；电池--→变换器→电机→传动系
发动机单独驱动模式,当汽车的需求功率可以使发动机运行在高效区且电池 SOC 不低时,由发动机单独驱动	发动机→发电机↓；电池--→变换器→电机→传动系
发动机驱动并给电池充电,当电池 SOC 较低且汽车的需求功率较小时,发动机单独驱动,发动机输出的功率一部分用于驱动汽车行驶,另一部分用于给电池充电	发动机→发电机；电池←--变换器→电机→传动系
发动机电池混合驱动,当汽车需求功率很大,电池 SOC 较高时,发动机和电池联合驱动汽车,以提供汽车行驶所需的功率	发动机→发电机；电池--→变换器→电机→传动系
能量回收再生制动,当汽车减速行驶且电池 SOC 不高时,可以利用电机对电池充电,将制动能量回收。如果电池 SOC 很高,则此时利用电制动和机械制动相结合的方法	发动机—发电机；电池←--变换器←电机←传动系
停车充电,当汽车停车且电池 SOC 较低时可以利用发动机对电池进行充电	发动机→发电机；电池←--变换器—电机—传动系

四、串联式混合动力汽车的功率控制策略

混合动力汽车与传统车辆相比最大的特点是有多个能量源,车辆运行时能量流动具有多个方向。混合动力汽车的高效率驱动需要合理地分配这些能量流。混合动力汽车的能量管理,就是控制车辆行驶过程中不同工况中各动力部件(发动机、电动机、电池、传动装置等)的能量流的大小和流向。能量管理策略包括功率控制策略、传动装置控制策略和制动能量回收策略 3

部分。其中,制定合适的功率控制策略及其逻辑是优化能量流动、协调各动力总成运行的核心。所谓功率控制策略,就是根据驾驶员意图和行驶工况,以及各部件的特性和运行状态来确定车辆的运行模式和各部件功率的大小。

功率控制策略是混合动力汽车的关键技术之一,它影响能量在车辆内部的流动及整车性能。制定功率控制策略是一项综合性的任务,需考虑多个因素,不同类型和大小的混合动力汽车各有所侧重,功率控制策略实现的主要目标如下。

1)发动机位于最优的工作点或工作区域运行,以获得最佳的燃油经济性和排放性能。

2)根据行驶工况的要求,合理分配发动机、电动机、电池等部件的功率大小,满足车辆的动力性要求。

3)尽量稳定发动机运行工况,避免低转速下运行,提高发动机负荷率,减少发动机的开/关次数,避免起动时的低效率和大排放量。

4)电池的SOC、电压等参数维持在正常范围内,延长电池的使用寿命。

另外,制定控制策略需要掌握各部件的性能与特性,包括发动机的万有特性、电动机的转矩特性、电池电压特性、电池的充放电效率、电动机效率特性等。一个好的控制策略可以充分发挥各动力部件效率的潜力,尽量避免各部件低效率工作,优化混合驱动效率,达到最佳的整体效率。

串联式混合动力汽车的功率控制策略有发动机开关式、发动机功率跟随式和复合式3种类型。其中,发动机开关式功率控制策略和发动机功率跟随式功率控制策略分别是两种极端模式,复合式功率控制策略则是这两种模式的组合。

1. 发动机开关式功率控制策略

这种控制策略下,发动机有开启和关闭两种状态,开启时固定在一个转速和功率下运行。该策略的控制参数是电池的SOC,设定SOC的一个上限值SOC_{max}和一个下限值SOC_{min},具体控制规则如下:

1)发动机开启时,设置在经济点稳定地运行,带动发电机发电仅向电池充电。

2)当电池SOC超过SOC_{max}时,发动机关闭,电池放电,单独向电动机提供电能。

3)当电池SOC小于SOC_{min}时,发动机开启,带动发电机向电池充电。

这种控制策略的优点是发动机处于经济点稳定运行,燃烧充分,排放低;缺点是动力的传递要经过发动机、发电机、电池充放电、电动机、机械传动系统等,传递环节多,特别是目前电池充放电循环效率较低,所以整个动力传动系统效率较低,油耗偏高。

2. 发动机功率跟随式功率控制策略

该控制策略的控制参数是车辆所需的行驶功率,控制规则如下:

1)发动机一直开启,它的功率跟随着电机的功率变化而变化。

2)设定一发动机功率下限值,当行驶所需功率低于该值时,发动机以下限值功率带动发电机发电,发出的电功率主要满足行驶功率的要求,多余功率用于向电池充电。

3）当行驶功率很大，发动机最大输出功率不能满足驱动要求时，电池放电输出电能补充，两者共同带动电机驱动。

发动机功率跟随式功率控制策略的特点是尽量利用发电机发出的电能驱动电动机而少用电池以减少动力传递环节，避免电池低充放电循环效率对整体效率的不良影响。设置发动机功率下限的目的是避免发动机在低负荷工况下极高的油耗率。在该策略下，如果发动机匹配合理，使其运行于经济区域，可获得良好的燃油经济性。发动机功率跟随式功率控制策略的缺点是发动机工况不断变化，排放性能不如发动机开关式功率控制策略。

3. 复合式功率控制策略

为了综合开关式功率控制策略的低排放和跟随式功率控制策略的低油耗的优点，可采用将两者结合起来的方案，即复合式功率控制策略，该策略的控制参数为 SOC 和需求行驶功率，具体控制规则见表 5-2。

表 5-2　串联式混合动力汽车复合式功率控制策略

	$SOC \leq SOC_{min}$	$SOC_{min} < SOC < SOC_{max}$	$SOC \geq SOC_{max}$
$P_r \leq P_{e0}$	APU 以下限功率运行向电动机供电，多余功率用于给电池充电 $P_e = P_{e0} = P_r + P_{bc}$	APU 以下限功率运行向电动机供电，多余功率用于给电池充电 $P_e = P_r + P_{bc}$ 电池单独供电，APU 关闭 $P_{bd} = P_r + P_{bc}$	电池单独供电，APU 关闭 $P_{bd} = P_r$ $P_e = 0$
$P_r < P_{e0} < P_{emax}$	APU 除了提供行驶功率，还向电池充电 $P_e = P_r + P_{bc}$	APU 除了提供行驶功率，还向电池充电 $P_e = P_r + P_{bc}$ APU 只提供行驶功率 $P_e = P_r$ $P_{bc} = 0$	电池单独供电，APU 关闭 $P_{bd} = P_r$ $P_e = 0$
$P_r \geq P_{emax}$	应避免出现此状况	APU 以最大功率运行，不足功率由电池放电提供 $P_e = P_{emax}$ $P_{bc} = P_r - P_{emax}$	APU 以最大功率运行，不足功率由电池放电提供 $P_e = P_{emax}$ $P_{bc} = P_r - P_{emax}$

注：P_r 为需求行驶功率；P_{e0} 为 APU 下限功率；P_{emax} 为 APU 最大功率；P_{bc} 为电池充电功率；P_{bd} 为电池放电功率。

复合式功率控制策略是发动机开关式功率控制策略和发动机功率跟随式功率控制策略两种极端模式的组合，具有可同时满足低排放和低油耗的潜力。实际上，复合式功率控制策略在两种极端模式之间存在着最优点，在该点，发动机和电池合理分担行驶功率，发动机和电池混合驱动效率最高。优化点的位置取决于发动机经济区的大小和电池的充放电效率。若发动机经济区扩大或电池效率降低，优化点向功率跟随式策略移动；反之，发动机经济区变窄或电池效率升高，优化点靠近开关式策略。

五、串联式混合动力汽车的特点

串联式混合动力汽车的优点如下：

1）适合于在城市运行。车辆在城市运行时，需要频繁起步、停车、加速和低速运行，在这些工况下，传统燃油汽车发动机的油耗高、排放性能差，而串联式混合动力汽车的发动机受行驶工况影响小或者不受影响，可工作于稳定、高效的最佳工况区域。

2）发动机／发电机组与机械传动装置无机械连接，布置较灵活。

3）结构和工作原理比较简单，系统的设计和实现难度相对较低。

串联式混合动力汽车的缺点如下：

1）能量转换、传输环节多，能量转换效率比较低。

2）电动机的额定功率要求比较大，相应体积和质量也较大，这是因为电动机是唯一直接驱动车辆的动力装置，需要满足最高车速、加速、爬坡等所有工况的功率要求。

单元四 并联式混合动力汽车

一、并联式混合动力汽车简介

并联式混合动力系统由发动机和电动机共同驱动，发动机与电动机分属两套系统，可以分别独立地向汽车传动系统提供转矩，在不同的路面上既可以共同驱动又可以单独驱动。电动机既可以作电动机又可以作发电机使用，又称为电动－发电机组。由于没有单独的发电机，发动机可以直接通过传动机构驱动车轮，这种装置更接近传统的汽车驱动系统，机械效率损耗与普通汽车差不多，因此得到比较广泛的应用。

二、并联式混合动力汽车的结构原理

并联式混合动力汽车的动力系统主要包括发动机、电池、电动机、动力合成装置、传动装置等部件。发动机和电动机是车辆的两个动力源，都和驱动轮有机械连接，两者的动力通过动力合成装置合成。发动机一般是主动力源，具有独立驱动车辆的能力。电动机的主要功能是在必要时（如车辆起动、加速、爬坡等工况）通过动力合成装置辅助发动机驱动，对于电动机额定功率较大及电池数量较多的车辆，电动机具有单独驱动车辆的能力。在制动时，电动机以发电机模式工作，把车辆的动能转化成电能，存储于电池中。并联式混合动力汽车系统如图5-17所示。

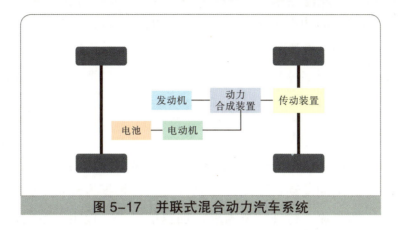

图 5-17 并联式混合动力汽车系统

三、并联式混合动力汽车的工作模式

并联式混合动力汽车有发动机和电动机两套驱动系统,通过两者的组合可以实现多种驱动方式。为适应复杂的车辆行驶工况的动力需求,并联式混合动力汽车的主要工作模式见表 5-3。

表 5-3 并联式混合动力汽车的主要工作模式

工作模式	动力流向(实线为机械功率,虚线为电功率)
电动机单独驱动,发动机关闭	
发动机单独驱动,电池充电	
发动机单独驱动,电动机关闭	
发动机和电动机共同驱动	
回收制动能量	

四、并联式混合动力汽车的功率控制策略

并联式混合动力汽车的功率控制策略的任务是在满足汽车各种工况的驱动要求的前提下,针对各部件的性能特性及汽车的行驶工况,根据电池 SOC、驾驶员加速踏板和制动踏板位置、车速和行驶功率等控制参数,按照一定的控制规律,确定发动机、电动机、电池等部件的工作

模式并合理地分配它们承担的功率，使它们处于最佳的工作区域，达到最高的整车系统效率，获得整车最佳燃油经济性和最低排放。

并联式混合动力汽车的功率控制策略主要包括电动机辅助驱动控制策略、实时优化控制策略和模糊逻辑控制策略三种。

1. 电动机辅助驱动控制策略

电动机辅助驱动控制策略也称为基于规则的控制策略。在这类控制策略中，发动机作为主动力源，电动机在必要时辅助发动机驱动，控制方式是，根据发动机的性能特性，以一个或多个变量作为控制参数，如车速、行驶功率需求、加速信号等，设定一定的控制规则，判断和确定动力部件的工作模式与功率大小，使车辆运行在高效区，提高汽车的燃油经济性。

（1）以车速为控制参数

这是并联式混合动力汽车最早采用的一种控制策略。设定一个临界车速，将实际车速大小与临界车速进行比较，并以比较结果作为控制依据。这种策略利用了电动机低速大转矩的特性，避免了发动机在低速时的低效率，当车速较高时发动机处于高效率区运行，此时采用发动机驱动可避免高速纯电动行驶时的电池快速放电损失。具体控制规则如表5-4所示。

表5-4 以车速为参数的功率控制策略

$v \leq v_0$	发动机关闭，电动机单独驱动 $P_m = P_r\ P_e = 0$	
$v > v_0$	SOC > SOC$_{min}$	SOC $\leq$ SOC$_{min}$
	发动机开启，电动机关闭 $P_e = P_r$ $P_m = 0$	发动机开启，除了提供行驶功率，还向电池充电 $P_e = P_r + P_{bc}$

注：v_0 为临界车速；SOC$_{min}$ 为设定的最小SOC；P_r 为需求行驶功率；P_m 为电动机功率；P_e 为发动机功率；P_{bc} 为电池充电功率。

（2）以行驶载荷为控制参数

此情形以行驶载荷作为控制参数（常用行驶功率或驱动转矩），其控制方式是平衡发动机的运行负荷，避免发动机的低负荷工况。在大行驶载荷时，电动机辅助驱动减小发动机负荷，使发动机始终处于经济运行区工作。该策略设定一行驶载荷临界值，当实际行驶载荷低于该值时，发动机在载荷临界点工作，多余的动力用于给电池充电，当实际行驶载荷大于发动机能提供的最大动力时，电动机辅助驱动，车辆以发动机和电动机共同驱动模式运行，如表5-5所示。

表5-5 以行驶载荷为控制参数的功率控制策略

$P_r \leq P_{e0}$	发动机以下限功率运行，多余功率给电池充电 $P_e = P_{e0} = P_r + P_{bc}$
$P_{e0} < P_r < P_{emax}$	发动机单独驱动，电动机关闭 $P_e = P_r\ P_m = 0$
$P_r \leq P_{emax}$	发动机以最大功率运行，不足功率由电动机提供 $P_e = P_{emax}$ $P_m = P_r - P_{emax}$

注：P_r 为需求行驶功率；P_{e0} 为设置的发动机下限功率；P_{emax} 为发动机最大功率；P_e 为发动机功率；P_m 为电动机功率；P_{bc} 为电池充电功率。

（3）多控制参数

单变量控制策略简单且易于执行，但能实现的混合动力系统工作模式较少，不能保证各部件的良好匹配，无法获得整车系统的最大效率。为了实现更多的系统工作模式，需要采用多变量作为控制策略的控制参数。在多参数控制策略中，各参数被划分成多个区间，对这些区间进行组合可将车辆的运行划分成较多的子状态，有利于实现更多的车辆工作模式。表 5-6 所示为以车速、行驶功率和电池 SOC 为控制参数的并联式混合动力汽车功率控制策略。

表 5-6 多参数功率控制策略

$P_r \leqslant P_{e0}$	发动机关闭，电动机单独驱动 $P_m = P_r$ $P_e = 0$	发动机以下限功率运行，多余功率用于给电池充电 $P_e = P_{e0} = P_r + P_{bc}$	
$P_{e0} < P_r < P_{emax}$	发动机关闭，电动机单独驱动 $P_m = P_r$ $P_e = 0$	当 $SOC > SOC_{min}$ 发动机开启，电动机关闭 $P_e = P_r$ $P_m = 0$	当 $SOC \leqslant SOC_{min}$ 发动机开启，除了提供行驶功率，还向电池充电 $P_e = P_r + P_{bc}$
$P_r \leqslant P_{emax}$	发动机关闭，电动机单独驱动 $P_m = P_r$ $P_e = 0$	发动机以最大功率运行，不足功率由电动机提供 $P_e = P_{emax}$ $P_m = P_r - P_{emax}$	

注：v_0 为临界车速；SOC_{min} 为设定的最小 SOC；P_r 为需求行驶功率；P_{e0} 为设置的发动机下限功率；P_{emax} 为发动机最大功率；P_e 为发动机功率；P_m 为电动机功率；P_{bc} 为电池充电功率。

基于规则的电动机辅助驱动控制策略虽然算法简单且容易实现，但是属于静态控制策略，没有考虑各部件的动态特性，而且只考虑发动机的燃油经济性，不考虑发动机排放。另外，没有针对实时的电池状态来考虑充电力度的问题，而无节制的电池放电或利用制动能量为电池充电，会导致电池的瞬时电压过高而影响其性能和寿命。所以从理论上讲，基于规则的控制策略并不是最优的控制策略。

2. 实时优化控制策略

实时优化控制策略有时也称为自适应控制策略。对于混合动力汽车来讲，实时优化控制就是根据对车辆性能提出的控制目标，利用最优控制原理，考虑发动机的性能特性，建立相应的目标函数，并使目标函数值最小来实现所要求的控制目标。实时优化控制策略需要建立发动机性能特性模型，或者预先在控制系统中存储发动机的性能特性数据。在车辆运行时，系统实时采集发动机运行状态参量，由发动机模型或数据确定实际性能指标，并与设定的控制目标进行比较，根据比较结果实时调整发动机的运行状态，以达到最优的发动机性能。

实时优化控制的目的有两个，一个是发动机燃油经济性最佳，另一个是发动机排放最小。发动机的转速和功率范围较宽，其最佳燃油经济工作区与最低排放工作区不完全一致，并且不同排放物（如 NO_x、HC、颗粒等）最小值区域也不重合，因此，要求燃油经济性和排放所有工况下同时达到最佳是不切实际的，实际控制策略需要实时地在两类优化目标之间权衡。实时优化控制可以综合考虑燃油经济性和各种排放，通过一组权值来描述各自的重要性，用户可以根据自己的要求来设定这组权值，从而在燃油消耗和排放之间获得权衡。例如，在市区行驶时，可以提高目标函数中优化排放的权值，适当牺牲一点燃油经济性，在高速公路上行驶时，则提高燃油经济性的权值，以达到更低的燃油消耗。

实时优化控制虽然可实现性能最优控制，但优化过程复杂，计算量大，控制系统的软硬件都比较复杂，这对实时性要求较高的车辆控制系统是不利的。

3. 模糊逻辑控制策略

混合动力汽车动力系统具有明显的非线性和时变的特点，而对于难以建模的复杂非线性时变系统，采用线性系统控制往往难以实现最理想的控制效果。智能控制从模仿人类的智能出发，根据复杂被控动态过程的定性信息和定量信息，进行综合集成和推理决策，对非线性时变系统有较好的控制效果。模糊逻辑控制从模仿人类思维方式的角度出发，是一种基于知识库的智能控制，具有不需要精确数学模型和对时变系统适应能力强的优点，因此适合用于混合动力汽车动力系统的控制。

从本质上说，模糊逻辑控制策略也是一种基于规则的控制策略，但是与经典逻辑门限值控制的区别是门限值的表示方式。经典逻辑门限值控制基于布尔逻辑，可用精确值描述控制规则，而模糊逻辑控制基于模糊逻辑，用模糊值描述控制规则。实际的控制系统中，各种控制模式间有时存在过渡区，且有的控制规则无法用精确参数表达，从这个角度来说，采用门限值模糊化的模糊逻辑控制具有优势。

在混合动力汽车模糊控制系统中，模糊控制器将检测的整车和部件状态参数精确地转换成模糊量，根据专家制定的推理机制，应用基于专家知识和经验的规则库中的相关规则，得出模糊结论，并将其转换成精确量作为控制指令，协调车辆各部件的功率流，使整车的燃油经济性和排放达到最佳。

五、并联式混合动力汽车的动力合成

1. 动力合成方式

在并联式混合动力结构中，发动机和电动机有时需要共同驱动车辆，这要求将两者的动力进行合成，动力合成的方式分为转矩合成和转速合成。

（1）转矩合成方式

转矩合成的特点是合成的转矩是发动机转矩和电动机转矩的线性组合，合成动力的输出转速、发动机转速、电动机转速三者具有比例关系。如图 5-18 所示，T_1、n_1 分别为发动机的输入转矩和转速，T_2、n_2 分别为电动机的输入转矩和转速，T_3、n_3 分别为动力合成后的输出转矩和转速，转矩合成时输入/输出应该满足如下条件。

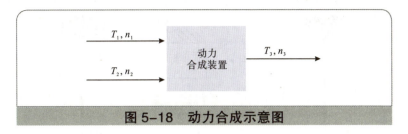

图 5-18　动力合成示意图

$$T_3 n_3 = T_1 n_1 + T_2 n_2$$
$$T_3 = K_1 T_1 + K_2 T_2$$
$$n_3 = n_1/K_1 = n_2/K_2$$

式中，K_1、K_2 为与动力合成装置结构有关的常数。典型的转矩合成装置有圆柱齿轮传动结构、锥齿轮传动结构、带传动结构，此时 K_1、K_2 就是相应的齿轮副或带传动传动比。还有一种比较常见的结构是发动机和电动机转子同轴，此时 $K_1 = K_2 = 1$。

（2）转速合成方式

转速合成方式的特点是合成的转速是发动机转速和电动机转速的线性组合，合成动力的输出转矩、发动机转矩、电动机转矩三者具有比例关系。转速合成时输入/输出应该满足如下条件：

$$T_3 n_3 = T_1 n_1 + T_2 n_2$$
$$n_3 = K_1 n_1 + K_2 n_2$$
$$T_3 = T_1/K_1 = T_2/K_2$$

最常用的转速合成装置是行星齿轮机构。行星齿轮机构包括中心轮、行星架、齿圈3个部件，当作为动力合成装置时，其中的两个部件分别和发动机与电动机相连，另外一个部件作为输出，连接方式可以有多种组合，可根据实际情况灵活选用。例如，在一个行星齿轮动力合成装置中，发动机和中心轮连接在一起，电动机和齿圈连接，行星架作为输出部件，z_1、z_2 分别为中心轮和齿圈齿数，令 $\alpha = z_2/z_1$，根据行星齿轮的传动关系，可以得到输入/输出转矩、转速的关系为

$$n_3 = \frac{1}{1+\alpha} n_1 + \frac{1}{1+\alpha} n_2$$

$$T_3 = \alpha T_1 = \frac{1+\alpha}{\alpha} T_2$$

2. 动力合成的结构形式

并联式混合动力汽车按照动力合成的结构形式，分为单轴式结构、双轴式结构和分路式结构3种。

（1）单轴式结构

单轴式结构如图 5-19 所示，发动机的输出轴和电动机的转子同轴，合成的转矩等于发动机转矩和电动机转矩之和，因此属于转矩合成方式。另外，电动机转速和发动机转速相同，限制了电动机的工作区域，故需要合理选择匹配电动机的特性。

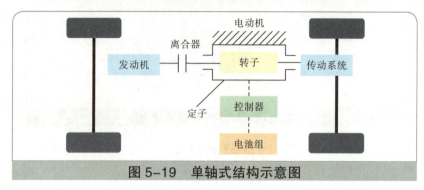

图 5-19 单轴式结构示意图

在发动机和电动机之间还设置了一个离合器，根据需要可以中断或者接合发动机和电动机机及传动系统间的动力传递，具体工作方式如下：在车辆起步时，离合器接合，电动机作为起动机工作带动发动机起动；正常运行时，发动机单独驱动，电动机不工作，此时离合器处于接合状态，如果发动机有多余动力，带动电动机以发电机模式工作，向电池充电；急加速或爬坡时，电池向电动机供电，此时发动机和电动机共同驱动以满足驱动要求；短暂停车时，发动机关闭以避免怠速工况；制动时，发动机关闭，离合器分离，车辆带动电动机以发电机模式工作，向电池充电，回收制动能量。

这种结构中的电机综合了起动机、辅助驱动电动机、发电机的功能，有利于发动机、电动机和变速器的一体化模块设计，使得动力传动总成体积小、质量轻，便于布置和节省空间，但电动机的功率一般不大，不能单独驱动车辆或者可单独驱动的里程很短，采用该结构的车辆属于轻度混合动力车型。

（2）双轴式结构

双轴式结构中，发动机和电动机的轴线位于两条不同的直线，两者的动力经过动力合成装置合成之后，再通过传动系统来驱动车辆。按照动力合成的位置不同，双轴式结构又分为两种：一种是动力合成发生在变速器之后，如图 5-20（a）所示；另一种是动力合成在变速器之前完成，如图 5-20（b）所示。

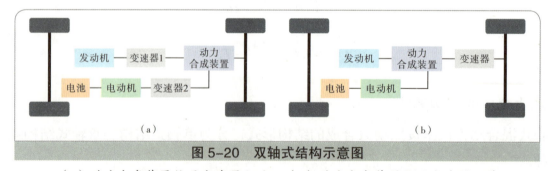

图 5-20 双轴式结构示意图

（a）动力合成装置位于变速器之后；（b）动力合成装置位于变速器之前

在动力合成装置位于变速器之后的结构中，发动机和电动机各有一套变速器，考虑到电动机的转矩特性，电动机变速器有时可以只设置较少挡位数或者取消。由于具有多个挡位的选择，发动机和电动机的转速比例关系是可调的，通过调节它们之间的转速关系，使发动机、电动机的工况调节更灵活。另外，两个变速器的多挡位和两种动力的合成可形成多种驱动力特性曲线。因此，这种结构可以为发动机和电动机处于最佳区域提供更大的机会，可获得良好的车辆动力性和系统整体效率。其缺点是换挡复杂,传动系统结构复杂,不利于在车辆上布置。

在动力合成装置位于变速器之前的结构中,发动机和电动机的动力在输出之后直接在动力合成装置中合成,之后通过同一个变速器,变速器能以相同的倍数提高发动机和电动机的转矩。相对于图5-20(a)的结构,这种结构得到了简化。发动机和电动机的转速成比例关系,这就要求合理选择动力合成装置的传动比,使发动机、电动机都工作于各自合理区域,高效率地发挥出各自的动力优势。

(3)分路式结构

分路式结构如图5-21所示,发动机和电动机各自带有一套传动系统,分别驱动前轮或后轮,动力的合成是通过牵引力在路面的复合来完成的。汽车的牵引力由两个驱动轴承组成,每一轴上承担的牵引力减少,不容易超出地面附着极限,车辆的通过性好。发动机和电动机的双动力使得车辆具有良好的动力性,同时,与传统的燃油四轮驱动汽车相比,可获得更低的油耗和废气排放。

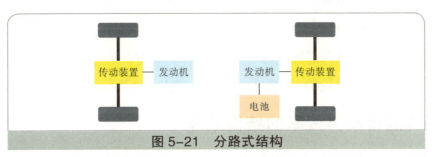

图5-21 分路式结构

这种结构的缺点是装备两套动力传动系统,使得结构复杂、不紧凑,不适合尺寸较小的车型,并且布置困难,空间占用太多。

六、并联式混合动力汽车的特点

并联式混合动力汽车的优点如下:

1)动力性好,最高车速、加速能力和爬坡能力可做到与传统汽车相同。

2)发动机的动力可通过机械传动装置直接输出到驱动轮,中间没有机械能与电能的能量转换,与串联式布置相比,系统效率较高,更有利于获得好的燃油经济性。

3)可避免发动机效率低、排放差的工况,在车辆低速运行时,可以采用电驱动方式行驶,设定发动机以稳定、高效、节能的状态运行,获得很好的燃油经济性和环保性能。

4)行驶功率由发动机和电动机共同提供,在部件选型时,可以选择功率小一点的发动机和电动机。部件体积小,有利于在车上安装和布置。

5)与串联式相比,电池的数量少,有利于电池的布置、整车质量的减小以及成本的降低。

并联式混合动力汽车的缺点如下:

1)动力部件多,具有多种驱动组合和运行模式,虽然可以实现很好的控制效果,但使得控制系统的设计和实现难度较大。

2)两套驱动系统的动力合成需要动力耦合装置,另外,系统还配置有离合器、变速器、驱动桥等传动装置，整车的机械传动机构比较复杂，布置和控制较困难。

3）发动机与驱动轮有机械连接，运行工况受行驶工况的影响，当车辆在行驶工况频繁变化下运行时，发动机状态也不断变化，这对减少发动机排放是不利的。

单元五　混联式混合动力汽车

一、混联式混合动力汽车简介

混联式混合动力汽车是串联式和并联式两种模式的综合，可以以串联式模式工作，也可以以并联式模式工作，还能同时以两种模式混合工作。与单一的串联式或并联式混合动力汽车相比，混联式混合动力汽车的动力部件更多，主要包括发动机、动力分配装置、发电机、电动机、动力合成装置、传动装置、驱动轮等。这要求有一个智能化的控制系统去控制这些部件协同工作。

二、混联式混合动力汽车的结构原理

混联式混合动力汽车的结构示意图如图5-22所示。发动机的动力经过动力分配装置分成两部分，第一部分通过机械传动系统传递到驱动轮，另一部分则用于带动发电机发电。其中，发动机分离出的第一部分动力和电动机的动力在动力合成装置合成形成混合驱动，电动机必要时也可以单独驱动，这属于并联式工作模式。另外，发电机发出的电有两个去向，一路用于驱动电动机，另一路用于向电池充电，这又属于串联式工作模式。需要注意的是，有的动力分配装置除了具有动力分配的作用外，还可以兼有动力合成装置的功能，即两种装置可以集成为一个部件。目前，混联式结构常以行星齿轮机构作为动力分配装置。

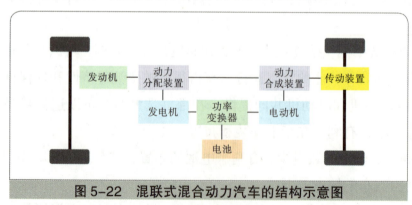

图5-22　混联式混合动力汽车的结构示意图

三、混联式混合动力汽车的驱动方式

混联式混合动力汽车结合了串联式混合动力汽车和并联式混合动力汽车的结构特点，可以实现多种驱动方式，主要工作模式如表 5-7 所示。

表 5-7　混联式混合动力汽车的工作模式

工作模式	动力流向（实线为机械功率，虚线为电功率）
起步和低速运行	发动机→动力分配装置→动力合成装置→传动装置；发电机--功率变换器--电动机；电池
一般车速	发动机→动力分配装置→动力合成装置→传动装置；发电机--功率变换器--电动机；电池
一般车速，剩余动力向电池充电	发动机→动力分配装置→动力合成装置→传动装置；发电机--功率变换器--电动机；电池
全力行驶	发动机→动力分配装置→动力合成装置→传动装置；发电机--功率变换器--电动机；电池
再生制动	发动机←动力分配装置←动力合成装置←传动装置；发电机--功率变换器--电动机；电池

四、混联式混合动力汽车的控制策略

混联式混合动力汽车的控制策略通常将控制目标（如油耗、排放等）表示为系统状态参数、控制参数等，再求出目标值最小时的动力部件状态参数值，如发动机和电动机的转矩、转速，以及电池电流等。具体实施有以下多种控制策略。

1. 发动机恒定点工作策略

发动机作为主要动力源，电动机和电池通过附加转矩的形式进行功率调峰，使系统获得足够的瞬时功率。由于采用了行星齿轮传动机构使发动机转速不随车速变化，这样使发动机工作在最优的工作点，提供恒定的输出转矩，而剩余的转矩由电动机提供。由电动机负责动态部分，避免了发动机动态调节带来的损失，而且与发动机相比，电动机的控制也更为灵敏，容易实现。

2. 发动机最佳油耗线策略

这种策略从静态条件下的发动机万有特性出发，经过动态校正后，跟踪由驱动条件决定的发动机最优工作曲线，从而实现对发动机及整车的控制。在这种策略下，使发动机工作在万有特性的最佳油耗线上。发动机在高于设定的转矩或功率限值后才会打开。

3. 瞬时优化策略

在发动机最佳油耗线策略的基础上，再在控制目标中加入最小排放量，对整车在某工况点下整个动力系统的综合控制目标进行优化，得到实时最优工作点，然后基于该点对各个状态变量进行动态再分配。在该策略中，对发动机工作点的设定不仅要根据油耗和排放特性，还要考虑电动机的效率特性、电池SOC等因素。

4. 全局优化策略

由优化理论可知，瞬时最小值之和并不等于和的最小值，因此瞬时优化策略并不是获得全局最优的控制策略。全局优化策略可实现真正意义上的最优化，但实现这种策略的控制算法往往比较复杂，计算量很大，在实际车辆的实时控制中很难得到应用。通常的做法是将由全局优化算法得到的控制策略作为参考，与其他控制策略相结合，在保证可操作性和可靠性的前提下进行优化控制。经典的动态最优控制理论有变分法、极小值原理和动态规划法。

五、混联式混合动力汽车的特点

混联式混合动力汽车的优点如下：

1) 动力性能与燃油汽车相同，甚至更好。

2) 不需要充电，使用方便，实现了能量管理、动力部件控制和部分驾驶操作的自动化和智能化。

3) 有多种驱动方式和工作模式，车辆运行灵活，能很好地适应复杂多变的车辆行驶工况。

4) 可以综合串联式混合动力汽车的排放性能好和并联式混合动力汽车的燃油经济性好的优点，使发动机、发电机、电动机等部件匹配最优化，结构上保证在复杂的工况下系统能实时以最优状态工作，实现排放和油耗最少的目标，是节能环保性能最佳的混合动力系统。

混联式混合动力汽车的缺点如下：

1) 动力系统部件多，增加整车质量，结构复杂，系统布置难度较大。

2) 控制系统需要监测、控制、协调多个动力部件的工作状态，以保证车辆实时、高效运行，系统的研发难度大。

3) 目前成本还较高。

单元六　插电式混合动力汽车

一、插电式混合动力汽车简介

插电式混合动力电动汽车（Plug-in HEV, PHEV），是一种可外接充电的新型混合动力汽车。插电式混合动力电动汽车是在传统混合动力汽车基础上衍化而来的，兼有传统混合动力汽车与纯电动汽车的基本功能特征。

插电式混合动力车与传统混合动力汽车的区别主要体现在以下两方面。

1）插电式混合动力汽车可以直接由外接电源充电，而传统混合动力汽车大多通过发动机为电池充电以及在车辆行驶过程中回收制动能量等。

2）插电式混合动力汽车的电池容量较大，可以靠电力行驶较远的距离，电力驱动在插电式混合动力汽车中所占比例更高，其对发动机的依赖较传统混合动力汽车少。

在插电式混合动力汽车中，电动机大多提供主要的输出动力，因此其对电动机的性能要求较高，并需要大容量的电池来为电动机提供足够的电力。插电式混合动力汽车主要以电为动力来源，传统的发动机只作为辅助动力，在电池能量消耗完时才启用。高尔夫 GTE 插电式混合动力汽车如图 5-23 所示。

图 5-23　高尔夫 GTE 插电式混合动力汽车

二、插电式混合动力汽车的结构

插电式混合动力汽车可以从外部电网充电，是在混合动力汽车的基础上演变出来的新型车辆，兼有传统混合动力汽车与纯电动汽车的基本特征。与混合动力汽车相比，插电式混合动力汽车的电动机功率和电池容量更大。插电式混合动力汽车的结构与基本型混合动力汽车的结构是类似的，也分为并联式、串联式和混联式 3 种类型，如图 5-24 所示。

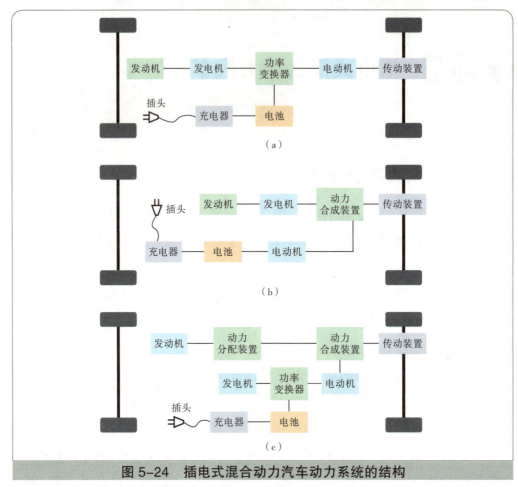

图 5-24 插电式混合动力汽车动力系统的结构

(a) 串联插电式混合动力汽车；(b) 并联插电式混合动力汽车；(c) 混联插电式混合动力汽车

串联插电式混合动力汽车有时也称为增程式电动汽车，其特点是发动机带动发电机发电，发出的电能通过功率变换器直接输送给电动机，电动机驱动汽车行驶。动力电池可从外部电网充电，在汽车行驶时，还可以接收发电机发出的电能和制动时回收的能量。在必要时，可关闭发动机，实现电池单独给电动机供电来驱动车辆。在大强度加速和爬坡时，以发电机和电池混合动力模式工作。当电池组不起作用或不能使用时，发电机可单独驱动电动机带动汽车运行。在停车状态下可通过车载充电器对动力电池进行外接充电。

并联插电式混合动力汽车的发动机和电动机是两个相对独立的系统，既可实现纯电动行驶，又可实现发电机单独驱动行驶，在功率需求较大时还可以实现混合动力行驶。制动时，具有回收制动能量的功能。在停车状态下可通过车载充电器进行外接充电。

混联插电式混合动力汽车的动力系统是串联式与并联式的综合，可兼有串联式和并联式的工作方式，但系统较为复杂。车辆低速行驶时，主要以串联式方式工作，车辆中高速稳定行驶时，则以并联工作方式为主。制动时，具有回收制动能量的功能。在停车状态下可通过车载充电器进行外接充电。

三、插电式混合动力汽车的工作模式

插电式混合动力汽车由 3 种结构的混合动力汽车派生而来，可以实现不同的工作模式。另

外，除了按照驱动方式分类外，根据车载电池电量状态的变化特点，可以将插电式混合动力汽车的工作模式分为电量消耗模式和电量保持模式，车辆行驶时优先采用电量消耗模式。

1. 电量消耗模式

在电池组充满电后的初期行驶阶段，车辆主要使用电池的能量来行驶，此时电池电量在不断消耗，直至达到某一规定的值为止，此过程称为电量消耗模式。根据发动机是否参与工作，电量消耗模式又可分为纯电动和混合动力两种子模式。

纯电动子模式的特点是发动机关闭时，电池是唯一的能量源，零排放，电池的 SOC 降低，整车一般只达到部分动力性指标。当车辆起动、低速或者只要求部分动力性指标时，采用此模式。

混合动力子模式的特点是发动机和电池共同提供行驶功率，电池通过向电动机供电承担主要的整车行驶功率需求，发动机用来补充电池输出功率不足的部分，电池的 SOC 也在降低，直至降到 SOC 下限值。该模式适合在中高速，要求全面达到动力性指标时采用。

2. 电量保持模式

在电池组的能量消耗到一定程度，即 SOC 达到下限值时，为了保证车辆性能和电池组的使用寿命，车辆进入电量保持模式。电量保持模式与传统混合动力模式类似，发动机作为主动力源，提供主要的行驶功率，电池只是提供辅助功率，电池还可接收发动机在动力富余时的充电和制动回收的能量，电池组 SOC 有波动，但其平均值保持在某一水平上。

在电量消耗 - 纯电动模式、电量消耗 - 混合动力模式和电量保持模式之间能够根据整车能量管理策略进行无缝切换，切换的主要根据是整车功率需求和电池 SOC。

四、插电式混合动力汽车与增程式电动汽车的区别

插电式混合动力汽车的工作模式与增程式电动汽车非常类似，两者都可以由动力电池单独输入能量以行驶在纯电动模式下，且当动力电池容量接近设定的下限后都转由另外一种动力源继续提供车辆所需的能量。但两者在工作机理上存在着本质的区别。

增程式电动汽车是在纯电动汽车的基础上开发的电动汽车。之所以称之为增程式电动汽车是因为车辆追加了增程器，而为车辆追加增程器的目的是进一步提升纯电动汽车的续驶里程，使其能够尽量避免频繁地停车充电。插电式混合动力汽车是由混合动力汽车衍化而来，继承了混合动力汽车的大部分特点，但把混合动力汽车的功率型电池替换为了比容量更大的能量型电池，如此一来动力电池就有足够的能量保证车辆可以在零排放、无油耗的纯电动模式下行驶一定的距离。

从驱动的角度分析，增程式电动汽车不论工作在纯电动模式还是增程模式下，其车轮始终仅由电机独立驱动，而插电式混合动力汽车如果工作在混合动力模式下，发动机会与电机一起（经动力耦合后）参与到驱动车轮的行列。

从系统选型的角度分析，增程式电动汽车必须是串联式混合动力形式，而插电式混合动力汽车可以是并联式混合动力形式，也可以是混联式混合动力形式。

从性能的角度分析，增程式电动汽车的动力电池及驱动系统在设计之初就必须完美地匹配以达到既定的性能指标（如最高速度、最大爬坡度等），增程器（发动机与发电机的组合）的存在与否不影响整车的设计性能。而插电式混合动力汽车因为发动机也参与驱动的缘故，对电池与驱动系统的匹配要求不会很高，例如，插电版普锐斯混合动力汽车仅配备了 8.8 kW·h 的锂离子电池。

五、插电式混合动力汽车与传统混合动力汽车的主要区别

1）插电式混合动力汽车可以直接由外接电源充电，而传统混合动力汽车只在车辆行驶时通过发动机为电池充电以及回收制动能量。

2）插电式混合动力汽车的电池容量较大，有更大的纯电动行驶里程。

3）插电式混合动力汽车行驶时优先以电力作为动力源，电驱动比例比传统混合动力汽车高，对燃料的依赖度减小。

六、插电式混合动力汽车的优点

1）驱动模式多，选择灵活，车辆可获得良好的动力性。

2）中短程行驶时，具有纯电动汽车的全部优点，如零排放、低噪声及能量利用效率高等。

3）与传统混合动力汽车相比，增加了电驱动的比例，降低了油耗，减少了有害气体和温室气体的排放。

4）电驱动成本低于用油，优先使用电能从而降低了车辆运行成本。

5）可利用电网晚间低谷时对车载电池进行充电，改善电厂发电组效率，节约能源。

6）有加油和充电两种补充汽车能源的方式，增加了能源选择的自由度，有的车型还是"灵活燃料"汽车，可灵活补充普通燃油、生物燃料、气体燃料等多种能源。

7）从国家能源战略角度看，推广应用插电式混合动力技术可显著减少燃油的使用量，降低对石油的依赖，提高能源安全。

思考与练习

一、填空题

1. 最常见的混合动力汽车是同时带有_____和_____两种能量转换装置的车辆，俗称_____。
2. 混合动力汽车以动力传输路线分类，可分为_____、_____和_____ 3种。
3. 电池组管理系统主要包括_____、_____、_____。
4. _____系统采用先进的微处理器进行控制，通过_____和控制模块对_____进行管理。
5. 串联式混合动力汽车动力系统主要由_____、_____、_____、_____、_____几大主要部件总成组成
6. _____混合动力系统是由_____和_____共同驱动，_____与_____分属两套系统，可以分别独立地向汽车传动系提供转矩，在不同的路面上既可以_____又可以_____。
7. 混联式混合动力汽车是_____和_____两种模式的综合，可以以_____工作，也可以以_____工作，还能同时_____工作。
8. 混联式结构常以_____作为动力分配装置。
9. _____的电池容量较大，可以靠_____行驶较远的距离，_____驱动在_____中所占比例更高，其对发动机的依赖较传统HEV_____。
10. 从系统选型的角度分析，增程式电动车必须是_____形式，而插电式混合动力汽车可以是_____混合动力形式，也可以是_____混合动力形式。

二、问答题

1. 什么是混合动力汽车？混合动力汽车有哪些类型？

2. 简述串联式混合动力汽车的工作模式及动力流向。

3. 简述并联式混合动力汽车的动力合成形式。

4. 混合动力汽车与增程式电动车有何区别？

5. 混合动力汽车与电动车相比有哪些优缺点？

课题六
其他新能源汽车

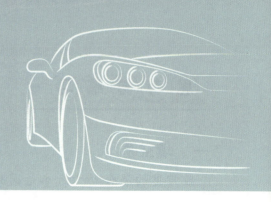

学习目标

1. 掌握天然气汽车的类型及主要部件结构；
2. 了解醇类燃料汽车的特点与维护方法；
3. 掌握二甲醚燃料汽车供油系统的结构与原理；
4. 掌握液化石油气汽车供油系统的结构与原理；
5. 熟悉压缩空气汽车的结构与工作原理。

单元一　天然气汽车

一、天然气汽车简介

从天然气为燃料的汽车称为天然气汽车。天然气是指天然蕴藏于地层中的烃类和非烃类气体的混合物,是很好的汽车发动机燃料。天然气汽车具有以下特点:①燃烧稳定,不会产生爆燃,并且冷热起动方便;②压缩天然气储运、减压、燃烧都在严格的密封状态下进行,不易发生泄漏,另外其储气瓶经过各种特殊的破坏性试验,安全可靠;③压缩天然气燃烧安全,积炭少,减少气阻和爆燃,有利于延长发动机各部件的使用寿命,减少维修与保养次数,大幅度降低维修与保养成本;④发动机的机油消耗量低;⑤使用压缩天然气与汽油相比,可大幅度降低一氧化碳、二氧化硫、二氧化碳等的排放,并且没有苯、铅等致癌和有毒物质危害人体健康。天然气汽车如图6-1所示。

图6-1　天然气汽车

二、天然气汽车的分类

1. 按燃料储存形式分类

天然气汽车按燃料储存形式可分为压缩天然气(Compressed Natural Gas,CNG)汽车、液化天然气(Liquefied Natural Gas,LNG)汽车和吸附天然气汽车。

（1）压缩天然气汽车

压缩天然气汽车使用的天然气压缩到20～25 MPa,储存在车载高压气瓶中。这种车辆成本相对较低,在目前使用比较普遍,其最大的缺点是高压气瓶过重,体积大且储气量小,占去了汽车较多的有效质量,限制了汽车携带燃料的体积,导致汽车连续行驶里程短。另外因气瓶的储存压力高,具有一定的危险性。

（2）液化天然气汽车

液化天然气由天然气在常压下冷却至-162℃后液化形成,可以明显地减小天然气体积(缩小到标准状况的1/625)。液化天然气储存于车载绝热气瓶中,具有燃点高、安全性能高等优点,适于长途运输和储存。与液化天然气汽车相比,液化天然气汽车在安全、环保、整车轻量化、整车续驶里程方面都具有优势。但是,液化天然气生产设备的投资成本和能耗很高,它对存储容器的绝热性要求很高。

（3）吸附天然气汽车

吸附天然气汽车气瓶内的天然气以吸附方式存储,压力为3～6 MPa。这种车辆的供气系统简单，成本低，但装载的天然气少，汽车的行驶距离短，加气次数多。

2. 按燃料种类分类

天然气汽车按燃料种类可分为单燃料天然气汽车、两用燃料天然气汽车和双燃料天然气汽车。

（1）单燃料天然气汽车

单燃料天然气汽车只使用天然气作为燃料。这种车辆的发动机专门针对天然气的供给、燃烧特点进行设计，因此燃烧效率高、排放低。

（2）两用燃料天然气汽车

两用燃料天然气汽车既可以使用天然气也可以使用汽油作为燃料。这类车辆多由燃油汽车改进而来，具有两套燃料供给系统，一套供给汽油，另一套供给天然气，但只能分别单独向发动机供给而不能同时供给。使用时，可以在燃烧汽油和燃烧天然气两种模式间切换。

（3）双燃料天然气汽车

双燃料天然气汽车可以同时使用柴油和天然气。这类车辆也具有两套燃料供给系统，一套供给柴油，另一套供给天然气，并且能同时向发动机供给柴油和天然气，形成混合燃烧。使用时，可以在单独燃烧柴油和柴油/天然气混合燃烧两种模式间切换。

三、天然气汽车主要部件的结构与工作原理（以 CNG 为例）

1. 压缩天然气汽车燃料供给系统的总体组成

压缩天然气汽车燃料供给系统的总体组成如图 6-2 所示，主要有燃料供给系统和电控系统两大部分。前者主要由天然气瓶、充气阀、高压燃料切断阀、减压阀、混合器部件、压力表、高压电磁阀等组成，实现燃料压缩天然气的随车储存、在各种管路内输送、充装和向发动机喷射等功能；后者主要由气体压力传感器、温度传感器、电子节气门等组成，与原车的 ECU 配合，实现燃料压缩天然气的定时定量喷射。如果带废气涡轮增压功能，则结构更为复杂。图 6-3 为玉柴压缩天然气汽车发动机结构原理图。

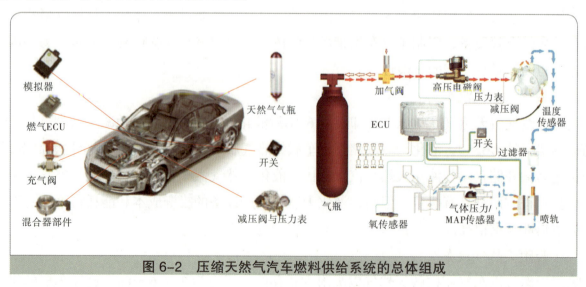

图 6-2 压缩天然气汽车燃料供给系统的总体组成

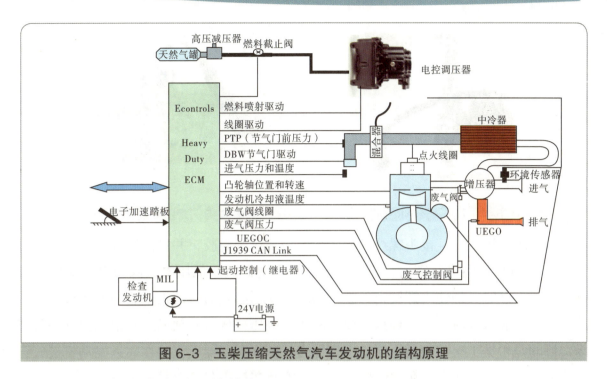

图 6-3 玉柴压缩天然气汽车发动机的结构原理

2. 压缩天然气汽车发动机的基本原理

工作时，高压的压缩天然气从气瓶出来，经过天然气滤清器过滤后，经高压电磁阀进入高压减压器，高压电磁阀的开合由 ECM 控制。高压减压器的作用是将高压的压缩天然气（工作压力 25 MPa 左右），经过减压加热将压力调整到 0.7～0.9 MPa。高压天然气在减压过程中由于减压膨胀，需要吸收大量热量，为防止减压器结冰，将发动机冷却液引出到减压器对天然气进行加热。经减压后的天然气进入电控调压器。电控调压器的作用是根据发动机运行工况精确控制天然气喷射量。天然气与空气在混合器内充分混合，进入发动机缸内，经火花塞点燃进行燃烧，火花塞的点火时刻由 ECM 控制，氧传感器即时传递燃烧后的尾气的氧含量，ECM 根据氧传感器反馈的信号，及时修天然气喷射量。

3. 压缩天然气汽车发动机主要零部件的结构原理与维护

（1）高压燃料切断阀

如图 6-4 所示，高压燃料切断阀的作用是及时切断或恢复燃料供给。它由 ECM 控制其开闭，停机状态下处于常闭状态，为有效防止高压电磁阀进气接头与高压电磁阀结合部位漏气，安装该接头时，必须使用螺纹密封胶，并且锁紧接头。

高压燃料切断阀进气口自带滤芯，维护与保养时可用汽油浸泡，并用压缩空气吹干净装复即可。

（2）高压减压器

如图 6-5 所示，高压减压器通过压力膜片克服弹簧阻力，带动杠杆调整节流孔的流通面积，从而控制减压后的天然气压力。通过节流和加热，使高压的压缩天然气减压为 0.7～0.9 MPa 的低压天然气。

图 6-4 高压燃料切断阀

图 6-5 高压减压器

安装时要求减压器进气接头螺纹部分必须使用螺纹密封胶,并且使用铜垫进行密封;减压器出气接头使用 O 形圈进行密封,出气接头与低压电磁阀、低压电磁阀与电磁阀出气接头采用螺纹连接,安装时必须使用螺纹密封胶;高压减压器必须通过两根水管与发动机的冷却液循环水路连通,安装水管时要锁紧环箍,以免漏水;高压减压器必须通过一根压力反馈管与进气管相接,目的是根据工况控制调压器的出口压力;减压调节器应安装在靠近发动机进气管和振动较小的位置,不应直接安装在发动机上,一般安装在汽车车身大梁上。

每 50 000 km 应维护、保养高压减压器,用汽油或化油器清洗剂清洗高压减压器一级压力腔,并用干净空气吹干净后装复;拆除高压减压器进气接头,检查滤芯是否被污染,若被污染,要更换;更换易损件(如橡胶密封圈);检查轴销的磨损情况,若磨损,更换轴销;每 100 000 km 更换膜片及密封件,并对减压压力进行检查调整。

(3)低压电磁阀

如图 6-6 所示,低压电磁阀由 ECM 控制其开合,停机状态下处于常闭状态,有及时切断或恢复燃料供给的作用。安装电磁阀时,为有效防止电磁阀进气接头结合部位漏气,安装该接头时,必须用螺纹密封胶有效密封。

图 6-6 低压电磁阀

(4)电控调压器(EPR 阀)

如图 6-7 所示,电控调压器是一个电子控制的压力调节器,在它的内部有一个由微处理器控制的大功率的高速电动机,微处理器通过 CAN 和 ECM 连接传输信息。EPR 有两个功能:一是降低天然气的压力,二是控制 EPR 出口的燃料压力。EPR 内有一个压力传感器,用来测量 EPR 燃料出口和混合器入口处空气的压差。电控调压器内部有一控制芯片,该控制芯片接受来自 ECM 的控制指令,通过高压电磁阀控制天然气量,从而实时有效地控制空燃比,进行控制天然气喷射量。

图 6-7 电控调压器(EPR 阀)

安装时因该零件内部有控制芯片,应避免高频振动,该零件自带减振软垫,切勿自行拆卸。

电控调压器（EPR）在使用中需要进行定期的维护与保养，由于电控调压器处于低压减压部分，在长期使用中会在其内部沉积大量的油污和杂质，会导致电控调压器工作不良、传感器损坏以及内部的密封件和橡胶膜片提前老化和破损，因此该部件的维护与保养尤为重要。每50 000 km 需要对内部零件进行清洗，更换易损件，检查轴销的磨损情况；每 150 000 km 需要更换膜片及密封件，并对压力进行校准。

（5）混合器部件

如图 6-8 所示，混合器部件将天然气和中冷后的空气充分混合，使燃烧更充分、柔和，有效降低 NO_x 排放和排气温度。

根据使用情况的调查和分析，由于使用和维护不当，该部件会产生两种故障模式：①膜片损坏，发动机经常性回火会导致膜片老化加剧，致使膜片出现龟裂和破损；②燃料空气阀卡滞，当压缩天然气中所含的压缩机机油过多，以及空气中的杂质过滤不充分的情况下，如果没有及时对混合气内部进行清洁保养，油污会附着在燃料空气阀和阀座上。长时间积累的油污会导致燃料空气阀动力受阻，甚至完全卡死，从而导致发动机工作不稳定。因此空滤器对空气、天然气的滤清效果直接影响着混合器部件的使用寿命。

图 6-8　混合器部件

（6）电子节气门

如图 6-9 所示，电子节气门通过控制蝶阀的开度，控制进入缸内的混合气的量，从而控制发动机的转速和负荷。驾驶人通过加速踏板，将动力需求传送给 ECM，ECM 接收到加速踏板信号后，根据发动机运行工况控制电子节气门开度，控制怠速转速和调速特性曲线。

安装时，要求电子节气门驱动电动机轴线必须保持水平方向。每 100 000 km（视当地气体清洁度而定）从发动机上拆下节气门，看内部是否有明显的油污，若有，则需要用节气门清洗剂清洗节气门蝶阀部分，清洗后用干压缩空气吹干。清洗后，用手按压碟阀，检查碟阀运动有无卡滞现象、是否回位，若出现卡滞现象，则需要更换电子节气门总成。

（7）点火线圈

如图 6-10 所示，点火线圈接收来自 ECM 的点火指令，产生高电压并将高电压传给火花塞，产生火花，点燃天然气。

图 6-9　电子节气门

图 6-10　点火线圈

安装时要求拧紧点火线圈安装螺栓，以保证点火线圈胶套内弹簧与火花塞头部紧密接触。由于高压电源会在接触表面产生电弧，弹簧与火花塞头部接触的部位易受热氧化，导致接触部位电阻过大，分压作用过大导致火花塞点火能量降低，严重时会导致失火。所以安装火花塞和点火线圈时，必须在火花塞头部与点火线圈弹簧结合部位涂抹导电膏。在胶套与火花塞接触的陶瓷部位应该涂抹绝缘润滑油脂，以防止胶套老化导致火花塞与缸盖之间漏电。

点火线圈次级输出电压高达 40 kV，所以在发动机使用过程中，绝对不许用水直接冲洗发动机，特别是点火线圈部位；每 3 个月或 20 000 km 清理弹簧与火花塞之间的氧化物，并涂抹导电膏，检查点火线圈胶套是否老化开裂，如有开裂，及时更换。

（8）火花塞

火花塞的作用和结构原理与传统汽油机相同，玉柴汽车目前所使用的火花塞为 NGK 铂金火花塞和铱金火花塞两种，天然气发动机 NGK 铂金火花塞（PFR78-D）电极间隙为（0.33±0.05）mm，天然气发动机 NGK 铂金火花塞（IFR7-4D）电极间隙为（0.4±0.05）mm。

（9）防喘振阀

如图 6-11 所示，当发动机突然减速时，通过防喘振阀通气软管将气门后的低压力传递到防喘振阀压力反馈接头上，打开防喘振阀单向截止膜片，使增压器压气机前后压力平衡，避免增压器喘振，保护增压器。

该零件共有 3 个接口。通过防喘振阀通气软管连通防喘振阀和进气管压力，另外两个 ϕ25 mm 外径的接口分别连接增压器前进气管和增压器后进气管。6G 系列 CNG 发动机使用两个防喘振阀，两个振阀安装时进出气口刚好相反，使气流能相互流通。4G 系列 CNG 发动机只需要一个防喘振阀即可满足要求。

（10）电控制模块

如图 6-12 所示，电控模块是发动机的管理中心，通过各种传感器监控发动机运行工况，并根据发动机运行工况控制各执行器，并且通过 CAN 总线与汽车各子系统通信。

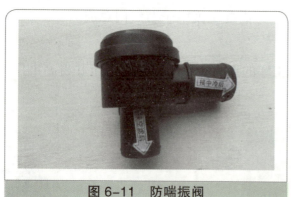

图 6-11 防喘振阀

图 6-12 电控模块

除上述各部件外，还有各种传感器，如氧传感器、大气环境传感器、进气压力温度传感器、凸轮轴位置传感器、废气旁通控制阀、冷却液温度传感器、天然气温度传感器、电子加速踏板传感器等，都与传统电控汽油机类似，这里不再赘述。

单元二　醇类燃料汽车

一、醇类燃料汽车简介

醇类燃料汽车是利用醇类燃料作为能源驱动的汽车。醇类燃料一般是指甲醇（CH_3OH）和乙醇（C_2H_5OH），以甲醇为燃料的汽车称为甲醇汽车（图6-13），以乙醇为燃料的汽车称为乙醇汽车。

二、醇类燃料汽车燃料系统的组成

醇燃料汽车电控燃料供给系统主要由油箱、燃油泵总成（燃油泵、粗细滤清器等）、油管、喷油器等组成，与传统汽油汽车电控燃料供给系统结构与工作原理基本相同。不同之处在于：

图6-13　甲醇汽车

1）油箱需用采用与甲醇或乙醇相容的材料制造，如不锈钢、钝化或阳极氧化处理的铝合金、氟化高密度聚乙烯、氟丁橡胶或者其他与甲醇相容的合成橡胶、纤维加强塑料等。由于醇燃料的比容积热值低，为了使甲醇燃料汽车一次加油后的续驶里程和原汽油车基本一样，油箱的容积应该加大。

醇与汽油的混合燃料在低温状态会出现分离情况，解决的办法之一是在油箱中设置一电动搅拌器，需要时用机械搅拌法使其不分离。

2）由于醇燃料的润滑性差，所以需要向喷油泵供给专用润滑油，或在醇燃料加0.5%～1%（体积分数）的蓖麻油。

3）需要增加一个燃料切换控制器，用以切换燃料供给模式，同时应智能改变发动机点火系统参数，使醇燃料在气缸内充分燃烧，一般与发动机ECU集成在一起。

4）喷油器采用电磁阀式，其结构如图6-14所示。用不锈钢制造喷油器本体，各处密封件的材料是氟化橡胶，而其中小型甲醇过滤器则用能与甲醇相容的金属粉末烧结而成，孔隙甚小。喷油器的流量范围既要能满足全负荷时甲醇循环供应量的要求，又要满足使用汽油时，运转小流量要求。其工作原理与电喷汽油机类似。

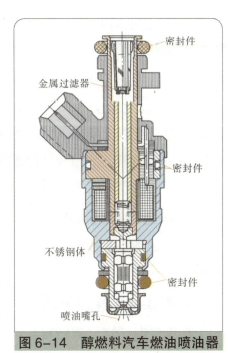

图6-14　醇燃料汽车燃油喷油器

三、醇类燃料汽车的特点

1. 醇类燃料作为汽车燃料的优点

1）醇类燃料辛烷值比汽油高，可采用高压缩比，提高热效率。但是，醇类的抗爆性敏感度大，中、高速时的抗爆性不如低速好。普通汽油与15%～20%的甲醇混合，辛烷值可达到优质汽油的水平。

2）蒸发潜热大，使得醇类燃料的汽车冷起动困难和在低温运行时性能变化。

3）常温下为液体，操作容易，携带方便。

4）可燃界限宽，燃烧速度快，可以实现稀薄燃烧。

5）与传统的发动机技术有继承性，特别是使用汽油、醇类混合燃料时，发动机结构变化不大。

2. 醇类燃料代替化石燃料的缺点

1）热值低。甲醇的热值只有汽油的48%，乙醇的热值只有汽油的64%。因此，与燃用汽油相比，在同等的热效率下，醇类的燃烧经济性差。

2）沸点低。蒸汽气压高，容易产生气阻。

3）甲醇有毒，会刺激眼结膜，通过呼吸、消化系统和皮肤接触进入人体，会造成人体中毒。

4）腐蚀性大。醇类具有较强的化学活性，能腐蚀铝、铅、锰、塑料、合成橡胶等，而这些材料是汽油燃料汽车的典型材料。汽油汽车中如燃油箱、油泵、油泵膜片、化油器、浮子和许多密封件等在甲醇汽车中将迅速损坏。

5）醇混合燃料易分层，因此，须加助溶剂。目前世界上许多国家主要采用甲醇燃料，还没有在汽车上使用乙醇燃料。这主要是因为经济上的考虑和大量庄稼转化成汽车燃料的副效应。

四、醇燃料汽车的使用与维护

1. 首次使用前要对车辆内部进行清洗

由于醇燃料具有较强的溶解清洗特性，会将油箱、油路中沉淀、积存的各类杂质，如铁锈、污垢、胶质颗粒等软化溶解下来，混入油中，造成油路不畅。因此，一般行驶里程在30 000 km以上以及确认供油系统较脏的车辆在使用乙醇汽油前都应当进行清洗。清洗作业应当在具有二类以上资质的汽车维修厂，严格按照规范进行，重点对油箱、燃油滤清器、油泵、化油器、喷油器、油路及油路滤网逐项进行清洗，排出油箱底部积存的水分。对一些与醇燃料不相适应的橡胶、塑料部件进行更换。

2. 防止醇燃料吸水

醇燃料是亲水性液体，易与水互溶，而且能吸入潮湿空气中的水分，因此甲醇油箱要注意密封。

3. 夏季使用注意事项

夏季气温较高，醇燃料的挥发性增大，易造成油路气阻，使油路不畅，所以夏季加油时不要将油箱加得太满，要留有一定的膨胀和气化空间。

4. 醇燃料对橡胶的影响

试验表明，绝大多数橡胶件均能适应醇燃料，有少数几种不适应，改装醇燃料的汽车应该予以更换。

5. 按压缩比选择醇燃料

一般情况下，压缩比在 7.5～8.0 的应选用 E90 号车用乙醇汽油，压缩比在 8.0～8.5 的应选用 E93 号车用乙醇汽油，压缩比在 8.5～9.0 的应选用 E95 号车用乙醇汽油，压缩比在 9.0 以上的应选用 E97 号车用乙醇汽油。

单元三　二甲醚燃料汽车

一、二甲醚燃料汽车简介

二甲醚（DME）是一种优良的清洁能源，以二甲醚为燃料的汽车称为二甲醚燃料汽车。

二甲醚作为汽车燃料时，汽车尾气排放量低，可应用在城市公交车（图6-15）、出租车、家庭用车上，其动力性能与93号汽油相当，有优良的性价比，燃料成本可降低10%。由于其十六烷值比柴油高，发动机爆发力大，机械性能好，还可替代柴油作为柴油汽车燃料，这是其他同类替代燃料不具备的优势。

图6-15　二甲醚城市客车

二、二甲醚燃料汽车燃料供给系统的基本结构及工作原理

二甲醚燃料汽车燃料供给系统主要由二甲醚罐、输油泵、滤清器、压力表、蓄能器、喷油泵、喷油器、冷却器和各种阀门等组成（图6-16），与传统柴油汽车燃料供给系统的结构与工作原理基本相同。不同之处包括：

1）二甲醚常温下为气态，需在 0.5 MPa 压力下实现液化，所以必须使用专门的二甲醚罐加压储存，如图6-17所示。

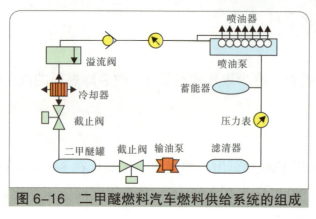

图 6-16　二甲醚燃料汽车燃料供给系统的组成

图 6-17　二甲醚储存罐位置图

2）二甲醚的热值低，只有柴油机的 70%，为了达到柴油机的动力水平，必须增大二甲醚发动机的每循环供油量，可以采取加大喷油泵中柱塞直径和柱塞有效行程，加大喷油器中喷孔直径等方法来解决，使用喷油泵、喷油器的技术参数是不同于原来柴油机的。

3）由于二甲醚的黏度低，这就使得燃油润滑效果较差，柴油机上的柱塞、出油阀与喷油器 3 对精密部件会因为润滑不良而产生磨损。因此，必须在二甲醚燃料中加入适当的润滑剂，以保证柴油机运转的可靠性与耐久性。

4）在环境温度和压力下，二甲醚的爆炸极限范围比较宽。因此，在使用二甲醚时要注意防止二甲醚蒸气的逸出。同时，二甲醚的黏度低也容易使其泄漏汽化。另外，二甲醚虽然对金属没有腐蚀性，但对于一些弹塑性密封件来说，如长期暴露在二甲醚中会使其密封性能恶化，并逐渐腐蚀剥落下来。所以在柴油机上燃用二甲醚，必须要解决好密封问题。

三、二甲醚燃料汽车的特点

二甲醚燃料汽车的特点如下：

1）十六烷值大于 55，比柴油还高，滞燃期短，自燃温度低。

2）污染少，其本身氧的质量分数为 34.8%，能够充分燃烧，不析碳，无残液，汽车尾气无须催化、转化处理，即可达到高标准的欧洲Ⅲ排放标准。二甲醚重型商用车，CO 排放量能减少 20%，HC 减少 30%，NO_x 减少 60%，PM（微粒）排放量为 0。在大气中，二甲醚在短时间内分解为水及二氧化碳，不会污染环境。

3）热值高，二甲醚理论混合气热值为 3 066.7 kJ/kg，而柴油的理论混合气热值为 2 911 kJ/kg。因此柴油机燃用二甲醚的升功率会升高 10%～150%，热效率可提高 20%～30%，噪声可降低 10%～15%。

4）按等放热量计算，二甲醚的汽化潜热为柴油的 2.53 倍，因此会大幅度降低柴油机最高燃烧温度，减少 NO_x 的排放量。

5）低沸点的特点使得二甲醚在喷入气缸后即可汽化，其油束的雾化特性明显优于柴油。

6）资源较为丰富，二甲醚可以从来源丰富的煤、天然气和生物质中提炼，大规模生产时其成本低于柴油，更适合我国"贫油、少气、多煤"的国情。

7）热值低，只有柴油的 70%，动力不如柴油。

8）气瓶占用空间大、携带不便、润滑性较差。

四、二甲醚在汽车上的应用方式

二甲醚在汽车上主要用作压燃式发动机的燃料，其使用方式主要有纯液态二甲醚和以二甲醚作为点火促进物质两种方式。二甲醚除应用于压燃式发动机之外，也可以以复合燃料方式应用于点燃式发动机。

1. 纯液态二甲醚缸内直喷压燃式

由于二甲醚的十六烷值高，很适合用作压燃式发动机的燃料，尤其是纯烧二甲醚可以获得相当优良的综合性能。利用燃油喷射装置直接向气缸内喷射液态二甲醚，靠发动机的活塞压燃着火的方式是二甲醚在发动机上最常见的应用方式。

柴油机改造成为二甲醚发动机主要是在柴油机上加装一套储气装置和加压设备。工作时，在压缩行程终了附近，液态二甲醚经由原柴油机供油系统中的高压泵和喷油器喷入气缸，迅速与缸内的空气混合并在缸内的高温作用下自燃，进行扩散燃烧。纯二甲醚发动机保留了柴油机的主要特征：压燃和负荷质调。纯二甲醚发动机需要配备一定压力的气瓶，同时还需要配备用以保证二甲醚保持液态的加压设备，如高压氮气瓶。

直喷式涡轮增压柴油机上进行的燃用二甲醚的研究表明，在未改变原有供油系统的情况下，就可获得低的 NO_x 排放量和无烟运行，在所有的工况点颗粒物 PM 排放量为零。就经济性而言，燃用二甲醚时能量的消耗与燃用柴油时相当。

在改进了喷油器，安装了降低进气温度升高的中冷器后，在各种转速和负荷下，甚至在过量空气系数小于 1 的情况下，发动机实现无 PM 排放。无 PM 排放意味着可以采用大比例的 EGR，使得 NO_x 排放量降到很低的水平。由于二甲醚沸点低，容易形成良好的可燃混合气。二甲醚的喷射不需要很高的压力，采用峰值为 22 MPa 的压力即可获得无烟运行等好的排放指标。热量消耗率在任意给定的 NO_x 排放水平均低于燃用柴油。

2. 二甲醚作为点火促进物质在柴油机上的应用

把二甲醚作为部分燃料使其进入发动机气缸，可以从进气道与空气同时进入，也可以采用其他方式。作为促进点火的物质主要是考虑二甲醚的十六烷值高、自燃性好，因而使少量二甲醚在进气行程进入气缸，在压缩行程后期先行燃烧，使得气缸内温度升高，对主燃料的着火起促进作用，进而改善发动机的性能和排放特性。燃料供给方式可分为混合喷射式和二甲醚预混柴油（或甲醇）喷射式两种。

（1）混合喷射式

将二甲醚加压以液态与柴油（或甲醇）混合，一同经由喷油器喷入气缸。此法也保留了柴油机压燃和负荷质调的特征，但效果不如纯烧二甲醚，而且仍然需要加压设备，装置也未简化。

（2）二甲醚预混柴油（或甲醇）喷射式

二甲醚以预混方式进入气缸，柴油（或甲醇）仍利用原喷油装置喷入气缸。该方式不再需要确保二甲醚为液态的加压设备，不可能获得大的掺烧比，整个发动机的性能与纯烧相比也存在差距。

单元四　液化石油气汽车

一、液化石油气汽车简介

以液化石油气（LPG）为燃料的汽车称为液化石油气汽车。液化石油气汽车具有尾气污染物排放低、发动机运行性能好、运行和维修成本低和安全性高等特点，因此被广泛使用。LPG 城市客车如图 6-18 所示。

图 6-18　LPG 城市客车

二、液化石油气汽车的类型

1. 按燃料供给系统特征分类

液化石油气汽车按燃料供给系统特征分为单燃料 LPG 汽车、LPG-汽油两用燃料汽车和 LPG-柴油双燃料汽车。

（1）单燃料 LPG 汽车

单燃料 LPG 汽车是指仅使用 LPG 作为发动机的燃料，不再使用其他燃油或代用燃料的汽车。其发动机为预混、点燃式发动机。单燃料 LPG 汽车专为燃用液化石油气而设计，可以充分发挥液化石油气辛烷值高的优势。

单燃料 LPG 汽车与单燃料 CNG 汽车相比，因 LPG 的辛烷值比 CNG 的低，故发动机的压缩比稍低，燃料经济性略差；因含碳量较大，故排污比后者稍多；因 LPG 挤占空气容积较少，故动力性优于 CNG。

（2）LPG-汽油两用燃料汽车

LPG-汽油两用燃料汽车是可以视情况交替燃用 LPG 或汽油的汽车。它备有 LPG 和汽油两套燃料系统，燃用汽油时切断液化石油气的供给，燃用液化石油气时切断汽油的供给。一般汽油车发动机不改动，只是加装一套液化石油气燃料供给装置，就成了 LPG-汽油两用燃料汽车。与单燃料 LPG 汽车相比，LPG-汽油两用燃料汽车的优点如下：改装方便，原机基本不变；在保证供应的情况下可以尽可能地燃用液化石油气，而在需要时又可以随时方便地改用汽油；由于保存了原车的燃油箱，续驶里程比原车的还要多。其缺点是性能降低。

（3）LPG-柴油双燃料汽车

LPG-柴油双燃料汽车是指同时燃用 LPG 和柴油的汽车。LPG-柴油双燃料汽车与 CNG-柴油双燃料汽车的主要优点类似，可以大幅度地降低大负荷工况的微粒排放量，但小负荷时的 HC 排放量有所增加。与 CNG-柴油双燃料汽车相比，LPG-柴油双燃料汽车的缺点是 LPG 的替代率略低于 CNG 的替代率，优点是 LPG 不受管线限制，供油系统的成本低，LPG 的能量密度大，便于携带。

2. 按液化石油气的供给方式分类

液化石油气汽车按液化石油气的供给方式可分为真空进气式液化石油气汽车和喷气式液化石油气汽车。

1）真空进气式液化石油气汽车是指液化石油气在进气管真空度作用下经混合器进入进气管的液化石油气汽车。其燃料供给方式与化油器式发动机相类似。

2）喷气式液化石油气汽车是指液化石油气以一定的压力经喷气嘴直接喷入气缸或进气管的液化石油气汽车。其燃料供给方式与汽油喷射式汽油机或柴油机相类似。

3. 按燃料供给的控制方式分类

液化石油气汽车按燃料供给的控制方又可分为机械控制式液化石油气汽车、机电联合控制式液化石油气汽车和电控式液化石油气汽车。

1）机械控制式液化石油气汽车是指以机械控制方式为主控制液化石油气供给的液化石油气汽车。

2）机电联合控制式液化石油气汽车是指以机电联合控制方式控制液化石油气供给的液化石油气汽车。

3）电控式液化石油气汽车是指利用微机来控制不同工况液化石油气供给量的液化石油气汽车。电控方式又有开环和闭环之分。

三、液化石油气汽车燃料供给系统的结构与工作原理

1. 液化石油气汽车燃料供给系统的总体组成

液化石油气汽车燃料供给系统已经由以前的机械式改为电控式，其总体组成如图6-19所示，主要有燃料供给系统和电控系统两大部分。前者主要由气瓶、充气阀、高压电磁阀、减压蒸发器、油/气转换开关、混合器、喷嘴等组成，实现燃料压缩天然气的随车储存、在各种管路内输送、充装和向发动机喷射等功能；后者主要由各种传感器、控制器和执行器组成，与原车的ECU配合，实现燃料LPG的定时定量喷射。

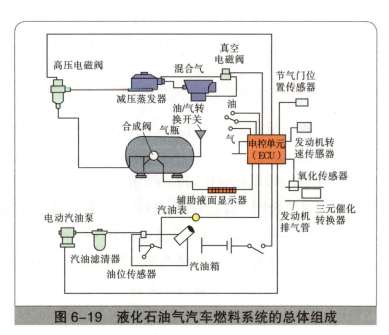

图6-19 液化石油气汽车燃料系统的总体组成

2. 液化石油气汽车燃料供给系统的基本原理

图 6-20 为液化石油气汽车燃料供给系统工作原理示意图。液化石油气以液态储存在气瓶中，发动机工作时，气瓶和供液管截止阀打开，由气瓶流出的液化石油气经调节器调压、计量后以气态输送到混合器，与空气混合后被吸入气缸，经火花塞点火燃烧。

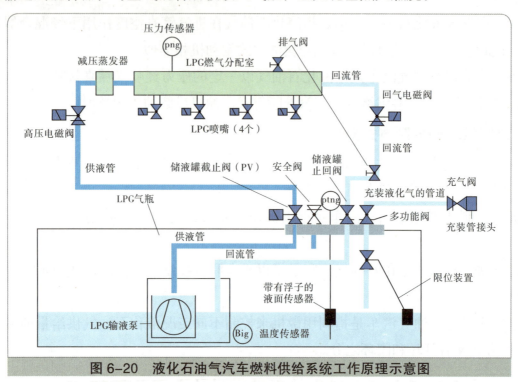

图 6-20 液化石油气汽车燃料供给系统工作原理示意图

（1）加气过程

将加气站加气枪和 LPG 充气阀连接（本车用转接头），打开加气枪加气开关，LPG 经加气枪、充气阀、加气管路、组合阀流入 LPG 气瓶内。当气瓶内 LPG 液面达到气瓶容积 80% 位置时，组合阀上的限充装置自动切断 LPG 进气通道，加气枪加气开关自动跳开，完成加气过程。

（2）LPG 工作过程

将油/气转换开关至于 LPG 位置，打开点火开关钥匙，起动发动机，当转速超过转换界限，LPG 截止阀打开 LPG 管路，同时，电喷模拟器控制喷嘴处于关闭状态，停止汽油供给，LPG 蒸发减压后进入混合器。当起动发动机后，油/气转换开关得到转速信号输入，条件达到时输出控制 LPG 电磁截止阀的开启信号，LPG 电磁截止阀打开 LPG 管路、气瓶内 LPG 在压力作用下经过组合阀、LPG 管路、LPG 电磁截止阀输送到蒸发减压器。以液态的、具有一定压力的 LPG 在蒸发器内被蒸发减压成接近常压的气态 LPG，气态 LPG 经低压管路、功率调节器输送至混合器，与来自空气滤清器的空气混合，形成可燃混合气，可燃混合气通过进气歧管进入各个燃烧室，被点燃、完成做工过程。

（3）汽油工作过程

将油/气转换开关至于汽油位置，电喷模拟调节器接通汽油喷油器电路，用时，LPG 电磁截止阀处在关闭位置。发动机按正常电喷方式工作。

（4）汽油至 LPG 的转换

使用汽油时，如果需要将燃料转换到 LPG，首先将油/气转换开关从汽油位置转换到 LPG 位置，此时电喷模拟调节器控制喷嘴处于关闭状态，同时 LPG 电磁截止阀被打开，LPG 被供给至发动机，从而完成了从汽油至 LPG 的燃料转换。

注意：在发动机起动时，不管油/气转换开关在什么位置，都是汽油起动，在超过预定的转速后再降到预定转速时才自动转到燃气状态。

（5）LPG 至汽油的转换

汽车使用 LPG 时，如果要将燃料转换至汽油，将油/气转换开关从 LPG 位置转换到汽油位置，此时 LPG 电磁截止阀关闭，电喷模拟调节器接通汽油喷油器电路，汽油被喷射供给发动机。

（6）LPG 的闭环控制

为了实现对空燃比的精确控制，在系统中安装有一个用于控制 LPG 供给量的闭环控制系统。闭环控制系统中的 LPG 中央控制器读入安装在排气管上的氧传感器测得的尾气中的氧含量信号，然后控制安装在低压管路上的功率调节阀步进电动机动作，对 LPG 供给量进行调节，使进入发动机的混合气浓度始终在理论空燃比附近。

3. 液化石油气汽车燃料供给系统主要部件的结构原理

（1）气瓶

气瓶是一种高压容器，额定压力 2.2 MPa。轿车的气瓶安装在后行李箱内（图 6-21）。

图 6-21　气瓶位置

气瓶由瓶体、防护盒、支架和组合阀组成，在燃料加注阀上设有过量安全装置，当加注燃料至规定液面高度时，安全装置自动关闭，以防止燃料加注过量，为保证安全，规定燃料加注极限为气瓶容量的 85%。

液体输出阀具有自动限流功能，当输出流量超过规定值或压差超过 50 kPa 时，输出阀将会自动关闭。

气瓶与组合阀组装后，已按规定进行气密性检测，不允许自行拆卸或更换。

气瓶组合阀由进气口单向阀、自动限充阀、出气口手动阀、超流阀、安全阀（限压阀）、气量表及电子显示器接头组成，有些还装有电磁控制阀（图 6-22）。

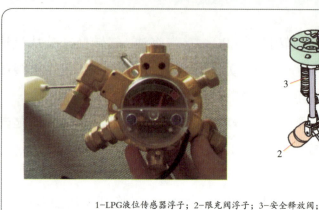

1—LPG液位传感器浮子；2—限充阀浮子；3—安全释放阀；
4—充装单向阀；5—手动关闭阀；6—出液口；7—滤网

图 6-22　组合阀的结构

组合阀的功能如下：

1）组合阀上安装电子转换器，由指针指示 LPG 容量。利用电光 / 磁感应原理，使指针在仪表上指示，由显示器显示气瓶 LPG 容量。

2）具有限量充装功能，在加气过程中，LPG 由喷嘴流出，经组合阀进入气瓶。为确保充装限额，配有一个机械装置，该装置连有一个浮子，在达到充装限额时，自动切断流体，终止充装。装置中的单向阀确保单向充装及气瓶间在任何状态下都不能相互充装。

3）具有流量过度控制功能，流量控制阀位于阀体内部，与吸气管连接，当流量超过正常规定限度，瓶内与出气口气压差大于 0.35 MPa 时，过流供给阀自动断开，从而切断流体，停止液体泄漏。

4）组合阀配有两个旋塞开关，分别切断与阀体连接的加气管与出气管，一般情况下，这两个开关保持打开状态，但在维修、保养时需关闭。

5）当气瓶内部压力大于额定工作压力 1.5 倍或温度高于 100 ℃时，安全卸荷阀将自动开启，卸荷瓶内压力，保持系统安全。安全卸荷阀一经卸荷开启，组合阀将不能继续使用，待气瓶卸压后由专业人员更换组合阀，由有关专业厂家重新校核卸荷压力。

（2）高压电磁阀

高压电磁阀（图 6-23）是发动机燃气控制系统的第一个部件，从液化气瓶过来的液态 LPG 首先到高压电磁阀下部的滤清器，滤清器内部有一个纸质滤芯，需要定期清洗，使用一定周期后要进行更换。

图 6-23　高压电磁阀

电磁阀的开闭受发动机 ECU 控制，在发动机起动时起动转速超过 200 r/min 时才打开，高压电磁阀出口通过铜管连接到减压蒸发器的入口，LPG 经高压电磁阀进入调压器。

在液化石油气 LPG 供气管路中，通常安装 2～3 个电磁阀。当发动机熄火时，它切断燃气供应管路。有的电磁阀还具有限制发动机转速作用。

（3）减压蒸发器

① 减压蒸发器的功能

减压蒸发器（图 6-24）又称蒸发调压器，其功能如下：

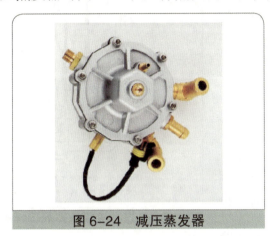

图 6-24　减压蒸发器

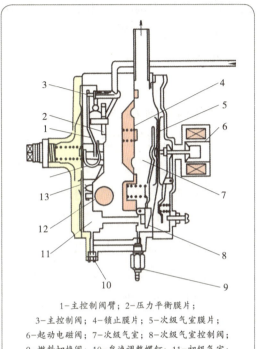

1—主控制阀臂；2—压力平衡膜片；
3—主控制阀；4—锁止膜片；5—次级气室膜片；
6—起动电磁阀；7—次级气室；8—次级气室控制阀；
9—燃料切换阀；10—急速调整螺钉；11—初级气室；
12—水道；13—初级气室膜片；14—U形卡子

图 6-25　减压蒸发器的结构

1）将高压燃气压力调整至工作压力。

2）利用发动机循环热水，提供液态燃气进行气化所需的汽化热。

3）依据发动机负荷，提供适量的气态燃气。

4）紧急状态或发动机熄火时，自动切断燃气供应。

② 减压蒸发器的结构原理

减压蒸发器主要由初级气室和次级气室组成（图 6-25）。发动机工作时，来自燃料控制电磁阀的燃料经主控制阀、初级气室、次级气室供给混合器。

1）初级气室（图 6-26）的功用是使燃料减压汽化，并保持压力稳定。由气瓶经燃料控制电磁阀输送来的燃料经主控制阀减压汽化后进入初级气室，当初级气室内的压力达到一定值时，压力平衡膜片被推向右移，并带动推杆、主控制阀臂使主控制阀关闭；而初级气室内压力下降时，平衡膜片向左移动，主控制阀打开，使燃料继续进入初级气室。这样可保持输送给次级气室的压力（即初级气室的压力）基本稳定。此外，由于液态燃料汽化时温度会降低，为保证工作中维持一定的温度，在初级气室一侧设有与冷却系统连通的水道。

2）次级气室（图 6-27）的功用是计量和调节燃料供给量。由初级气室来的燃料经次级气室控制阀进入次级气室，次级气室控制阀的开闭受锁止膜片控制。锁止膜片的左侧与进气管相通，当发动机停止工作时，

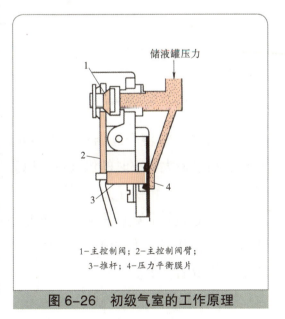

1—主控制阀；2—主控制阀臂；
3—推杆；4—压力平衡膜片

图 6-26　初级气室的工作原理

锁止膜片在其弹簧作用下移到右侧极限位置，并通过控制阀臂使次级气室控制阀完全关闭；发动机工作时，进气管真空度将锁止膜片吸向左侧，使控制阀打开，燃料进入次级气室并输送至混合器。发动机工作中，进气管真空度变化可改变锁止膜片的位置，从而影响控制阀开度，使燃料供给量得到调节。

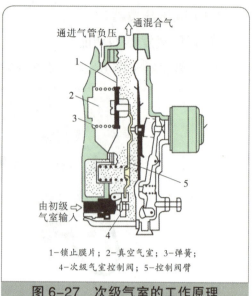

1—锁止膜片；2—真空气室；3—弹簧；
4—次级气室控制阀；5—控制阀臂

图 6-27　次级气室的工作原理

（4）混合器

混合器（图 6-28）的功用是使减压蒸发器输送来的气态燃料与空气混合，并送往气缸。

急速空气调节螺钉与节气门开度调节螺钉配合，用来调节发动机急速。燃料主量孔调节螺钉用来调节主供给装置的燃料供给量，一般是在季节或使用环境变化时调节。在调节器内，由于主控制阀和次级气室控制阀的节流减压作用，使次级气室内的燃料压力等于甚至小于大气压力，这样可保证混合器主供给装置的燃料供给量随节气门开度而变化。当节气门开度增大时，发动机进气量增加，同时主喷嘴处的真空度增加，主供给装置的燃料供给量也随之增加；反之，节气门开度减小时，发动机进气量和燃料供给量均减少。

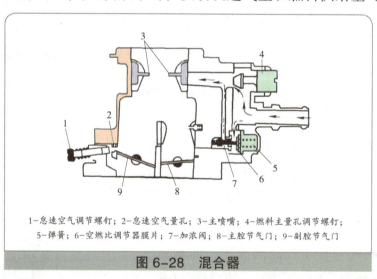

1—急速空气调节螺钉；2—急速空气量孔；3—主喷嘴；4—燃料主量孔调节螺钉；
5—弹簧；6—空燃比调节器膜片；7—加浓阀；8—主腔节气门；9—副腔节气门

图 6-28　混合器

不同的 LPG 混合器结构有所不同，有的还有功率阀，其作用是自动调节 LPG 的输气量和调整发动机最大功率时的供气量，以满足发动机的需求。

（5）油/气转换开关

油/气转换开关（图 6-29）安装在仪表板上，驾驶人通过此开关来选择使用 LPG 或汽油，有的还能够显示气瓶中存气量的多少。

左挡：LPG 工作，汽油起动方式。在该位置起动时，自动转换用汽油来起动，当发动机转速加速到 2 000 r/min 以上，再减速至预定转速 2 000 r/min 时自动转换到 LPG

图 6-29　油/气转换开关

燃料工作，这种方式称为减速预定值转换。转换开关转换速度预定值可以通过开关背面的调整旋钮调整，一般为 2 000 r/min 左右。

右挡：汽油工作方式。当从汽油转换至 LPG 时，LPG 高压电磁阀开启，并将转换信号输入电喷模拟调节器，关闭喷嘴，模拟喷嘴正常工作信息并把信息传给发动机的电喷计算机，使之像汽油工作一样生成点火信号，使汽油喷射系统仍按原有工作方式工作。此时汽油泵不能工作，否则，汽油泵将烧毁。一般的处理方法是通过油泵继电器将汽油泵断开。

（6）喷嘴电磁阀

喷嘴电磁阀（图 6-30）安装在 LPG 燃气分配室（也称气轨）上，由 ECU 控制，电路接通时，喷嘴电磁阀打开，LPG 经喷嘴（喷气嘴）喷入进气歧管内的混合室，与空气混合后进入气缸燃烧。

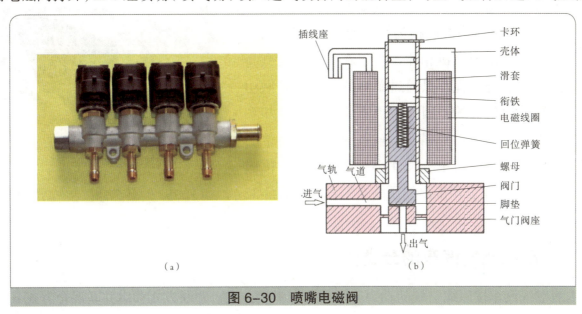

图 6-30　喷嘴电磁阀

（a）实物图；（b）电磁阀结构

（7）LPG 电控系统

LPG 电控系统（图 6-31）配合发动机的电控系统工作，也是由各种传感器采集 LPG 的温度、压力、流量等各种参数，送给 ECU 进行分析计算和判断，再去控制执行器动作。对于 LPG，主要控制喷气量的多少和安全控制，以适应发动机要求。

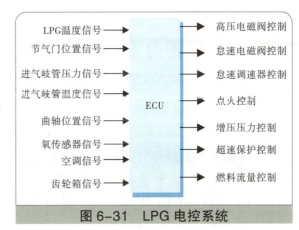

图 6-31　LPG 电控系统

单元五　压缩空气汽车

一、压缩空气汽车简介

压缩空气汽车（Air-Compressed Vehicle，APV）也称气动汽车，压缩空气汽车使用气动发动机，通过将高压气体所具有的压力能转换为机械能驱动汽车行驶。气动发动机与传统内燃机相比，由于在气缸里没有高温高压的气体燃烧过程，只通过单纯的气体膨胀做功来达到功率输出的目的，因此不再需要复杂的冷却系统，机体也可以选用较低强度、轻质的材料和简单的结构，所以具有结构简单、尺寸小、重量轻、造价低等优点。标致雪铁龙公司推出的压缩空气汽车如图6-32所示。

图6-32　压缩空气汽车剖切图

二、压缩空气汽车的分类

压缩空气汽车按压缩空气的动力分配方式有串联方式、并联方式和串并联混合方式。

串联分配方式下，缸与缸之间的空气动力管道是串联的［图6-33（a）］，上一级缸的剩余压力是下级缸的始动力。该方式的下级作用缸的结构尺寸较大，但动力利用率较高，热交换较充分。

并联分配方式下，缸与缸之间的空气动力管道是并联的［图6-33（b）］，不同的缸的初始动力相同，并联方式的缸的结构尺寸相同，动力输出平稳，但剩余压力稍高。

串并联混合方式下，缸与缸之间的空气动力管道部分串联，部分并联［图6-33（c）］。

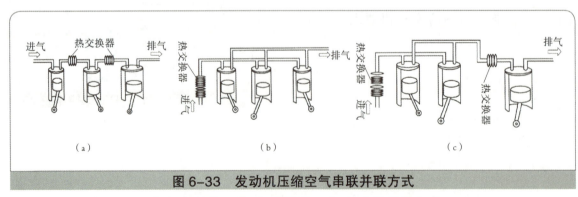

图6-33　发动机压缩空气串联并联方式

（a）串联式；（b）并联式；（c）串并联混合式

三、压缩空气汽车的基本结构与工作原理

压缩空气汽车在整车结构上与传统内燃机动力汽车差别不大,同样由车身、底盘、动力系统和辅助设备等部分组成,但因为使用的动力与传统汽车不同,在整车的集成技术上与内燃机汽车有一定的差异,主要差异如下。

1. 压缩空气存储

压缩空气汽车能量来自车载的高压压缩空气,车上存储压缩空气的高压储气罐(图6-34),其作用相当于内燃机汽车的油箱。为保证汽车有足够的续驶能力,满足日常行驶的需要,需要汽车装载足够的压缩空气。由于汽车的车内空间有限,这就要求车载的能量具有尽可能高的能量密度。

压缩空气的能量密度与存储时的压力成正比,压力越高,单位容积内存储的能量越大。经过测算,车载300 L、压力为30 MPa的压缩空气,在理想情况下,可以驱动一辆质量为1 t的轿车以时速50 km/h行驶,基本可以满足日常城市交通的需要。

存储压力为30 MPa的压缩空气,其安全性是压缩空气动力汽车集成中必须要考虑的。一般工业生产中使用气瓶存储高压压缩空气,价格便宜,安全可靠,但是重量太大,不适宜用作车载的压缩空气存储容器使用,这也是一直制约压缩空气动力汽车发展的重要因素。随着现代科技的发展,出现了铝合金内胆碳纤维缠绕的超高压的储气罐,它具有质量轻、耐高压、安全耐用的特点,使用压力达50 MPa以上,50 L容积的储气罐自重20 kg左右,非常适合当成车载压缩空气存储容器使用,但价格较高。

为减少储气罐对汽车空间的占用,在汽车车身和底盘的设计中,可以将定制的多个细长储气罐嵌于车厢地板下的底盘之中,留出车厢空间供乘客使用。储气罐位置如图6-35所示。

图6-34 高压储气罐

图6-35 储气罐位置

2. 动力系统

(1) 气动发动机及传动系统

气动发动机(压缩空气动力发动机)是气动汽车的核心,减压到工作压力的高压空气进入气动发动机气缸内膨胀做功,类似于内燃机在燃料爆炸燃烧产生高温高压气体后推动活塞对外做功的过程,因此,在基本结构上也接近于内燃机,包括机体、气缸、活塞、连杆、曲轴和配气机构等部分。但气动发动机的工作循环为简单的二行程,即高压压缩空气进入气缸膨胀做功行程和将膨胀后的低压气体排出气缸的排气行程。由于没有燃烧过程,气动发动机机体不承受

高温和超高压，机体强度也可减小，结构简单，质量轻，在汽车中也不再需要集成水冷系统，制造及使用维护成本低。

气动发动机进气为高压气体，且进气道压力始终高于气缸内压力，类似内燃机气门向气缸内开启的配气结构，进气门将始终承受高压气体很大的背压。在压力超过气门弹簧的预紧力情况下，即使进气门处于关闭状态，高压气体也会将进气门顶开，发生泄漏，造成耗气量增大、排气行程缸内气压升高、负功增加、整体功率和效率下降等不良效果。因此，在结构上，气动发动机的配气机构必须适应高压进气的要求，合理高效的配气机构的设计也是气动发动机研究的重点之一。

气动发动机具有起动及低速转矩大，随发动机转速升高，输出转矩逐渐减小，而耗气量逐渐增大的特点，通常情况下进气阀打开后发动机即可运转并输出最大转矩，直接驱动汽车起步行驶。

（2）气动动力系统

APV 本质上是一套气动设备，与常规的气动系统的构成只是一些元器件上的差别，也包括了气源、气阀、气动管道、执行机构（此为气动发动机）和控制元件等。但在压缩空气动力汽车的气动回路中，气体介质的存储压力达到数百个大气压，工作压力为几十个大气压，整个气动回路工作在超高压、中低压的不同压力等级上，所以气动回路与汽车的集成有其特殊性。

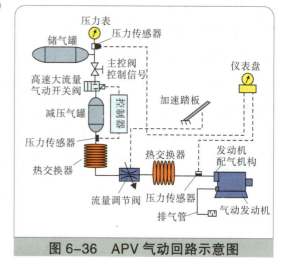

图 6-36 APV 气动回路示意图

APV 气动回路示意图如图 6-36 所示。动力回路的一端接高压储气罐，接触压力为超高压，另一端为中高压，接发动机的工作腔，两者间压差非常大，因此必须实行分级减压。

常规气动系统都采用气动减压阀进行节流减压。由于在节流减压过程中，通过节流口高速流动的气体的摩擦作用，能量损失较大，而且压力越高，损失越大。对于压缩空气汽车来说，必须尽可能减小压缩空气在气动回路传输过程中的能量损失，因此，普通的节流减压方式不适用于压缩空气汽车气动回路高压减压段。

APV 气动回路高压减压段采用了高压容积减压方式，使用气体膨胀减压的方法使压力降低到设定值。高压容积减压方式在回路中设置了一个一定容积的减压气罐，设定好减压气罐的控制压力范围后，使用压力传感器检测气罐气压，当罐内气压低于设定压力下限时，制器发出控制信号开启高压大流量高速气动开关阀，让储气罐中的超高压气体通过大截面的阀口冲入减压气罐膨胀减压。而当气罐中进入足够的高压气体，罐内压力升高到设定压力上限时，控制器根据压力传感器的反馈关闭高压大流量高速气动开关阀。通过开关阀的断续开启，维持减压气罐中的压力在设定压力范围内，保证次级气动系统的正常工作。

高压大流量高速气动开关阀减小了阀口节流过程中的摩擦能耗损失，所以，对于高压气动动力系统的节能，这是一种很好的方式。

在汽车行驶的过程中，要适应不同载重、速度和路况等不同工况的要求，应对发动机动力输出进行调节。试验表明，在配气机构参数不变的情况下，气动发动机的输出功率和转矩随压缩空气进气压力及流量的增加而增大，因此，对发动机动力输出的调节需要通过对发动机进气压力及流量进行调节实现。而在压缩空气汽车的气动回路中，次级减压后的气体将作为发动机的进气与发动机进气道连接，所以，对发动机进气压力和流量的调节将在次级减压过程完成。为调节方便，在次级减压环节使用了比例流量调节阀，同时在气动汽车的集成中，考虑到一般驾驶人驾驶习惯，设计连接机构将发动机进气流量调节阀与汽车加速踏板连接，按驾驶人踏下加速踏板的深度提高发动机进气压力及流量，瞬时提升发动机的转矩和功率，满足不同工况的需要。

在气动回路的设计中，考虑到高压气体在减压后温度大幅降低，与环境温度将形成较大温度差。如果从环境中给低温的气体补充热量，根据热力学规律，气体的温度和压力将升高，能量增大，最终使发动机输出更多的机械能，整车效率提高，也将获得更长的续驶能力。因此，集成到汽车上的气动回路在两级减压环节后都设置了热交换器，让减压后的气体尽可能充分地从环境中吸热，并可充当制冷空调的冷源，减少发动机动力的消耗。热交换器的结构形式和基本参数设计根据发动机对供气量的要求和汽车总体布局来确定。

（3）辅助设备

在压缩空气汽车的辅助设备中，主要的电器设备与普通汽车相同，但在仪表板将集成气源压力表和进气压力表，替代油箱指示表。

在汽车辅助设备中，空调已经是乘用车的基本配置之一，而普通车用空调使用压缩机制冷，需要消耗较大的发动机功率。对于压缩空气汽车来说，因为发动机排出的尾气是膨胀做功后的压缩空气，压力减小了，温度也远低于环境温度，通过热交换器可以为汽车提供冷源，再加上减压环节后的两个热交换器，在整车的集成中合理配置，完全可以满足制冷的需要，而不再额外消耗发动机功率。同时，室外新鲜空气由热交换器冷却后当成冷气供给室内，会带来自然清新的效果。当需要在严寒环境使用时，只需再选装电热供暖即可，成本较低。

思考与练习

一、填空题

1. 天然气是指天然蕴藏于地层中的_____和_____气体的混合物,是很好的汽车发动机燃料。

2. 天然气汽车按燃料储存形式分类可分为_____、_____和_____。

3. _____是一种靠太阳能来驱动的汽车。

4. 太阳能汽车一般由_____、_____、_____、_____等组成。

5. _____是利用醇类燃料做能源驱动的汽车。醇类燃料一般是指_____和_____。

6. 醇燃料汽车电控燃油系统主要由_____、_____、_____、_____。

7. 醇燃料是_____液体,易与_____互溶,而且能将_____中的水分吸收。

8. 二甲醚燃料汽车燃料供给系统主要由_____、_____、_____、_____、_____、_____、_____、_____和各种阀门等组成。

9. 液化石油气汽车按供气方式可分为_____汽车和_____汽车。

10. _____也称气动汽车。

二、问答题

1. 简述太阳能汽车的基本组成及工作原理。

2. 简述CNG燃料汽车供给系统的组成和工作原理。

3. 二甲醚在汽车上的应用方式有哪些?

4. 简述LPG燃料汽车供给系统的组成和工作原理。

5. 简述压缩空气汽车的基本机构及工作原理。

参考文献

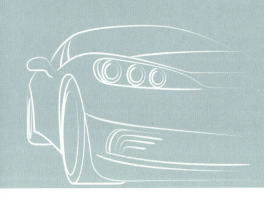

［1］邹政耀，王若平．新能源汽车技术基础［M］．北京：清华大学出版社，2021．

［2］崔胜民．新能源汽车技术解析（第2版）［M］．北京：清华大学出版社，2021．

［3］付铁军，郭传慧，沈斌．新能源汽车关键技术［M］．北京：机械工业出版社，2020．

［4］刘明军，赵显锋，陈军．新能源汽车电工电子［M］．成都：电子科技大学出版社，2020．

［5］徐雪梅．新能源汽车技术［M］．太原：山西人民出版社，2020．

［6］杨光明，张仕奇，刘仍贵．新能源汽车结构与原理：彩色版［M］．北京：化学工业出版社，2019．

［7］鲁植雄．新能源汽车［M］．南京：江苏凤凰科学技术出版社，2019．

［8］崔胜民．新能源汽车概论［M］．北京：人民邮电出版社，2019．

［9］杨强，刘丽，卢建平．新能源汽车驱动电机与控制技术［M］．西安：西北工业大学出版社，2019．